小菜王

家常小菜的烹飪方法

黃麗 編著　　萬里機構‧飲食天地出版社出版

小菜王

編著
黃麗

編輯
趙冬梅　余紅霞

攝影
David Lo Photograpy　黃家賢

菜式示範
梁耀文　鄭愛花　胡月英　陳麗文　盧惠珍

出版者
萬里機構・飲食天地出版社
香港鰂魚涌英皇道1065號東達中心1305室
電話：2564 7511　　傳真：2565 5539
網址：http://www.wanlibk.com

發行者
香港聯合書刊物流有限公司
香港新界大埔汀麗路36號中華商務印刷大廈3字樓
電話：2510 2100　　傳真：2407 3062
電郵：info@suplogistics.com.hk

承印者
中華商務彩色印刷有限公司

出版日期
二○○八年二月第一次印刷

烹飪不但是一種技術，也是一種生活藝術。

有人認為：藝術就是審美。伸而延之，烹飪藝術就是味覺審美。

「食必求飽，然後求美」，這是兩千多年前墨子說過的話，這同樣也是每個人在日常生活中的共同體驗。

閱讀《詩經》「小雅」篇，對當時的就餐場面，有著這樣的描述：

……

物其多矣，

維其嘉矣。

物其旨矣，

維其偕矣。

物其有矣，

維其時矣。

……

說的是宴會上的食品多麼豐富，餚饌的味道多麼佳美，各種品種又是搭配得多麼合適，而且都是時令佳品。這何止是就餐，簡直就是美的享受！

古代生產力落後，人們尚且懂得在飲食活動中追尋快樂的滿足。現今社會富裕，飲食「求飽」大致不成問題，於是焉，追求美食就更成為大眾關心的話題。

炮製美食當然是一件賞心樂事，但關鍵之處，就是能夠掌握箇中的要領，手到拿來，美味盡在自己的掌握之中。

要炮製美味的食品，不能不透徹認識各種菜料和物料，不能不懂得搭配之道，不能不知道廚藝上的奧妙之處。問題是：如果僅憑一己之力去摸索，那是很費功夫的，對生活節奏急速的現代人來說，往往更是有心無力了。

要吃得好，外出用餐是辦法之一，選擇也多，問題是消費昂貴之餘亦未能確保菜式營養健康。若在家自行烹製，如果沒有技術和頭緒，只求馬虎了事隨意弄製，或是不求變化的來來去去那幾味，那不但使用膳的樂趣大減，還可能會影響家人營養健康，而且菜式天天如是，家人不吃厭，自己也會煮得發悶。

為確保自己和家人健康，除了注意選料新鮮和營養外，如何把日常菜式弄得津津有味，使大家吃得愜意，增進食慾，這是司廚者普遍關心的問題。

這本《小菜王》就是為了幫助入廚的人士而特別設計的，書中精選超過一千個的食譜，按不同烹飪方法和材料分類，適合現今城市人口味。菜式選料多樣，形式有葷有素。家中收藏一本，可以隨時翻閱，下廚時便等於有個很好的參謀在身邊，隨時提供必要的貼士，有助炮製出精美的拿手小菜。

烹製菜式不同於做化學實驗，材料份量毋須一成不變。書中食譜只屬舉例和提供參考份量，讀者大可舉一反三，創製出更多的好菜式。

祝大家天天煮好餸，日日有靚湯。

目錄

煎

豬牛羊肉

魚

炒

蒸

煮

涼菜

肉類

烹飪秘訣一點通

材料的選購與保存

選購魚類的竅門

觀察魚的嘴、鰓、眼、魚身上的黏液和肉質等狀況。新鮮的魚，一般嘴緊閉，口內清潔；鰓鮮紅、排列整齊；眼稍凸，眼珠黑白分明，眼面明亮且不渾濁；表面黏液清潔、透明，略帶腥味；肉質富有彈性，鱗片緊附魚體，不易脫落。

選購鮮肉的竅門

質量好的新鮮肉應為：肌肉有光澤，紅色均勻，脂肪潔白（牛羊肉或為淡黃色）、肌肉外表微乾或微濕潤、不黏手，用手指按壓肉類後凹陷之處會立即恢復，沒有異味，煮湯時湯水應透明清澈，油脂囤聚於湯的表面，具有香味。

辨別家禽活宰死宰的竅門

活宰家禽放血良好，有鮮紅色血凝塊，刀口不平整。表皮細膩乾燥、平滑有光，皮膚緊縮，呈淡紅色。脂肪呈乳白色或淡黃色。肌肉切面乾燥有光，富有彈性，呈玫瑰色或白中帶紅。家禽因病、傷死後宰殺時，幾乎放不出血或放血不良，故死宰的家禽呈暗紅色，刀口平整，無凝血塊。表皮粗糙無光，皮膚鬆弛呈暗紅色。血管中留有紫紅色的血液。肌肉切面濕膩，顏色暗紅，並有少量紫黑色血水滲出。

選購蟹的竅門

本地日常吃的蟹多為海蟹，有青蟹、花蟹、三點蟹等多種。選購時可用手指按壓蟹奄兩側蟹肚部份，應感到蟹殼堅實，按壓蟹殼時不會出現凹陷。再用手輕按蟹爪，蟹爪亦要夠實，若有水出的話，即表示這隻蟹水多肉少。觀察蟹鉗，顏色要夠鮮明，若色澤暗淡，即表示略欠新鮮度。

夏日時節有黃油蟹供應，價錢甚為昂貴，選購時更要小心。可首先觀察是否腳爪齊全，因腳爪若有任何破損，油分便會流失。再輕觸蟹眼，若左右閃縮轉動即代表生猛新鮮。細心看看關節位，因黃油蟹的油分流遍全身，甚至是腳爪尖，油分豐富的蟹隻腳爪關節位會呈金黃色。再看看蟹奄有沒有脹起，蟹奄愈呈鼓脹，表示蟹膏愈多；或者揭開蟹奄，看看有沒有黃油滲出，滲得愈多，表示蟹油愈多。另把蟹隻拿上手時應有墜手感覺，通常黃油蟹重量起碼要有9兩，大的更有13、14兩。

入秋時份，大閘蟹大量供應，質素良莠不齊。選購時，可按一下蟹腹和蟹爪的位置，結實的才算好，因這代表裏面新鮮有肉。再觸碰蟹眼，如蟹眼不停縮動便是新鮮的表現。用手撥直蟹爪，看能否即時縮回，若可以的話則為生猛貨。另外蟹毛須呈金色，黑毛者多為塘蟹。觀察蟹背部位，若是豐厚甚至頂起者，蟹的肢端飽滿或脹起，均代表蟹隻肥美膏多。另若蟹膏鮮艷，蟹奄兩旁更會透出紅色。把大閘蟹拿上手，質素好的應有墜手感覺。要分蟹隻的公姆，只要將蟹反轉，看看肚臍形狀便可。蟹公肚臍長尖形，蟹姆肚臍半圓形。蟹公的膏較軟，蟹姆的膏則較結實。

選購鮮蛋的竅門

1. 要測量蛋的鮮度，可以把它浸在冷水裏，如果平躺在水裏，說明十分新鮮；如果傾斜在水中，至少已存放了3~5天了；如果筆直立在水中，可能存放10天之久，如果浮在水面上，這種蛋有可能變質了。
2. 新鮮蛋用燈光照，蛋內完全透亮，呈橙紅色，蛋內無黑點，無紅影。

選購皮蛋的竅門

蛋皮灰白並帶有少量灰黑色斑點的最好，皮色愈黑則質量愈差；把蛋放在手中上下輕輕掂起，蛋落下時有彈性顫動感的好，彈性愈大愈好；用食指敲打蛋的小頭，感到有彈性顫動的為好。

選購豆腐的竅門

豆腐品種有北豆腐和南豆腐之分。

北豆腐又叫老豆腐，應選購表面光潤，四角平整，厚薄一致，有彈性，無雜質，無異味的。

南豆腐又叫嫩豆腐，應選購潔白細膩，周體完整，沒有裂紋，無雜質，無異味的。

選購蔬菜的竅門

1. 運用「色彩價值學」：蔬菜的顏色與其本身的營養價值基本上呈正比關係。即隨着蔬菜顏色由淺白至淡黃而至翠綠，其營養價值愈高。因此除了按個人口味去選擇外，在買菜時要儘量購買綠色蔬菜，如唐芹、菠菜、西椒、菜心、韭菜、豆角等；其次購買紅蘿蔔、番茄、翠玉瓜、南瓜、番薯等淺綠或暖色蔬菜。當然，並非説冬瓜、蓮藕、茭筍等淺白色蔬菜價值不高，這只是相對而言。

2. 查體觀色：購買蔬菜時要查體觀色，給蔬菜以整體上的評價和估計。如色澤鮮嫩純正，外表光亮、整潔、大小長短粗細適宜，菜葉舒展肥厚，菜體飽滿充實，軟硬適度，含水充足，無表皮潰破流汁，無萎葉老葉黃葉，聞菜時無怪味異味。

3. 有點蟲眼也無妨。有的讀者不愛購買帶蟲眼的青菜，其實，有點蟲眼或被蟲咬過，其質量未必很差。因為任何一種農作物都有遭受蟲害蟲咬的可能，而沒有蟲咬的青菜可能會含過多農藥，如果所購蔬菜在種植期間施了過量農藥，食用這種蔬菜，便會在吃菜時不知不覺間吸收農藥的毒素，所以買菜時，若菜葉上有點蟲眼也無妨。

選購燕窩的竅門

燕窩產地包括泰國、印尼、星加坡、越南等多個東南亞國家，一般來説泰國燕盞質高味香發頭好（即浸水後會較多及重），印尼燕窩則以燕條居多，價錢較相宜，但比泰國燕盞濕身，其膠質香味也略遜。星加坡來貨多為白燕絲，質地普通，膠質不多，不耐火，香味低，但外觀潔白，處理方便，不用太費神在揀毛工序。越南也有燕窩出產，其中會安官燕更是非常有名，但在香港出售越南燕窩的商號很少。

市面上的燕窩大致可分為4類，分別是燕盞、燕條、燕餅及燕絲。當中以燕盞最昂貴，皆因是原巢取出，只經過揀毛工序，可説是原汁原味。至於燕條及燕餅則採自不成盞或不規則的燕窩後，再加工製成，外形不及燕盞名貴，因此價錢較廉宜。至於細碎的燕絲，是採摘或運送燕窩時折斷而留下的絲，價錢相對廉宜。

揀選燕窩，以樣子飽滿，形狀完整、表面平滑為佳。纖維愈密愈好，但又要一絲一絲清晰可見。燕窩應少燕毛，少雜質。用手摸上去要乾身，因太濕的不化算，乾後會變輕，濕燕窩亦容易發霉。上等燕窩浸水後會發大，重量可達原先之七至八倍，按下去有彈性，燉之有蛋白香氣，食之口感軟滑。

選購蜂蜜的竅門

購買蜂蜜時應選擇氣味芬芳、顏色純淨、質純、呈半流動狀態的蜜。有些蜂蜜在氣溫降低時凝結成白色塊狀，這是蜂蜜的自然結晶，也正是葡萄糖成分較多的證明。如果蜂蜜汁過於稀薄，香味不濃，甚至表面上有白色泡沫，則説明這種蜂蜜收取過早或水分太多，這種蜂蜜的質量低劣，容易發酵。

食材加工和處理

如何清洗豬肚？

　　許多人都喜歡吃豬肚，但是豬肚的清洗十分繁複。一般人都使用鹽擦洗豬肚，但效果並不特別好，如果在清洗過程中再用一些醋，效果會更好。因為通過鹽醋的作用，可把肚中的髒氣除去，還可以去掉表皮的黏液，這是因為醋能使膠原蛋白改變顏色並縮合；而且鹽具有高度的滲透壓作用，經過鹽和醋的化學作用，使膠原蛋白自肚壁脫離，達到清除污物和去異味的作用，清洗後的豬肚要放入冷水中用刀刮去肚尖上的老繭。

　　要記着，洗豬肚時不能用鹼，因為鹼具有較強的腐蝕性，肚表面的黏液在鹼的腐蝕作用下，表面黏液脫落的同時，也使肚壁的蛋白質受到破壞，會減低其營養成分。

如何清洗豬腸？

1. 清洗豬大腸時，在水中加些食醋和粗鹽，搓揉幾遍，再用清水沖洗數次，即可使其清爽乾淨。
2. 豬腸在下水清洗前加些鹽和鹼，可減少其異味。
3. 用淘米水清洗豬腸效果也很好。
4. 用酸菜水洗豬腸，只需兩次，其腥臭味便可消除。

洗鮮肉的竅門

　　從市場上買來的肉，上面黏附着許多髒物，用自來水沖洗時油膩膩的，不易洗淨。如果用熱淘米水清洗，髒物就容易清除掉。

剁肉不黏刀的竅門

　　剁肉前，把菜刀放進熱水裏泡3~5分鐘，剁肉時，肉茸就不再黏刀。

怎樣泡發蹄筋？

1. 油發：冷油下鑊，蹄筋先縮小後脹大，用漏勺在鑊裏翻動，見蹄筋上有白色氣泡出現，迅速降溫，待氣泡縮小再加熱。待蹄筋脹大，一拗即斷便為發好。使用時用滾水加少許鹼浸泡，待水溫降低，擠去蹄筋中油膩，用水漂清即成。
2. 鹽發：粗鹽下鑊，炒至粒粒散開，將蹄筋下鑊拌炒，炒至蹄筋以脹大鼓起，直至一拗即斷便好。使用時用滾水浸泡漂清。
3. 水發：將蹄筋放入盛器中，蒸至酥軟取出，用冷水浸漂2小時，剝去筋外皮即可。

帶魚怎樣去鱗

1. 把帶魚在溫熱鹹水中浸泡一會，用清水沖洗，魚鱗就會洗得很乾淨。
2. 把帶魚放入80℃左右的熱水中，燙10~15分鐘，立即移入冷水中，這時用刷子刷或用手刮，便能很快去掉魚鱗。
3. 將帶魚在溫水中浸泡一下，用脫粒後的粟米棒，來回擦魚身，鱗易除又不傷肉質。

巧洗魚類五法

1. 有污泥味的魚，用冷濃鹽水洗一洗，污泥味即除。新鮮魚放在鹽水裏洗一洗，即可去泥腥味，又可使味道更鮮美。不新鮮的魚，用鹽及胡椒粉把魚裏外擦一遍，待1小時后再下鑊煎，魚味如常。
2. 刮魚鱗前用香醋擦一遍，魚鱗較易除掉。
3. 如果不小心劏破了魚膽，魚肉就會變苦，且有毒，經高溫蒸煮也不能消除其苦味和毒性，不光影響食味，更有損健康。如果不小心弄破魚膽，只須在被膽汁污染的魚肉上塗些酒、蘇打粉或是發酵粉，再用冷水沖洗，苦味便可消除。
4. 買回的鮮活魚，如不即時吃，趁其未死立即放入雪櫃的冰格冷藏。經冰凍後的魚再解凍烹調，鮮味與新鮮魚無異。
5. 將鮮魚泡在極淡的鹽水中約15分鐘，這樣在30℃左右的氣溫下，也不會腐爛。

洗魚去黏液法

洗鮮魚時，將1~2滴生油滴入盆中，則可以去除魚中的黏液。

怎樣使貝類吐沙泥？

把貝類養在放有如菜刀、剪刀等鐵器的淡鹽水裏2~3小時，貝類聞到鐵的氣味，就會很快吐出泥沙。

切辣椒如何不刺眼？

切辣椒和葱，眼睛往往被刺激得難受，不斷流眼水。如果在切之前，先在刀口沾點冷水，就可溶解和吸收「催淚」的硫酸物質，切時就不會再刺眼了。

巧洗芋頭

將芋頭剝皮，放入醋水中煮4~5分鐘，立即盛起泡水，即可去除黏液。削過芋頭的手發癢，可以在火上烘一烘，即可止癢。

巧去淮山皮

　　刮削淮山皮時，黏液容易黏到手上，使人感到發癢難受。如把洗淨的淮山先煮或蒸4~5分鐘，待涼後再去皮，就不會那麼黏了。不過，應注意蒸煮時間不能過長，以免淮山變爛（爛了也不易去皮）。

怎樣防止煮雞蛋時蛋殼破裂？

1. 煮雞蛋經常出現蛋殼破裂，蛋白溢出的現象，這是由於突然加熱，蛋殼內膨脹的空氣不能迅速透過蛋殼大端的氣孔造成的。如果用針在大端刺一小孔，雞蛋加熱時空氣在針孔泄出，便可以防止蛋殼破裂。

2. 雞蛋應該放在冷水中加熱煮熟。

3. 在水中加些鹽，也可以防止蛋白溢出。因為溶化的鹽可以加速破裂處的凝結作用，並可以封閉裂縫。

烹飪秘訣和廚藝訣竅

如何避免椰菜花變色？

椰菜花帶有少許澀汁，可以在汆水之後去除。在汆水時，水中加些醋或檸檬汁，就可以使椰菜花變得更白。椰菜花莖中的營養比椰菜花本身更豐富，因此要連同莖一起食用。

蔬菜要用熱水煮還是冷水煮？

根莖類：如紅蘿蔔、白蘿蔔等較硬的食材，薯仔、番薯這類含豐富澱粉的食材，都要放入冷水中煮，才能煮出甜味並且煮軟。像竹筍，則要在冷水中先加入米糠和辣椒，會更容易除去外殼。如果要加速煮熟根莖類蔬菜，可將食材切得小塊一點，會比較快熟。

葉菜類：這類菜一般容易熟，煮得太久會變黃、口感不好、流失養分。最好直接在水滾後加入少許鹽，再放入蔬菜，這樣可以保持翠綠色澤。

避免蔬菜過老或過生的秘訣

灼蔬菜時先加入米酒、油和少許鹽，讓蔬菜帶有特殊甘甜口感，並且光澤油潤。只要燙至顏色翠綠即可盛起，千萬不能用生水燙煮的方式。蔬菜如果燙太久，葉片會變黃，營養成分也會流失。

涼拌菜調味的順序

做涼拌菜，下鹽的時間非常關鍵，因為加鹽後涼拌菜放置過久，食材容易出水，使養分流失，因此應在進食前才加鹽。調味的順序應是：先加入佐料如花椒油、麻油、糖、醋，使涼菜入味、爽口，食用前才加鹽，這是涼拌菜好吃的秘訣。

烹調涼瓜的訣竅

涼瓜可以涼拌或熱炒，如果不喜歡涼瓜的苦味，可以先汆水再烹調。涼拌時，可以用少許鹽搓揉後，用水沖洗，有助減少苦味。冰鎮涼瓜要爽口好吃，必須要先將瓜籽和瓜膜用湯匙刮除乾淨，以充分去除苦味。

如何才能將蓮子煮得軟熟？

蓮子不易熟，煮前可以先以溫水浸泡約半小時，再以清水洗淨，挑除蓮芯，煮或蒸1小時，再放入湯鍋中與其他食材同煮，以減省烹調時間。

如何去除牛蒡的澀味？

牛蒡滋味清甜，宜與肉類、魚類一起烹調，不僅可以去除牛蒡的澀味，還可以吸收肉中的油脂，增加牛蒡的甜味和風味。牛蒡皮中含有芳香和藥效成分。切開後可以先泡水，也可以加入少許醋浸泡以防止變色。

如何去除白蘿蔔的辛辣味？

燉湯時可以放一些米在鍋中和白蘿蔔一起燉煮，不但可以去除白蘿蔔中的辛辣味，也可以讓白蘿蔔更易煮腍。在去白蘿蔔皮時要削厚一點，才能把靠近外皮的粗纖維去掉，口感更加細膩。

如何蒸出又滑又嫩的蒸蛋？

雞蛋打勻後，首先加入適量水拌勻（1隻雞蛋加1碗溫水），再用篩過濾雜質，要先把水煮滾後再放入水蛋蒸煮，用小火蒸約7~10分鐘就可取出。蒸的時候，千萬不要頻頻掀蓋，以免降低蒸鑊內的溫度，但鑊蓋內的水氣聚集而下，就會在蒸蛋的表面形成蜂窩狀的小洞，破壞外觀，因此蒸蛋時用保鮮紙包著蒸碟，或在鑊邊插一隻筷子，讓鑊內的水氣自然散掉即可，避免鑊蓋緊閉。

如何讓滷肉香潤油亮？

加入滷汁中的葱、薑、蒜等配料，最好炸過再滷，這樣香味才會持久濃郁，肉形也不會因久煮而散爛。滷汁中加入少量片糖，可以中和醬料的鹹味，並使滷肉顏色紅潤有光澤，味道更香醇。五花腩在滷前要先煎至金黃色，可以充分釋出肥肉中的油脂，使肉質入口更酥香。

如何把肉絲炒得滑嫩入味？

先把肉切片或絲，放入容器中加入調味料醃浸，而肉質滑嫩鮮味的關鍵在於醃時加水，約330克肉絲加半碗水，但要留意，水要慢慢分幾次加入，這樣水分會逐漸被肉吸收，醃10~20分鐘後再下鑊炒，肉就會滑嫩入味。常用作醃肉絲的醃料有葱、薑、蒜汁，也可以搭配沙茶醬、辣椒醬或者XO醬。

煎魚時如何使魚皮不黏鑊？

要想在煎魚時保持魚身完整和魚皮不黏鑊，一定要用熱鑊冷油法。先將鑊燒熱，用薑片抹勻鑊底，再用廚房紙充分擦乾魚身，抹上一層麵粉或者生粉在魚身表皮，鑊內放入足夠的油，如此魚皮就不會黏鑊。煎到魚皮表面脆硬才可翻至另一面，這樣煎出的魚才會香脆可口，保持完整。

蒸魚小訣竅

蒸魚時一定要把水先煮滾，冒出熱氣才可將魚入鑊，然後將猛火轉中火。因為猛火會讓魚肉迅速收縮，減少魚肉水分流失的情況，並保留魚肉的鮮美，而轉中火是為了避免加熱過急，令魚肉裂開、不美觀。

入廚小智慧

如何預防勾芡時生粉結塊？

只要是勾芡濃郁的羹湯，需要再次加熱時，都必須以小火加熱，而且過程中要不斷攪拌直到煮滾，或者也可以隔水加熱，就不必擔心鑊底燒焦或湯汁黏稠結塊了

如何用花椒讓菜炒得更香？

炒白菜、唐芹時，先將幾粒花椒放入燒熱的油鑊中，炸至變黑後盛起，再將菜倒入烹調，炒出來的菜會香氣撲鼻。

食醋去除手上辣味

切辣椒的時候，往往會把辣味黏到手上，而且很長時間都去不掉，導致手辣如火燒。這時候只要用食醋抹手，就可以去除辣味了。

炒雞蛋時加糖

炒雞蛋時，如加入少量糖，可使蛋製品變得膨鬆柔軟，這是因為在雞蛋裏加入糖，使蛋白在加熱凝固時溫度上升，而延緩了加熱時間，另外，砂糖具有保水性，能增加蛋的柔軟程度，使之更鮮味可口。

鹽的妙用

菜刀在鹽水裏浸泡20分鐘，能使刀刃鋒利；用鹽和蘇打水可清潔雪櫃；新鮮魚放在鹽水中洗一洗，能去除泥腥味；把有裂縫的雞蛋放在鹽水中煮，蛋白就不會外流。

香料能提升炭烤食物的香味

乾身的香料，放置時間太長，不適合用來調味，但可以在燒烤食物的時候灑在炭火上，發出來的香味會讓人食慾大增。

如何正確使用生抽？

1. 生抽應在食物上碟前才加入，卻不宜在鑊內高溫燒煮，因高溫會使其失去鮮味和香味，同時，生抽中的糖分在高溫下會焦化變苦，食後對身體有害。
2. 蘸食生抽或在調拌涼菜時，可加熱後再用。這是因為生抽在貯存、運輸、銷售等環節中會受到各種細菌污染。加熱方法是蒸煮，不宜煎熬。
3. 烹調綠色蔬菜應少用甚或不加生抽，因生抽會使翠綠的色澤變得暗淡黑褐，不僅影響美觀，太濃的生抽香還會掩蓋蔬菜的天然香味。

肉類**的處理**

1. 凡是用豬肉做餡料,都不宜全用瘦肉,而應最少加入一至兩成肥肉,肉質才嫩滑可口。
2. 攪拌肉餡或魚膠、蝦膠時,放下幼鹽稍攪至溶解,才容易起膠及帶有韌力。
3. 牛肉切片或切絲後,用糖最少醃半小時,有助牛肉軟滑。但切忌下鹽醃,否則肉粗糙而韌。
4. 切豬肉要順著肉紋切,切牛肉則必須橫切,切羊肉絲時應將黏膜剔除,否則炒熟後變得堅韌,不易咀嚼。切魚肉要將魚皮切下。

魚類**的處理**

1. 左口魚和撻沙魚要鱗緊、肚部脹而實的才是新鮮。左口魚不能用鹽醃,否則魚肉會霉。蒸或炆大鱔,不可用鹽醃,否則肉不離骨。
2. 要使活鯉魚離水能繼續生存一段時間,可用茶葉塞住魚口,再用濕報紙包裹數層。
3. 用金屬製湯匙刮魚鱗,方便又不會擔心切傷。

菇類**的處理**

1. 浸發冬菇最好用微溫的水加入少許沙糖,便可浸發得快一點及味道更好。
2. 若鮮菇太大粒而要切開邊的話,應該出水過冷河,抹乾水後才切;如果先開邊後出水,必碎爛。

妙用蔬果

1. 炸過的油留有氣泡,可放入切成圓片的薯仔來炸,讓薯片吸去油泡及渣滓,油可回復清澈。
2. 用蘿蔔圓塊,沾上去污粉來擦拭菜刀,可輕易把污漬或鐵銹去除。
3. 白焯蝦時,先把適量的水燒滾,放下兩片檸檬、鹽少許,再放下蝦焯熟,蝦肉更爽脆而沒有腥味。
4. 在煮好的湯或煎魚上滴幾滴檸檬汁,會使味道更好。用竹籤在檸檬上戮幾個洞滴汁後,再把竹籤插回原先的洞內,存放在冰箱,仍可保持檸檬的新鮮度。
5. 煎蛋時,若加入肉絲、菜絲等,蛋往往會散亂不成樣子,不妨在打爛的蛋中加入數滴醋或檸檬汁,然後用油煎,這樣蛋就能煎得平整了。

蔬果**快速去皮法**

1. 番茄去皮,可先在番茄上淋上開水,再用冷水浸,便容易剝皮了。
2. 栗子去殼,可用焗爐以180℃的熱力焗十五分鐘,便很容易剝開。
3. 蒜頭用清水浸幾分鐘,便可輕易省力地把蒜衣褪出。

蔬果揀選方法

1. 把有殼的栗子浸在清水中，浮在水面的是壞栗子，沉在底的是好栗子。
2. 將西瓜拿起，用手指敲彈，聲音清脆的就是熟西瓜。
3. 檸檬以顏色油潤、有彈性、沉重、皮厚為佳，果汁較豐盛。
4. 菠蘿愈重，表示所含糖分愈多熟度愈大；顏色鮮黃如橘色者，氣味芬芳。
5. 櫻桃以顏色愈深紅者愈甜。

蔬果的儲存

1. 如果矮瓜（茄子）吃不完，要放在乾爽的地方保存，卻一定不可用水洗。因為其表皮的蠟質保護膜會被破壞，出現發褐、黃、黑色，變軟。
2. 菠菜、茴香等葉菜類，買回來洗淨，用塑膠袋或玻璃紙包密，放入冰箱。如此水分不易發散，較長時間保持新鮮。
3. 薯仔發芽會有毒素，儲存薯仔時要放在乾燥涼爽避光的地方，在薯仔上面放兩三個蘋果，可抑制發芽，延長保存期
4. 紅蘿蔔用舊報紙包裹兩三層，放在陰涼處，可貯存較長時間。
5. 葱買多了用不完時，可以把葱的根部浸在一杯水中，如此葱內的青莖慢慢地長出來，不會枯萎。

豆腐的處理

1. 豆腐柔軟易碎，很難瀝乾水分，可購那些裝在塑膠盒內的豆腐，在盒底處用尖利工具戳幾個小洞，便可讓裏面的水分瀝乾。
2. 豆腐用鹽水浸兩小時，取起滴乾水，才用滾油炸，豆腐便不會爛開。如要豆腐更滑，可把底面粗糙的一層片去。

雞蛋的烹製

1. 雞蛋打散後要煎蛋皮時，最好先用少許栗粉混和蛋液中，如此煎出來的蛋皮就能薄而不破了。
2. 做蛋花湯時可以先預備有小孔的茶隔。先把雞蛋打散，然後把蛋液通過小孔流入煮鍋中。這樣烹調的蛋花湯自然均勻又美觀。
3. 用雞蛋做的菜餚，為使成品金黃色重，蛋黃份量要比蛋白多些，如用五隻蛋黃，四個蛋白便夠，餘下的蛋白可放入冰箱留回下次用。
4. 蒸水蛋，加入少許醋與雞蛋一齊拂，蒸得過時也不易蒸老。除去蛋面的泡，用慢火蒸，蒸熟的蛋面光滑。
5. 將蛋打入油鍋煎時，不妨在旁灑上幾滴熱水，這樣蛋就會軟滑得多。

海味乾貨的認識

　　飲食物料種類繁多，由於一般的瓜果蔬豆、禽畜肉類和魚鮮水產很多人都十分熟悉，故在此不再贅述，下面只就一些海味乾貨略作説明。

鮑魚

　　鮑魚是一種名貴海味，含豐富蛋白質及維他命，有降血壓、平肝、養陰滋潤、降虛火的功效。市面出售的鮑魚有新鮮、乾曬、急凍及罐頭的四種。家庭中多用罐頭鮑魚，但若論名貴，則以乾鮑最為食家器重。其大小以每斤的頭數計算，如三個頭、十個頭、二十個頭，即每斤有三隻、十隻或二十隻。鮑魚越大隻，價錢越貴。

　　主要的乾鮑有日本網鮑、窩麻鮑（鮑身左右有兩個小孔，較軟滑）、吉品鮑（較厚身，入口有嚼頭）、中東鮑及澳洲網鮑等。

　　至於罐頭鮑，有日本罐鮑、墨西哥車輪鮑、非洲罐鮑、澳洲罐鮑及紐西蘭罐鮑等。使用十分方便，開罐取出即可入饌。

　　急凍鮑魚多來自澳洲、南美及非洲，處理較容易，故家庭中也有購之以煲湯或製成各種菜式。

　　至於鮮鮑，主要源於台灣、南韓及中國青島等地，烹製多是清蒸或爆炒，倘火候過久則易變韌。

海參

　　海參營養豐富而不含膽固醇，有滋陰補腎功能。

　　市面購得的海參多為乾貨，亦有已經浸發的，家庭中多用後者。通常乾貨浸發後每斤可發得三斤至五斤不等，選購乾貨時以乾身硬朗、質挺略帶啡色、有光澤、皮層脆薄為上品。

　　由於產地和品種不同，海參分有白石參、禿參及刺參等多種。日本、韓國及中國均有刺參來貨，以日本遼參最貴，味香帶爽。揀選刺參，以刺針長及密、粗壯，有香味者為佳；至於白石參及禿參，則以體形粗長、肉質肥厚、皮薄者為上品。白石參多來自印尼等地。

海蜇

　　海蜇是一種水母狀的腔腸動物，捕獲後以明礬和鹽處理，除去水分，洗淨後用鹽漬之，傘部稱為「蜇皮」，口腕稱為「蜇頭」。

　　海蜇浸發後除作涼辦或冷盤佐料外，亦可用作炒製，但切勿過火，方可保持爽脆可口的滋味。

　　海蜇乾品以身厚而色澤鮮明黃淨為佳品，來源地有中國湛江、大連、溫州、舟山，馬來西亞及越南等。通常以湛江來貨富彈性及滑，大連海蜇則味爽。

魚翅和魚唇

魚翅含豐富蛋白質，具有補腎強腰的食療功效。

魚翅是某些種類的鯊魚或鰩魚（均屬軟骨魚科）的鰭或尾端部分經一系列加工而成，來自日本、非洲、南美、印尼、菲律賓及印度等地。當地漁民在捕得鯊魚後，斬去鰭和尾勾，曬乾後便運出口。入口商人經過相當繁複的加工處理，才曬乾出售。市面可見的魚翅起碼有六七十種，但常用的僅十餘種而已。

乾魚翅要經過漂浸、煲焗、去沙、去骨、加薑汁酒煨透後才可入饌，其間火候掌握至為重要。由於魚翅本身沒有甚麼味道，故必須加上其他鮮味濃厚的配料如上湯、雞絲、火腿、鮑魚、膏蟹等配味，方可成為美味菜式。家庭中食用魚翅多取已浸發好的水盤翅或急凍魚翅，汆水後將豬骨、火腿、雞等放入煲湯袋中，與翅同煲約3小時至腍便可。

另有名為「魚唇」的食材，其實是從鯊魚尾部起出之皮，含豐富蛋白質，膠質重，本身無味道，但可以配合其他肉類紅炆、燉、煲湯等。

魚肚

魚肚含豐富蛋白質和膠質，有滋陰、固腎、培精的功效，可助人體迅速消除疲勞，對外科手術病人傷口的恢復也有幫助。

魚肚亦稱花膠，其實是某些魚類的魚鰾加工乾製品。由於魚的品種不同，成品名稱亦有別。市面所見的魚肚，多來自巴基斯坦及印度等地。選購魚肚，以厚身、乾淡、呈金黃色為佳，切忌「花心」的魚肚。

燕窩

燕窩是由金絲燕口裏吐出的唾液凝結而成。

燕窩含蛋白質及多種氨基酸、糖、纖維素及鈣、磷、硫、鐵等礦物質，有潤肺補氣化痰的功效，對體弱脾虛所致的多痰多咳、食慾不振、腹瀉、多汗等有顯著療效。手術後食用燕窩療效最大，更可促使傷口癒合。隨產地及燕種不同，燕窩有官燕、血燕、白燕、毛燕等多種。而按形狀和質素來分，又有燕盞、燕條、燕角、碎燕和燕絲的分級。燕窩的選購，可參考本書第25頁。

元貝和蠔豉

元貝或稱珧柱（瑤柱），以來自日本的最佳，肉質細嫩。日本元貝又分宗谷貝及清森貝，前者味香而濃，後者味淡色略淺。至於中國青島貝及越南安南貝則多用以煲粥，前者味道比後者為香。選擇元貝應以身份乾燥，顆粒大而完整，大小均勻，呈金黃色而無霜，略有光澤，無雜質碎片為佳。顏色過深或過淺均不宜。

蠔豉甘腴肥美，是用新鮮生蠔加工而成。倘將生蠔用滾水灼過才曬乾，稱熟曬；若用竹枝串成一排，由生曬乾，則稱生曬。前者入饌較為軟腍而後者則滑而香，各有特色。另有一種曬成半乾濕的生蠔，則稱之曰「金蠔」。

蠔豉多食會產生膩滯感覺，故配料烹製多選清淡瘦物如髮菜之類。

煎

所謂煎，是指用鍋把少量的油加熱，再把加工成扁平的原料放進去，用中小火加熱使原料表面呈金黃色而成菜的技法。由於油的溫度比用水煮的溫度為高，因此煎食物的時間往往需時較短，成品外酥脆，內軟嫩，味道比水煮的甘香可口。適宜煎法的原料主要是肉質細嫩的畜禽肉、魚蝦水產品等。

香茅豬扒

材　　料：豬扒3塊，香茅1枝，蒜茸、乾葱茸各½湯匙，紅辣椒粒適量

醃　　料：生抽1湯匙，糖⅓茶匙，鹽¼茶匙，檸檬汁½湯匙，生粉1湯匙

調味料：魚露1湯匙，糖⅓茶匙，麻油、胡椒粉各少許

做　　法：
1. 豬扒洗淨拍鬆，以醃料醃15分鐘（除生粉外）；香茅洗淨拍鬆，切碎。
2. 燒熱油鑊，爆香香茅、蒜茸、乾葱茸及紅辣椒粒。
3. 豬扒撲上少許生粉，放鑊中煎至微黃色，加入調味料煎至乾身即成。

☆☆☆☆　☆☆☆☆　☆☆☆☆
餐桌指數　　烹飪難度　　營養搭配

香橙豬扒

材料

豬扒400克，鮮橙片150克

醃料

鹽½茶匙，糖¾茶匙，胡椒粉少許，生抽1茶匙，生粉2茶匙，橙汁2湯匙

芡汁料

鮮橙1個，橙汁½杯，白醋1茶匙，糖1茶匙，生粉1茶匙，茄汁1湯匙

做法

1. 豬扒洗淨，抹乾水分，拍鬆後拌入醃料待20分鐘。
2. 把芡汁料中的½個橙皮刨茸，與餘下的芡汁調勻。
3. 燒熱油，放入豬扒以中火煎至兩面金黃，盛出。
4. 把芡汁倒進鑊中煮至濃稠，放回豬扒拌勻，以鮮橙片伴碟佐食即成。

胡椒生抽煎豬扒

材料

豬扒4件

醃料

生粉4茶匙，胡椒粉½茶匙，水1湯匙

調味料

胡椒粒1湯匙，生抽4湯匙，糖2茶匙，上湯½杯

做法

1. 豬扒洗淨，抹乾，拍鬆後以醃料拌勻。
2. 燒熱油鑊，下豬扒煎至兩面金黃色。
3. 胡椒粒拍碎，加上湯煮滾，加入糖和生抽煮勻，放入豬扒拌勻，即可享用。

西汁煎豬柳

材料

豬柳600克，洋葱1個

醃料

鹽、糖各1茶匙，喼汁2茶匙

汁料

茄汁½湯匙，喼汁½湯匙，OK汁½湯匙，生抽½湯匙，糖1茶匙，水30毫升

做法

1. 豬柳洗淨，抹乾水分，拍鬆後以醃料拌勻。
2. 洋葱切條，泡油後候用。
3. 燒熱油鑊，將豬柳兩面煎成金黃色，下少許水，加蓋焗煮至水乾，加入洋葱、汁料拌勻，即可上碟。

脆皮煎肉

材料

豬腩肉600克

醃料

鹽1茶匙，糖1茶匙

上皮料

麥芽糖1茶匙，白醋3湯匙，浙醋、玫瑰露酒各1湯匙

用具

不鏽鋼叉燒針1支

做法

1. 腩肉切成長方形塊狀，氽水約15分鐘，過冷河。
2. 豬皮用鋼針穿刺，再擦鹽、糖，醃約15分鐘。
3. 燒熱油鑊，腩肉兩面各煎3分鐘。取出，豬皮再塗上上皮料，掛當風處吹乾。
4. 焗爐調至200℃，預熱15分鐘。將煎過的腩肉放於鐵架上面，肉面向上，焗約10分鐘，至豬皮呈脆紅色即可。

煎

果汁煎肉脯

材料

瘦豬肉400克，果汁200毫升，雞蛋1隻（打勻），蝦片15克，米酒1茶匙，生粉1茶匙，鹽適量

做法

1. 瘦肉洗淨，抹乾，拍鬆後以醃料拌勻，加雞蛋液拌勻，拌入生粉。
2. 燒熱油鑊，放入蝦片炸好，瀝油。
3. 燒熱油鑊，放入瘦肉稍炸後撈出。
4. 再燒熱油鑊，潛米酒，加果汁，放入瘦肉煎熟，以蝦片伴食即可。

煎糯米五花腩卷

材料

糯米400克，五花腩肉150克，腐皮1張，芋頭60克，冬菇4朵（浸軟），蝦米1湯匙，栗子肉60克，蓮子2湯匙

調味料

魚露1茶匙，油½茶匙，胡椒粉少許

做法

1. 糯米用清水浸一個多小時，蒸熟待用。
2. 五花腩肉切細粒，將冬菇、蝦米、蓮子、栗子肉、芋頭等材料切成小粒，蒸熟，與糯米飯、調味料拌勻。
3. 腐皮用濕布略抹，使其濕軟，鋪上糯米飯，捲成直徑2~3厘米的長條，切成4厘米長的肉卷。
4. 燒熱油鑊，將肉卷兩面煎香即可。

香煎馬蹄冬菇肉餅

材料

免治豬肉300克，馬蹄5粒，冬菇3朵（浸軟），薑茸1茶匙

調味料

生粉2茶匙，生抽1茶匙

做法

1. 馬蹄去皮，切碎；冬菇去蒂，切碎。
2. 免治豬肉加入馬蹄碎、冬菇碎、薑茸和調味料拌勻。
3. 將免治豬肉壓成肉餅，燒熱油鑊，放肉餅煎至兩面金黃色即成。

茄汁豬扒

材料

豬扒300克，洋葱絲80克，蒜片40克

調味料

茄汁60毫升，辣椒生抽2湯匙

做法

1. 豬扒洗淨，抹乾水分。
2. 燒熱油鑊，爆香洋葱絲、蒜片，再放入調味料，拌勻成汁料。
3. 燒熱油鑊，將豬扒兩面煎成金黃色，加少許水，加蓋焗煮至水分收乾，加入汁料拌勻，即可上碟。

斤兩換算（約數）：1斤＝600克　15兩＝570克　14兩＝530克　13兩＝490克　12兩＝450克　11兩＝420克　10兩＝380克　9兩＝340克

吉列豬扒

材料

豬扒300克，麵包糠100克，麵粉50克，雞蛋2隻（打勻）

醃料

鹽1茶匙，生抽2茶匙，生粉2茶匙，胡椒粉、麻油少許

做法

1. 豬扒洗淨，抹乾水分，拍鬆後以醃料拌勻，再拍上麵粉，蘸上蛋液，滾上麵包糠。
2. 燒熱油鑊，下豬扒煎至兩面呈金黃色，即可。

橙汁肉排

材料

腩排900克，橙1個，濃縮橙汁1湯匙，鹽⅛茶匙，水適量

醃料

OK汁1湯匙，叉燒醬2湯匙，白葡萄酒1湯匙，鹽1茶匙，生粉3湯匙，油1茶匙

芡汁料

生粉1湯匙，水2湯匙

做法

1. 將腩排斬成3件，洗淨瀝乾。把½個橙皮刨茸，取部分橙肉切粒。
2. 腩排加醃料拌勻。
3. 燒熱油鑊，將腩排兩面煎成金黃色，瀝乾油分。
4. 再燒熱油鑊，下橙汁、橙皮、橙肉粒、水和鹽，慢火煮滾，勾芡，加入腩排拌勻汁料即成。

煎蒜心如意結

材料

蒜心120克，豬肉碎300克，冬菇3朵（浸軟）

醃料

鹽½茶匙，糖¼茶匙，生抽1茶匙，生粉2茶匙，胡椒粉少許

芡汁料

生抽1茶匙，糖½茶匙，生粉1茶匙，水適量1湯匙

做法

1. 冬菇洗淨，去蒂，切幼粒。
2. 豬肉碎加醃料及冬菇粒拌勻。
3. 蒜心切長段，放入滾水中焯軟，瀝乾水分。蒜心打一個結。
4. 燒熱油鑊，將豬肉碎煎成小餅形至兩面金黃色，加入蒜心拌炒勻，加入芡汁燒滾即可。

煎釀三寶

材料

黃椒1個，蘑菇8粒，西芹80克，鯪魚肉碎250克，冬菇2朵（浸軟），馬蹄2粒，蝦米1湯匙，生粉水2½湯匙

醃料

鹽、糖各⅛茶匙，生抽½茶匙，蠔油1湯匙，老抽、麻油各½茶匙，胡椒粉少許，水1茶匙

做法

1. 冬菇、蝦米、馬蹄洗淨，切碎粒。鯪魚肉以醃料拌勻，順一個方向打至起膠再拌入其他碎粒。
2. 西芹洗淨切塊。蘑菇洗淨。椒去籽，切塊。
3. 西芹、蘑菇和椒均塗上少許生粉，釀入鯪魚肉。
4. 燒熱油鑊，將釀西芹、釀蘑菇和釀椒煎至兩面金黃色，勾芡即可。

中式煎牛柳

材料

牛柳300克，洋蔥½個，紅辣椒1隻，芫荽1棵

醃料

鹽、糖各½茶匙，生粉、芝士粉、薑汁酒各1茶匙，清水3湯匙

汁料

鹽½茶匙，糖、醋各½杯，茄汁3湯匙，清水½杯，西芹茸、紅蘿蔔茸各1湯匙

做法

1. 牛柳洗淨，橫切成厚件，用刀拍鬆，與醃料拌勻醃½小時。
2. 洋蔥切條；紅辣椒切圈；芫荽切碎。
3. 將汁料全部材料略煮片刻，備用。
4. 燒熱油鑊，爆香洋蔥、紅辣椒，加入牛柳煎至兩面金黃色，加入汁料煮滾，撒上芫荽碎即可。

蘆薈汁煎牛肉

材料

牛肉300克，蘆薈400克

醃料

蠔油½湯匙，海鮮醬½湯匙，咖喱醬½湯匙，鹽½茶匙，生粉1湯匙

做法

1. 蘆薈去皮，切成菱形片。
2. 牛肉切大片，加入醃料醃½小時。
3. 燒熱油鑊，下牛肉煎至半熟，加入蘆薈片拌勻即可。

生煎牛柳

材料

牛柳400克，雞蛋1隻，炒香芝麻1湯匙

醃料

辣椒油½茶匙，辣椒生抽2茶匙，米酒1茶匙，蔥茸、薑茸各1茶匙，鹽½茶匙，胡椒粉、麻油各少許

汁料

米酒1茶匙，蒜茸1茶匙，辣椒生抽½茶匙，辣椒油½茶匙，糖¼茶匙，鹽½茶匙，麻油少許

做法

1. 牛柳洗淨，抹乾水分，切成厚件，以醃料拌勻。
2. 雞蛋打勻，加50毫升清水，拌勻。
3. 牛柳先沾上生粉，蘸上蛋液，下油鑊中，以小火煎至兩面金黃，盛起，瀝油。
4. 原鑊，加入麻油、蒜茸爆香，灒酒，倒入餘下的汁料，牛柳回鑊略煎，撒上炒香芝麻即可。

斤兩換算（約數）：1斤＝600克　15兩＝570克　14兩＝530克　13兩＝490克　12兩＝450克　11兩＝420克　10兩＝380克　9兩＝340克

菠蘿煎牛扒

材料
牛扒500克，菠蘿200克，洋葱1個，唐芹茸
1湯匙

醃料
鹽½茶匙、乾葱茸1茶匙，胡椒粉適量

汁料
鹽½茶匙，香葉、胡椒粉、油各適量

做法
1. 洋葱、唐芹洗淨，分別切茸。菠蘿切
   粒。
2. 牛扒洗淨，抹乾，切成厚件，以醃料醃
   2小時。
3. 燒熱油鑊，下牛扒煎至半熟及兩面金
   黃，瀝去油分，加菠蘿、汁料煮滾，下
   唐芹茸、洋葱茸再煮片刻，即成。

西檸煎牛扒

材料
牛扒2件，洋葱½個，芫荽1棵

醃料
鹽½茶匙，薑汁酒、生粉各1茶匙，胡椒
粉、麻油各少許

汁料
檸檬1個，青檸汁、水各1杯，糖1湯匙，鹽
½茶匙，芝士粉2茶匙，生粉1茶匙

做法
1. 牛扒洗淨，用刀背柏鬆，以醃料拌醃½
   小時。
2. 洋葱切條，芫荽切碎，檸檬切片。
3. 牛扒撲上生粉，將兩面煎至金黃色，盛
   起備用。
4. 起油鑊，爆香洋葱，下汁料煮滾，加入
   牛扒煮滾，撒上芫荽碎，以檸檬片伴
   食。

煎西冷牛扒

材料
西冷牛扒240克，青椒1隻，青瓜1條，紅辣
椒1隻，牛油1湯匙

醃料
鹽½茶匙，胡椒粉少許

做法
1. 西冷牛扒洗淨，用刀背拍鬆，再以醃料
   醃15分鐘。
2. 青椒、青瓜洗淨，切塊；紅辣椒洗淨，
   切圈。
3. 燒熱油鑊，下青椒、青瓜、紅辣椒爆
   香，盛起伴碟。
4. 燒熱油鑊，下牛油，加入牛扒煎至兩面
   金黃即成。

金菇牛肉卷

材料
鮮牛肉200克，金菇80克

醃料
鹽½茶匙，生粉2茶匙

汁料
蠔油1湯匙，老抽1茶匙，生粉1茶匙，水2
湯匙

做法
1. 鮮牛肉切成6 x 6厘米的大薄片，加醃料
   拌勻，放入雪櫃中冷藏1小時。
2. 金菇洗淨，切去底部。
3. 將金菇放在牛肉片上捲成卷，用生粉封
   口。
4. 燒熱油鑊，下牛肉卷煎至金黃，盛起；
   鑊留底油，加入汁料勾芡，澆在牛肉卷
   上即成。

豆腐牛柳卷

材料

豆腐1塊，薄牛柳8片，金菇160克，紅蘿蔔絲8條，蒜茸1茶匙

醃料

生抽2茶匙，胡椒粉、麻油各少許

汁料

喼汁1湯匙，茄汁、糖各2湯匙，鹽¼茶匙，水½杯

做法

1. 牛柳以醃料醃½小時；豆腐切粗條；金菇洗淨，切去底部。
2. 牛柳鋪平，上放豆腐、紅蘿蔔各1條，加適量金菇，捲成牛柳卷。
3. 燒熱油，慢火煎牛柳卷至金黃色，盛起。
4. 燒熱油，爆香蒜茸，煮滾汁料，淋在牛柳卷上即可。

香煎牛脊肉

材料

牛裏脊肉300克，洋葱、紅蘿蔔各50克，雞蛋2隻，麵包糠100克，麵粉50克

醃料

鹽¼茶匙，胡椒粉少許

調味料

糖¼茶匙，醋¼茶匙，檸檬汁½茶匙

芡汁料

生粉1茶匙，水2湯匙

做法

1. 牛肉洗淨，抹乾，切成厚件，以醃料醃1小時。
2. 洋葱、紅蘿蔔分別切小粒；雞蛋打勻。
3. 牛肉片均勻地沾上麵粉，蘸蛋液，再撲上麵包糠，壓實，下油鑊中，煎至兩面金黃色至熟透，盛起，瀝油，切成長條。
4. 燒熱油鑊，下洋葱、紅蘿蔔爆炒，讚醋，加調味料煮滾，勾芡，澆在牛肉片上即可。

香葱煎串肉

材料

牛肉250克，雞蛋1隻，葱白100克，麵粉各適量

醃料

米酒½茶匙，生抽½茶匙，鹽¼茶匙，薑茸1茶匙，麻油適量

汁料

醋½茶匙，辣椒粉¼茶匙，蒜茸1茶匙，炒香芝麻1茶匙

用具

竹籤適量

做法

1. 牛肉切片，放入碗內，加入醃料醃10分鐘。
2. 葱白洗淨，切成兩半，再切成小段；雞蛋打勻，加麵粉攪成蛋糊。
3. 將牛肉、葱段用竹籤間隔穿成數串，蘸上蛋糊，下油鑊中煎至兩面金黃色及熟透。
4. 煮滾汁料供蘸食即可。

鹹牛肉洋葱煎薯餅

材料

薯仔4個，鹹牛肉1罐，洋葱1個

調味料

鹽¼茶匙，胡椒粉少許

做法

1. 薯仔去皮，放滾水中煮至腍，壓爛成薯茸。洋葱切粒。
2. 燒熱油鑊，炒香洋葱，加入鹹牛肉炒熟，盛起，與調味料同拌入薯茸中，分成8份，搓圓。
3. 燒熱油鑊，放入薯茸，壓平，煎至兩面金黃即可。

斤兩換算（約數）：1斤＝600克　15兩＝570克　14兩＝530克　13兩＝490克　12兩＝450克　11兩＝420克　10兩＝380克　9兩＝340克

蜜糖菠蘿牛仔骨

材料
牛仔骨400克，菠蘿2片，青、紅甜椒各½隻，蒜茸2茶匙，蜜糖3湯匙

醃料
水1湯匙，生抽1湯匙，糖½茶匙，生粉1茶匙，麻油及胡椒粉各少許

芡汁料
水3湯匙，生粉1茶匙，生抽1茶匙

做法
1. 牛仔骨切件，拌入醃料醃½小時。
2. 菠蘿切件；青、紅甜椒切角。
3. 燒熱油鑊，放下牛仔骨以中火煎至九成熟，盛起。
4. 再燒熱油鑊，爆香蒜茸、青、紅甜椒和菠蘿，把牛仔骨回鑊，下芡汁拌勻，淋入蜜糖拌勻即成。

煎紅酒T骨牛扒

材料
T骨牛扒400克，紅酒½杯，洋葱絲、煙肉絲各50克

醃料
鹽、胡椒適量，牛油少許

做法
1. T骨牛扒洗淨，以醃料拌勻。
2. 燒熱油鑊，將T骨牛扒煎至喜歡的生熟程度後，上碟。
3. 炒香洋葱絲、煙肉絲，加紅酒，煮至酒精成分蒸發後，加少許牛油，調成肉汁，淋於T骨牛扒上即可。

乾葱煎羊扒

材料
羊扒5件，乾葱8粒，紅椒圈½湯匙，鮮薄荷葉少許，酒適量

醃料
生抽1茶匙，酒¼茶匙，生粉1茶匙，胡椒粉少許

調味料
生抽1湯匙，糖¼茶匙，水¼杯，胡椒粉少許

做法
1. 洗淨羊扒，抹乾水分，用刀背拍鬆，加醃料醃20分鐘。
2. 乾葱切成厚片；薄荷葉切碎。
3. 燒熱油，將羊扒煎至8成熟，待用。
4. 燒熱油，爆香乾葱，將羊扒回鑊，潷酒及倒入調味料，略煮，加上薄荷葉碎和紅椒圈，即成。

照燒銀鱈魚

材　　料：銀鱈魚2件

醃　　料：清酒½湯匙，生抽½湯匙，薑汁1茶匙，油½茶匙

調味料：淡味生抽2湯匙，味醂2湯匙，糖½茶匙

做　　法：
1. 魚放於平底碟上，加醃料醃10分鐘，不時翻轉魚塊，令魚均勻吸收醃料。
2. 燒熱油鑊，抹乾魚塊上的汁料和水分，把魚兩面煎至金黃色，加入調味料後加蓋焗煮3分鐘即成。

餐桌指數　　烹飪難度　　營養搭配

蒜香銀鱈魚

材料

銀鱈魚2塊（約450克），蒜茸3湯匙，辣豆瓣醬1湯匙，葱粒1湯匙

醃料

鹽⅔茶匙，薑汁½湯匙，酒½湯匙，胡椒粉少許

調味料

水¾杯，生抽1湯匙，糖1茶匙，麻油、胡椒粉各少許

做法

1. 銀鱈魚洗淨，抹乾，將醃料拌勻，塗勻兩邊魚身，醃約15分鐘。
2. 燒熱油鑊，銀鱈魚撲上少許生粉，煎至兩邊金黃，瀝油。
3. 熱油鑊，爆香蒜茸和辣豆瓣醬，加入調味料煮滾，放入銀鱈魚，轉中火煮至汁濃，撒上葱粒即成。

酸辣鱈魚扒

材料

鱈魚扒1件

汁料

黃椒粒½杯，洋葱粒¼杯，薄荷葉絲1片量，青辣椒絲1湯匙，檸檬汁1湯匙，糖¼茶匙，鹽少許

做法

1. 銀鱈魚洗淨，抹乾。
2. 燒熱油鑊，下銀鱈魚煎至兩面微黃，盛起。
3. 下汁料於鑊中，以慢火煮滾及拌勻，澆在鱈魚扒上即成。

煎秋刀魚

材料

秋刀魚2條，葱段1湯匙，薑絲1湯匙，青檸汁½湯匙

醃料

鹽¼茶匙，米酒½茶匙，胡椒粉少許

汁料

米酒½茶匙，生抽1茶匙，糖¼茶匙

做法

1. 秋刀魚洗淨，用醃料醃½小時。
2. 燒熱油鑊，爆香薑絲，轉小火把秋刀魚煎至微黃，加入汁料和葱段煮滾，上碟，澆上青檸汁即可。

白飯魚粟米粒煎蛋

材料

白飯魚100克，雞蛋4隻，粟米粒½杯，洋葱½個，葱粒1湯匙

調味料

鹽½茶匙，生抽½茶匙，胡椒粉少許

做法

1. 白飯魚洗淨，瀝乾。洋葱切粒。
2. 雞蛋加調味料打勻，加入白飯魚、粟米粒、洋葱粒和葱粒，拌勻。
3. 燒熱油鑊，下蛋漿煎至兩面金黃，切件即可。

蘆筍魚柳

材料
蘆筍320克，魚柳4片

醃料
鹽½茶匙，胡椒粉少許

調味料
檸檬汁½茶匙，酒½茶匙，生抽½茶匙，糖¼茶匙，胡椒粒½湯匙

做法
1. 魚柳洗淨，瀝乾水分，用醃料略醃。
2. 蘆筍洗淨，削去硬的根部，用鹽水汆水，瀝乾。
3. 燒熱油鑊，將魚柳煎至兩面金黃和熟透，上碟，伴以蘆筍。
4. 調味味煮滾，淋在魚柳和蘆筍上，即成。

糖醋魚柳

材料
魚柳300克，葱絲1湯匙

醃料
酒½茶匙，鹽¼茶匙，胡椒粉少許

調味料
麵粉6湯匙，生粉4湯匙，油½湯匙，水6湯匙

汁料
酒1茶匙，生抽1茶匙，糖1茶匙，黑醋1湯匙，茄汁1湯匙

做法
1. 魚柳切粗條狀，加醃料醃10分鐘。
2. 調味料調勻成麵糊，放入醃好的魚柳，裹一層麵糊。燒熱油鑊，煎魚柳至表皮酥脆即可。
3. 煮滾汁料，下魚柳、葱絲，拌炒至汁料收乾即可。

肉茸鯽魚

材料
鯽魚480克，免治豬肉150克，番茄1個，薑茸1湯匙，紅辣椒碎½湯匙，葱粒1湯匙，上湯1杯

調味料
鹽、糖各½茶匙，生抽1湯匙，酒釀2湯匙，麻油各少許

做法
1. 番茄切片。
2. 鯽魚去鱗，劏淨，在魚身的兩面各斜切三刀，用少許鹽和胡椒粉擦勻魚身。燒熱油鑊，將其煎至兩面金黃。
3. 免治豬肉炒至酥香。
4. 再起油鑊，爆香薑茸、辣椒碎，放入鯽魚、免治豬肉、番茄片、上湯及調味料，煮滾後改慢火煮約10分鐘，撒上葱粒，即可。

釀鯪魚

材料
鯪魚殼1條，絞鯪魚肉160克，白蘿蔔絲160克，唐芹40克，冬菇2朵（浸軟），馬蹄肉4粒，陳皮粒少許，薑絲、乾葱、蒜茸各1湯匙

醃料
鹽¼茶匙，胡椒粉少許

汁料
柱侯醬、蠔油各½湯匙，糖¼茶匙，上湯½杯

做法
1. 冬菇、馬蹄、唐芹洗淨，切粒。
2. 絞鯪魚肉、冬菇粒、馬蹄肉、陳皮粒拌勻，打至起膠，加入醃料再拌勻，釀入鯪魚殼內，下油鑊，慢火煎熟至金黃色，盛起。
3. 再起油鑊，爆香薑絲、乾葱、蒜茸、唐芹粒，下白蘿蔔絲、汁料煮滾，將鯪魚回鑊同煮至蘿蔔絲變軟，汁濃即成。

斤兩換算（約數）：1斤＝600克　15兩＝570克　14兩＝530克　13兩＝490克　12兩＝450克　11兩＝420克　10兩＝380克　9兩＝340克

番茄紅衫魚

材料

紅衫魚1條，番茄2個，薑2片，蒜片1湯匙，雞蛋1隻，水1湯匙，鹽、胡椒粉各適量

調味料

茄汁1茶匙，鹽½茶匙，糖¼茶匙，油½茶匙，水1湯匙，胡椒粉適量

做法

1. 紅衫魚去鱗，劏好，洗淨，瀝乾，均勻地抹上鹽及胡椒粉。
2. 番茄洗淨，切大件。雞蛋打勻。
3. 燒熱鑊下油，爆香薑片，以中火煎紅衫魚至兩面金黃，盛起，瀝油。
4. 燒熱鑊下油，爆香蒜片，下番茄略炒，加入調味料，紅衫魚回鑊略煮，加蛋液拌勻便成。

醬醋多春魚

材料

多春魚10條

醃料

壽司醋1湯匙，甜酸醬½湯匙，胡椒粉、鹽各適量

做法

1. 多春魚洗淨，瀝乾水分，與醃料拌勻。
2. 燒熱油，將多春魚以中火煎至兩面金黃，即可。

煎釀龍脷魚柳

材料

龍脷魚柳2塊，紅蘿蔔絲、西芹絲、酸青瓜絲各30克，洋葱碎、蒜茸各2湯匙，麵包粒100克，鹽¼茶匙，黑椒碎½茶匙

調味料

橄欖油1湯匙，牛油少許，番芫荽碎1湯匙，淡牛油30克，洋葱1湯匙，蒜茸1茶匙

脆漿料

鹽¼茶匙，黑椒碎½茶匙，檸檬¼個，麵粉2湯匙

做法

1. 用橄欖油、牛油爆香洋葱碎和蒜茸，加入紅蘿蔔絲、西芹絲、酸青瓜絲同炒，用鹽、黑椒碎調味，再加入麵包粒炒勻，加調味料炒勻，冷卻成餡料。
2. 脆漿料拌勻。
3. 將龍脷魚柳用小刀橫切開一個開口，將餡料小心釀進裏面，蘸上脆漿料，用橄欖油煎至金黃，切件即可。

蒜香龍脷柳

材料
龍脷柳400克，蒜茸2湯匙，麵粉½杯，牛油½湯匙

醃料
鹽½茶匙，胡椒粉少許

芡汁料
酒1茶匙，生抽1茶匙，糖¼茶匙，鹽½茶匙，胡椒粉少許

做法
1. 龍脷柳沖淨，抹乾，以醃料塗勻，待5分鐘，薄薄沾上一層麵粉。
2. 燒熱牛油，下龍脷柳煎至金黃，上碟。
3. 燒熱油鑊，爆香蒜茸，下芡汁料煮滾，淋於龍脷柳上即成。

蒜香粉紅三文魚柳

材料
三文魚柳350克，蒜茸1湯匙，乾葱碎1湯匙，牛油1½湯匙，油1茶匙

醃料
鹽½茶匙，胡椒粉少許

汁料
白酒¼杯，上湯¼杯，鹽、胡椒粉各少許

做法
1. 三文魚柳解凍，瀝乾，以醃料拌醃。
2. 用中火煮溶牛油，下蒜茸略煎，灒酒，加牛油和乾葱碎，加入三文魚柳，兩面煎至金黃，上碟。
3. 煮滾汁料，淋上三文魚柳上即成。

蘑菇粒扒三文魚

材料
三文魚400克，鮮蘑菇粒150克，番茄肉粒80克，洋葱粒50克，蒜茸1湯匙

醃料
白酒1湯匙，油½茶匙，鹽½茶匙，黑椒適量

調味料
白酒2湯匙，鹽½茶匙，黑椒適量

做法
1. 三文魚以醃料醃15分鐘。
2. 燒熱油鑊，將三文魚煎至兩面金黃。
3. 蘑菇粒下油鑊炒軟，灒白酒。燒熱油鑊，爆香蒜茸，下番茄肉粒、洋葱粒炒勻，加調味料，加入蘑菇粒同炒，淋在三文魚柳上即可。

斤兩換算（約數）：1斤＝600克　15兩＝570克　14兩＝530克　13兩＝490克　12兩＝450克　11兩＝420克　10兩＝380克　9兩＝340克

黑椒三文魚串

材料

三文魚柳200克，紅椒1隻，青瓜½條，洋蔥1個，鮮冬菇40克

醃料

鹽¼茶匙，糖⅛茶匙，黑胡椒碎¼茶匙

調味料

鹽¼茶匙，糖⅛茶匙，黑胡椒碎¼茶匙，白酒20毫升，檸檬汁10毫升，油½茶匙

做法

1. 三文魚柳去皮，切成大方粒狀，下醃料醃15~20分鐘。
2. 將紅椒、青瓜、洋蔥和鮮冬菇分別切成大小相等的方粒。
3. 用竹籤梅花間竹地串上各種材料，做成串燒，塗上調味料。
4. 燒熱油鑊，將串燒煎至金黃即成。

香辣三文魚

材料

三文魚肉300克

醃料

鹽½茶匙，蒜茸1茶匙

調味料

薑茸1茶匙，蒜茸1茶匙，乾蔥茸1茶匙，紅辣椒茸1茶匙，芫茜莖碎1茶匙，茄膏2茶匙，紅咖喱醬2茶匙，咖喱粉1茶匙，椰汁150毫升

做法

1. 三文魚扒用醃料醃15分鐘。
2. 燒熱油鑊，爆香薑茸、蒜茸、乾蔥茸、紅椒茸及芫茜莖碎後，加入茄膏、紅咖喱醬及咖喱粉炒香，加入椰汁煮至濃稠成咖喱汁，保持熱度備用。
3. 燒熱油鑊，放入三文魚煎至兩邊金黃，上碟，以咖喱汁拌食即成。

香檸三文魚

材料

三文魚柳300克，檸檬1個，雞蛋1隻，生粉½杯

醃料

鹽1茶匙，胡椒粉少許，檸檬汁3湯匙

調味料

糖½湯匙，麻油1茶匙，米醋2湯匙，水¼杯

做法

1. 三文魚洗淨，抹乾，切件，用醃料醃好。
2. 雞蛋打勻。將魚件沾滿蛋液後撲上生粉，放入適量油煎至金黃，撈起瀝乾油，上碟。
3. 將調味煮至汁濃，淋上魚件，灑上檸檬汁即可。

茄汁洋蔥香煎三文魚

材料

三文魚柳300克，番茄1個，洋蔥1個，水½杯

醃料

鹽2茶匙

調味料

糖⅓茶匙，鹽½茶匙，蠔油½湯匙

做法

1. 三文魚柳洗淨，抹乾，以鹽塗勻兩面，醃20分鐘。
2. 番茄切開，挖出番茄肉留用，洋蔥切粒。
3. 燒熱油鑊，中火把三文魚柳煎至兩面金黃，上碟。
4. 再燒熱油鑊，炒香洋蔥，放入番茄肉略炒後倒入調味料，加水，煮滾後淋在三文魚柳上即可。

風味龍井魚片

材料

三文魚柳200克，龍井茶葉4湯匙，沸水1杯，油2茶匙，生粉適量

醃料

豉油1湯匙，鹽½茶匙，酒1茶匙，胡椒粉少許

芡汁料

鹽½茶匙，生粉½湯匙，水1湯匙

做法

1. 茶葉用沸水泡濃，撈起茶葉瀝乾，撲上生粉，茶留用。
2. 三文魚柳切厚片（約8片），下醃料醃1小時。
3. 燒熱油鑊，炒茶葉數遍，下三文魚柳，用中火煎至金黃色，上碟。
4. 將茶下鑊，加入芡汁料煮滾，淋上三文魚片即成。

薑葱煎鯉魚

材料

鯉魚1條

醃料

鹽1茶匙，胡椒粉少許

調味料

葱粒1湯匙，薑茸1湯匙，生抽1湯匙，醋½湯匙，鹽1茶匙

做法

1. 鯉魚去鱗，劏淨，切塊，加醃料醃2小時。
2. 燒熱油鑊，將魚煎熟，加入調味配料，拌勻即成。

葱香煎魚塊

材料

烏頭600克，葱3條

醃料

葱粒6湯匙，生抽1茶匙，糖¼茶匙，米酒1茶匙，鹽½茶匙

做法

1. 烏頭去鱗，劏淨，去魚頭，起成兩大片魚肉。
2. 將醃料均勻地塗抹在魚肉兩面上。
3. 燒熱油鑊，將魚塊煎熟即成。

香煎石斑

材料

石斑750克，青椒、紅椒各1隻

醃料

鹽¼茶匙，米酒1茶匙，葱粒1湯匙，薑茸1湯匙

調味料

蠔油1湯匙，薑茸1湯匙，蒜茸1茶匙，乾辣椒茸1茶匙，上湯300克

做法

1. 石斑洗淨，剐上十字花刀，用醃料醃2小時。
2. 青椒、紅椒去蒂、籽，切圈。
3. 燒熱油鑊，下石斑以小火煎至兩面金黃，放入乾辣椒茸、薑茸、蒜茸、青紅椒圈、蠔油煮至入味，再加入上湯，以旺火收濃湯汁，撒上葱粒即可。

石斑翡翠苗卷

材料

石斑肉200克，豆苗1杯，蒜茸½茶匙，鹽適量

醃料

鹽⅓茶匙，薑汁少許，糖⅓茶匙

做法

1. 用醃料醃石斑約10分鐘；豆苗洗淨，待用。
2. 燒熱油鑊，爆香蒜茸，下豆苗炒至半熟，加鹽調味，盛起。
3. 將豆苗放在石斑上，捲起，用牙籤固定。下油鑊，煎石斑卷至熟。

煎

拖煎黃魚

材料

大黃花魚1000克，麵粉75克，雞蛋4隻，薑絲2湯匙，葱段2湯匙，芫荽段1湯匙

醃料

米酒½茶匙，鹽½茶匙，葱段1湯匙，薑絲1湯匙，花椒1茶匙

調味料

葱段1湯匙，薑絲1湯匙，蒜片1茶匙，米酒1茶匙，白醋½.茶匙，鹽½茶匙，上湯150毫升

做法

1. 黃花魚去鱗，劏淨，在魚身兩面𠝹上十字，用醃料醃½小時後，將葱、薑、花椒揀出；雞蛋打勻。
2. 黃花魚兩面沾上麵粉、裹上蛋液。
3. 燒熱油鑊，爆香薑絲和葱段，下黃花魚煎至兩面金黃，盛起。
4. 再燒熱油鑊，爆香調味料中的薑絲、葱段和蒜片，加入其他調味料，黃花魚回鑊，慢火煮15分鐘，撒上芫荽段即成。

醬煎鱸魚

材料

鱸魚600克

醃料

磨豉醬2湯匙，薑茸½茶匙，蒜茸½茶匙

調味料

薑汁½茶匙，米酒1湯匙，糖½湯匙，胡椒粉少許

做法

1. 鱸魚去鱗，劏淨，洗淨抹乾後起肉，將醃料塗勻魚肉兩面，醃3小時。
2. 燒熱油鑊，將魚肉以半煎炸方式煎至金黃，下調味料煮一會吸去多餘油分，即成。

香煎鱸魚

材　　料：鱸魚1條
醃　　料：鹽1茶匙，薑茸1茶匙
做　　法：1. 鱸魚去鱗，劏淨，瀝乾水分。用醃料均勻地抹在魚身上醃2小時，瀝乾汁液。
　　　　　2. 燒熱油鑊，下鱸魚以大火煎2分鐘，再用慢火煎至金黃色即可。

饗桌指數　　烹飪難度　　營養搭配

煎白帶魚

材料
　　白帶魚300克，薑絲2湯匙，麵粉2湯匙

醃料
　　鹽½茶匙，胡椒粉¼茶匙

做法
1. 白帶魚洗淨，切段，刮去潺，以醃料醃15分鐘。
2. 將魚兩面均勻沾上麵粉。
3. 燒熱油鑊，爆香薑絲，放入白帶魚，用小火煎至七成熟，改大火煎至兩面金黃即可。

生煎鱠魚

材料
　　鱠魚2條（約600克）

醃料
　　生抽適量，薑絲1茶匙，米酒1湯匙，老抽1湯匙，蠔油1湯匙，鹽¼茶匙，糖2茶匙，胡椒粉¼茶匙，水½杯

調味料
　　蒜茸1湯匙，葱粒2湯匙，薑絲2茶匙

汁料
　　生粉1湯匙，水2湯匙，麻油2茶匙

做法
1. 鱠魚劏淨，瀝乾，魚身剌十字，醃20分鐘，醃汁留用。
2. 燒熱油鑊，中火煎鱠魚至兩面金黃。
3. 原鑊炒香蒜茸、薑絲和一半的葱粒，煮滾醃汁，鱠魚回鑊，慢火煮2分鐘，盛起，汁留鑊中。
4. 加汁料煮濃，澆上鱠魚，撒葱粒即可。

香煎鱠魚

材料
　　鱠魚1條

醃料
　　米酒1湯匙

調味料
　　蒜片1湯匙，薑絲1湯匙，花椒½茶匙，鹽½茶匙

做法
1. 鱠魚劏淨，瀝乾水分，在兩面各斜切幾刀，用米酒塗抹魚身，醃10分鐘，用廚房紙擦乾魚身上的酒與水分。
2. 花椒放在白鑊中炒幾分鐘，盛起磨碎，和鹽一起抹在魚的表面和內部，醃約15分鐘。
3. 燒熱油鑊，放入薑絲和蒜片煎出香味，放入鱠魚煎至兩面金黃，即可。

黃金鱠魚

材料
　　鱠魚750克，蒜茸1茶匙，薑茸1茶匙，葱茸1茶匙，米酒1茶匙

醃料
　　生抽2茶匙，薑汁酒2茶匙

芡汁料
　　胡椒粉、麻油各少許，生粉1湯匙，水2湯匙

做法
1. 鱠魚劏淨，瀝乾，魚身兩面各剌幾刀；再用醃料醃10分鐘。
2. 燒熱油鑊，放入鱠魚煎至兩面金黃色，盛起。
3. 再燒熱油鑊，爆香蒜茸、薑茸、葱茸，灒酒，勾芡，淋在鱠魚上即成。

香煎紅鮪魚柳

材料
　紅鮪魚柳250克，牛油2湯匙，檸檬汁1湯匙

調味料
　鹽½茶匙，辣椒粉½茶匙，黑胡椒½茶匙，乾百里香碎適量

做法
1. 紅鮪魚柳解凍。
2. 牛油用中火煮溶，加入調味料和檸檬汁拌勻。
3. 燒熱油鑊，放入紅鮪魚柳煎至兩面金黃，即可。

洋葱汁煎鯖魚柳

材料
　鯖魚柳400克，洋葱碎30克，蒜茸1茶匙，牛油50克，白酒50毫升

醃料
　生抽1茶匙，鹽½茶匙

芡汁料
　生粉1湯匙，水2湯匙

做法
1. 鯖魚柳洗淨，瀝乾，用醃料略醃後，用平底鑊下油煎熟。
2. 燒熱另一個鑊，爆香洋葱碎、蒜茸，灒白酒，煮至剩餘一半汁液。
3. 加入牛油再煮片刻，勾芡即成。

蜜汁煎鱔

材料
　白鱔800克，蜜糖3湯匙

醃料
　磨豉醬、玫瑰露酒、生抽各1湯匙，蜜糖2湯匙，麻油和胡椒粉各少許，蒜茸1茶匙

做法
1. 白鱔洗淨，取肉，切片，拌入醃料醃20分鐘。
2. 燒熱油鑊，將鱔片兩面煎至金黃，將醃料掃於鱔片上，上碟，掃上一層蜜糖，即成。

彩椒煎鱔片

材料
　黃鱔600克（去骨），青、紅、黃甜椒各1隻，蒜片1茶匙，薑8片，葱段½杯，紹興酒適量，生粉水3湯匙

醃料
　生粉2茶匙，檸檬汁2茶匙，麻油、胡椒粉各少許

汁料
　鮑魚汁2湯匙，魚露2茶匙，麻油、胡椒粉各少許

做法
1. 青、紅、黃甜椒洗淨，去籽切角。
2. 黃鱔洗淨，切大段，瀝乾水分，加醃料醃15分鐘。
3. 燒熱油鑊，煎香黃鱔至八成熟，下蒜片和薑片同炒，加入青、紅、黃甜椒同炒，灒酒。
4. 加入汁料炒至濃稠，勾芡，下葱段拌勻即成。

斤兩換算（約數）：1斤＝600克　15兩＝570克　14兩＝530克　13兩＝490克　12兩＝450克　11兩＝420克　10兩＝380克　9兩＝340克

茄汁煎蝦碌

材料
明蝦400克，上湯100毫升，葱粒1湯匙，薑茸1茶匙，蒜茸1茶匙，青豆1湯匙

調味料
米酒1茶匙，鹽¼茶匙，糖¼茶匙，茄汁1湯匙，胡椒粉各少許

芡汁料
生粉1湯匙，水2湯匙

做法
1. 明蝦剪去腳和鬚，洗淨，瀝乾水分。
2. 燒熱油鑊，下明蝦煎至兩面呈紅色時，加入葱粒、薑茸、蒜茸及青豆，灒酒，注入上湯，下調味料，勾芡，拌勻便成。

豉油王煎中蝦

材料
中蝦480克，芫荽碎1湯匙

調味料
生抽、老抽各1湯匙，糖½茶匙，米酒、胡椒粉各少許，水3湯匙

做法
1. 中蝦剪去腳和鬚，挑去蝦腸，洗淨，瀝乾水分。
2. 燒熱油鑊，下中蝦炒片刻，倒入調味料，加蓋焗煎至汁液收乾，撒上芫荽碎即成。

青豆乾燒明蝦

材料
明蝦480克，青豆20克，薑茸、蒜茸、葱碎各1茶匙

調味料
豆瓣醬1湯匙，茄汁2湯匙，鹽¾茶匙，糖½茶匙，醋、酒各1湯匙，胡椒粉、麻油各少許，上湯½杯

芡汁料
生粉1湯匙，水2湯匙

做法
1. 明蝦剪去腳和鬚，從背部用刀剝開，挑去蝦腸，洗淨。汆水，瀝乾水分。
2. 青豆，洗淨，汆水，瀝乾水分。
3. 燒熱油鑊，爆香薑茸、蒜茸，下調味料，放入明蝦、青豆，倒入上湯煮滾，改小火煎煮至湯汁將乾，勾芡，撒上葱碎即成。

燒香蒜大蝦

材料
大蝦8隻，洋葱碎、芫荽碎各1湯匙

醃料
鹽¼茶匙，糖⅛茶匙，魚露1茶匙，葱碎各½杯，蒜茸¼杯，紅椒2湯匙，乾葱碎3湯匙，黑胡椒碎1茶匙

做法
1. 大蝦洗淨瀝乾，從背部用刀開雙飛，挑去蝦腸，在蝦肉上輕剁數下。
2. 大蝦以醃料醃½小時。
3. 燒熱油鑊，爆香洋葱碎，下大蝦煎至兩面金黃，撒上芫荽碎即成。

鐵板明蝦

材料
大蝦450克，蒜茸1湯匙，唐芹粒1湯匙，紅椒粒1湯匙

調味料
茄汁1湯匙，豆瓣醬2茶匙，糖½茶匙，鹽¼茶匙，白醋1茶匙，米酒½茶匙，水½杯

芡汁料
生粉1湯匙，水2湯匙

做法
1. 蝦洗淨，去殼，挑去蝦腸，瀝乾水分；汆水，再瀝乾水分。燒熱鐵板。
2. 燒熱油鑊，爆香蒜茸、唐芹、紅椒，加入茄汁和豆瓣醬，潷米酒，把蝦放入煮片刻，加入其他調味料，勾芡，倒入燒熱的鐵板上，即成。

香煎蝦餅

材料
蝦仁300克，馬蹄3粒，葱粒1湯匙，青瓜8片，鹽、生粉各少許

醃料
鹽½茶匙，蛋白1湯匙，生粉2湯匙，麻油及胡椒粉各少許

做法
1. 馬蹄去皮，洗淨，切碎。
2. 蝦仁用鹽和生粉搓洗，沖水多次，抹乾，用刀拍成茸，拌入醃料，打成蝦膠，拌入馬蹄碎和葱粒再拌勻，放雪櫃中冷藏½小時。取出，分為8等份，捏成餅形。
3. 燒熱油鑊，將蝦餅煎至兩面金黃色及熟透，伴以青瓜片即成。

生煎明蝦

材料
鮮大明蝦300克，葱茸1湯匙，薑茸1茶匙，蒜茸1茶匙，芫荽碎1茶匙

調味料
生抽½茶匙，糖¼茶匙，米酒½茶匙，桔汁½茶匙，上湯50毫升

芡汁料
生粉1湯匙，水2湯匙

做法
1. 明蝦剪去腳和鬚，挑去蝦腸，洗淨。
2. 燒熱油鑊，下明蝦泡油，盛起，瀝油。
3. 明蝦再下油鑊，煎至兩面金黃，加入葱茸、薑茸、蒜茸翻炒片刻，再加調味料煮滾，勾薄芡，即可。

蜆肉煎蛋

材料

    蜆肉300克,雞蛋4隻,韭菜50克,葱粒1湯匙

調味料

    鹽½茶匙,米酒½茶匙,麻油少許,上湯2湯匙

做法

1. 韭菜洗淨,切粒。
2. 蜆肉洗淨,加入雞蛋、鹽拌勻。
3. 燒熱油鑊,爆香葱粒,下蜆肉蛋液,煎至兩面焦黃,加入上湯、鹽、米酒和韭菜煮滾,淋上麻油即可。

香煎蟹柳餅

材料

    蟹柳6條,蝦肉80克,沙葛160克,葱粒1湯匙,蒜茸1茶匙

調味料

    鹽½茶匙,糖¼茶匙,麻油和胡椒粉各少許

做法

1. 蟹柳撕成絲;蝦肉洗淨,抹乾,用刀拍成茸,打成蝦膠;沙葛洗淨,刨幼絲。
2. 將所有材料加調味料拌勻,分為8等份。
3. 燒熱油鑊,以中火將每份蟹柳、蝦餅煎至金黃色和熟透。以喼汁伴食。

木瓜汁煎蟹餅

材料

    熟木瓜½個,乾葱碎1茶匙,蟹柳碎2杯,雞蛋2隻,紅椒粉½茶匙,芫荽碎1½湯匙,蒜茸1茶匙,薑茸2茶匙,紅椒碎2茶匙,薄荷葉碎1茶匙,青檸汁1湯匙,麵包糠適量

調味料

    白酒1½湯匙,鹽¼茶匙,椒鹽½茶匙,胡椒粉少許

做法

1. 木瓜洗淨,切粒。
2. 木瓜碎、乾葱碎加白酒和水¼杯煮軟,再其他調味料,再煮一會,放進攪拌機中打成木瓜汁。
3. 所有材料(麵包糠除外)加入調味料拌勻,搓成小圓餅,均勻地蘸上麵包糠,下油鑊煎至金黃色,瀝油,以木瓜汁拌食。

五味煎蟹

材料

    蟹4隻(約1250克),青豆20克,麵粉½杯,薑茸、蒜茸、葱碎各1茶匙,麻油少許

調味料

    茄汁2湯匙,糖½茶匙,辣椒油¼茶匙,生抽½茶匙,米酒½茶匙,醋¼茶匙,糖¼茶匙

做法

1. 蟹劏淨,每隻切成8塊,撒上乾麵粉,下油鑊中煎至七成熟,加薑茸、蒜茸、葱碎同煎。
2. 再加入調味料和青豆煮滾,淋上麻油即可。

牛油煎珍珠蠔

材料
　珍珠蠔肉300克，乾葱碎2湯匙，青椒碎2湯匙，紅椒碎3湯匙，牛油50克

調味料
　鹽¼茶匙，糖¼茶匙，黑胡椒碎⅛茶匙

做法
1. 珍珠蠔以生粉搓洗淨，用沸水焯熟，備用。
2. 燒熱鑊，下牛油，爆香乾葱碎，下青、紅椒碎炒香，下調味料，加入蠔肉煎香即可。

煎

韭黃煎生蠔

材料
　生蠔250克，雞蛋2隻，韭黃50克

調味料
　米酒½茶匙，鹽¼茶匙，麻油少許

做法
1. 生蠔以生粉搓洗淨，汆水後瀝乾。
2. 韭黃洗淨，切段；雞蛋打勻。
3. 燒熱油鑊，將生蠔蘸上蛋液，下鑊煎至兩面金黃，加入鹽、米酒和韭黃迅速翻炒，淋上麻油即可。

豆腐蠔仔

材料
　蠔仔320克，豆腐1件，松菇10克，蒜仔2條，薑茸½湯匙，雞蛋2隻

調味料
　鹽、糖各½茶匙，生抽1湯匙，胡椒粉、麻油各少許

做法
1. 蠔仔加少許鹽用清水洗乾淨後濾乾水分。
2. 松菇洗淨，浸軟；豆腐壓爛；蒜仔切碎；雞蛋打勻。
3. 燒熱油鑊，除雞蛋外，放入其餘的材料和調味料，加適量清水煮滾後用慢火燜至汁液收乾，用鑊鏟分成四件。將蛋液均勻地淋於混合料中，慢火煎至凝固即成。

蠔仔烙

材料
新鮮蠔仔500克，雞蛋4隻，葱粒1湯匙，芫荽碎1湯匙

調味料
魚露1茶匙

粉漿
麵粉2湯匙，水3湯匙

蘸汁
魚露1湯匙，胡椒粉少許

做法
1. 新鮮蠔仔以生粉搓洗淨，瀝乾。
2. 調勻粉漿，放入蠔仔、葱粒、魚露拌勻。
3. 燒熱油鑊，加入蠔仔粉漿，抹平。雞蛋直接打散，淋在上面，煎至兩面酥脆金黃即可上碟，撒上芫荽碎，蘸汁拌勻伴食。

潮州煎青口烙

材料
急凍青口8隻，芫荽1棵，葱1條，雞蛋5隻

調味料
鹽¼茶匙，麻油、胡椒粉各少許

粉漿
番薯粉3湯匙，水6湯匙，鹽¼茶匙，麻油及胡椒粉少許

蘸汁
魚露1湯匙，胡椒粉少許

做法
1. 芫荽、葱分別洗淨切碎。青口沖淨及抹乾，切幼粒，與少許葱粒和胡椒粉拌勻。
2. 拌勻粉漿，並加入青口粒。
3. 雞蛋加調味料拌勻。
4. 燒熱油，倒入粉漿和青口，快速拌勻，於未凝固前加蛋液和芫荽碎拌勻，煎至兩面金黃，上碟，蘸汁拌勻伴食。

鵝肝醬煎扇貝

材料
鮮扇貝肉6粒，鵝肝醬3片，葱100克，薑20克

調味料
鹽½茶匙，糖¼茶匙，生粉1茶匙，酒¼茶匙

做法
1. 葱、薑分別洗淨，葱切粒，薑切茸。
2. 扇貝肉洗淨，汆水，加入冰水中急速冷卻，瀝乾，加入葱茸、薑茸和調味料醃約10分鐘。
3. 燒熱油鑊，下扇貝煎至兩面金黃，上碟。
4. 鵝肝醬下油鑊略煎，放於扇貝上，即可。

翠醬汁雙色煎扇貝

材料
鮮扇貝4隻，德國香腸1條，蒜片1茶匙

醬汁
核桃肉5粒，芝士粉2茶匙，青檸檬汁½茶匙，牛油1茶匙，鹽½茶匙，胡椒粉少許

做法
1. 核桃肉加入汁料，以攪拌機打成翠醬汁。
2. 燒熱油鑊，下德國香腸用小火煎熟，瀝油，切成薄片，排在碟上。
3. 再燒熱油鑊，煮融牛油後煎香蒜片，用慢火煎扇貝至兩面金黃，排在德國香腸上，淋上翠醬汁即成。

香橙軟雞

材　　料： 雞腿肉600克，麵粉¾杯，雞蛋1隻，橙1個
醃　　料： 生抽1茶匙，鹽、糖各½茶匙，麻油及胡椒粉各少許，生粉2茶匙，水1湯匙，油1茶匙
芡汁料： 橙汁½杯，鹽¼茶匙，糖½茶匙，檸檬汁1湯匙，生粉1茶匙

做　　法： **1.** 雞腿肉洗淨，瀝乾，用刀背拍鬆，切件，以醃料醃15分鐘。雞蛋打勻。
　　　　　 2. 橙洗淨，把½個橙皮刨絲，用滾水浸5分鐘，隔淨水分；橙肉切片。
　　　　　 3. 雞腿肉先沾上麵粉，蘸蛋汁，再沾上麵粉。燒熱油，用中火將雞肉煎至金黃熟透，取出。
　　　　　 4. 將芡汁料和橙皮絲煮成芡汁，下橙肉和雞件拌勻後即成。

餐桌指數　烹飪難度　營養搭配

青檸煎雞球

材料

雞腿2隻，紅辣椒1隻，雞蛋1隻，生粉適量

醃料

鹽、糖各½茶匙，魚露1湯匙，胡椒粉、麻油各少許

芡汁料

蒜茸1茶匙，青檸3個，糖1茶匙，芝士粉1茶匙，生粉1湯匙

做法

1. 雞腿去骨、去皮，切塊，用醃料醃15分鐘；紅辣椒切絲。
2. 雞蛋打勻，與雞肉拌勻，拍上生粉；燒熱油鑊，下雞肉炸至金黃，撒上紅辣椒絲。
3. 其中2個青檸榨汁，另1個切片。
4. 燒熱油鑊，爆香蒜茸，加入芡汁料煮滾，淋於雞球上即成。

香煎雞柳

材料

雞柳2塊，葱2條，蒜頭3粒，辣椒1隻

醃料

生抽½湯匙，糖½茶匙，鹽½茶匙，胡椒粉少許

芡汁料

生抽½湯匙，糖1茶匙，生粉1湯匙，水2湯匙

做法

1. 雞柳用刀略剠幾下，用醃料醃10分鐘。葱、蒜頭、辣椒洗淨，切茸。
2. 熱鑊下油，下雞柳煎至兩面金黃，盛起。
3. 爆香葱、蒜、辣椒，加入芡汁料，將雞柳回鑊，煮至收汁即可。

南乳雞翼

材料

雞翼600克

調味料

南乳3件，蒜茸、乾葱茸各1茶匙，薑汁1茶匙，酒2茶匙，糖¼茶匙，胡椒粉、麻油各少許

做法

1. 雞翼洗淨，汆水，過冷河；南乳壓爛。
2. 調味料拌勻。
3. 熱鑊下油，下雞翼煎至兩面金黃，至半熟時加入調味料，灒酒及加少許水煮至汁濃即可。

香煎糯米雞翼

材料

雞中翼500克，糯米200克，去皮綠豆80克，鹽¼茶匙，油½茶匙

醃料

鹽¼茶匙，生抽½茶匙，糖¼茶匙，酒½茶匙，胡椒粉少許

做法

1. 糯米、去皮綠豆先浸泡2小時，加鹽和油隔水蒸熟。
2. 雞中翼去骨，將肉翻出來，加上醃料醃2小時。
3. 將雞翼的肉翻回，把蒸熟的糯米和綠豆釀進去。
4. 熱鑊下油，下釀雞翼煎至兩面金黃，即可。

香煎雞扒

材料
雞扒1塊，生粉1湯匙

醃料
酒1茶匙

蘸汁
茄汁或甜辣醬少許

做法
1. 雞扒以醃料醃20分鐘。
2. 雞扒沾上生粉，放入油鑊煎至金黃。
3. 以茄汁或甜辣醬伴食。

香煎鴨胸

材料
鴨胸2件

醃料
鹽½茶匙，生粉1茶匙，胡椒粉少許

芡汁
洋葱½個（切絲），鴨骨100克，紅酒1湯匙，檸檬汁½湯匙，鮮橙汁½杯，橙皮絲½個，上湯½杯

做法
1. 鴨胸洗淨抹乾，加入醃料拌勻。
2. 燒熱油鑊，爆香洋葱、鴨骨，加入紅酒、檸檬汁、橙汁、橙皮絲和上湯用小火煮約½小時後，隔去渣製成芡汁。
3. 燒熱油鑊，將鴨胸煎至金黃，淋上芡汁即可。

生煎鴨扒

材料
鴨肉300克，薑茸、葱茸、蒜茸各1茶匙

醃料
酒½茶匙，鹽½茶匙，糖¼茶匙，生抽½茶匙，蠔油1茶匙

做法
1. 鴨肉加入醃料醃2小時，汁留用。
2. 燒熱油鑊，爆香薑茸、葱茸、蒜茸，加入鴨肉和醃料汁煎至兩面金黃，切片上碟即成。

煎釀鴨掌

材料
去骨鴨掌12對，蝦膠360克

調味料
薑汁酒1茶匙，鹽½茶匙，沸水2杯

芡汁料
米酒1茶匙，上湯½杯，蠔油½湯匙，生抽1茶匙，糖½茶匙，胡椒粉、麻油各少許，生粉1湯匙，水2湯匙

做法
1. 鴨掌汆水，撈出瀝乾。
2. 燒熱油鑊，灒薑汁酒，加沸水2杯、鹽，放入鴨掌煮3分鐘，瀝乾。
3. 將適量蝦膠釀在鴨掌去骨的一面，抹平。
4. 燒熱油鑊，將釀上蝦膠的一面向下入鑊；轉用中火煎，煎至金黃熟透。
5. 再起油鑊，灒米酒，加入餘下的芡汁料拌勻，淋在鴨掌上即成。

斤兩換算（約數）：1斤＝600克　15兩＝570克　14兩＝530克　13兩＝490克　12兩＝450克　11兩＝420克　10兩＝380克　9兩＝340克

XO醬煎鵝肝

材料
　鵝肝300克，罐裝菠蘿粒¼杯，蘋果粒¼杯，生粉適量

醃料
　蠔油1湯匙，胡椒粉適量

調味料
　XO醬2湯匙，白醋1茶匙，糖½茶匙，菠蘿糖水½湯匙

做法
1. 鵝肝用醃料拌勻，沾上適量生粉。
2. 燒鑊熱油，將鵝肝煎至兩面金黃，上碟。
3. 再燒熱鑊，下菠蘿粒和蘋果粒炒勻，加入調味料拌勻，淋在鵝肝上即成。

蟹籽煎鵝肝

材料
　法國鵝肝1個，蟹籽30克

醃料
　鹽½茶匙，胡椒粉適量

調味料
　糖¼茶匙，蠔油1茶匙，上湯1湯匙，唐芹粒1湯匙

芡汁料
　生粉1茶匙，水2湯匙

做法
1. 鵝肝切片，加醃料拌勻。
2. 燒鑊熱油，將鵝肝煎至兩面金黃，上碟。
3. 另起鑊，加調味料煮滾，勾薄芡，澆在鵝肝上，撒上蟹籽即可。

青椒煎鵝餅

材料
　鵝肉350克，馬蹄100克，鮮冬菇50克，青椒150克，葱粒1湯匙

麵糊
　米酒½茶匙，鹽¼茶匙，麻油、胡椒粉各適量，麵粉50克，水4湯匙

做法
1. 馬蹄去皮洗淨，與鵝肉、冬菇均切成細粒。
2. 鵝肉放入鑊內煮熟後撈出瀝水；青辣椒去蒂、籽，切粒。
3. 將所有材料加麵糊拌勻。
4. 燒熱油鑊，將麵糊倒入鑊中攤成數個小餅，煎至兩面金黃，撒上葱粒，即可。

草菇煎乳鴿

材料
　乳鴿3隻，乾草菇150克，火腿片50克，薑茸、葱茸、紅辣椒茸各1茶匙，上湯1000毫升，生粉水2湯匙

醃料
　生抽1湯匙，生粉1湯匙，水2湯匙

調味料
　米酒1茶匙，鹽¼茶匙，生抽½茶匙，麻油適量

做法
1. 乳鴿劏好，斬件，洗淨瀝乾，用醃料塗勻鴿身。
2. 燒熱油鑊，把乳鴿煎至金黃，盛起。
3. 草菇浸發洗淨。火腿片切絲。
4. 燒熱油鑊，加入草菇、乳鴿、薑茸、葱茸、紅辣椒茸，灒酒，加調味料、火腿絲及上湯，加蓋煮至乳鴿熟，勾芡，淋上麻油即可。

梅菜煎蛋角

材料
雞蛋4隻，甜梅菜心40克

調味料
鹽¼茶匙

做法
1. 梅菜心以溫水浸20分鐘，洗淨揸乾水分、切碎。
2. 白鑊乾炒梅菜心片刻，盛起。
3. 雞蛋打勻，下鹽，加入梅菜心。
4. 鑊燒熱下油，每次將2湯匙梅菜蛋漿煎成蛋角，直至煎完便可。

番茄煎蛋

材料
雞蛋4隻，番茄1個，洋葱2個，唐芹葉50克

調味料
鹽適量

做法
1. 番茄洗淨後汆水，去皮切成小粒。
2. 洋葱洗淨後切絲，炸熟；唐芹葉洗淨後炸熟。
3. 雞蛋加鹽打勻，加番茄粒、炸洋葱絲、唐芹葉拌勻。
4. 鑊下油燒熱，倒入蛋液攤成圓餅，煎至兩面金黃即可。

糖醋蛋角

材料
雞蛋4隻，免治豬肉80克，冬菇粒2朵，馬蹄粒2湯匙，蝦米茸1湯匙，紅蘿蔔粒2湯匙，青、紅、黃椒各¼隻（切件），罐頭菠蘿2件，蒜片1茶匙，薑茸¼茶匙，生粉水3湯匙

醃料
水1湯匙，生抽½茶匙，生粉¼茶匙，麻油和胡椒粉各少許

調味料
罐頭菠蘿汁⅛杯，生抽½湯匙，糖1茶匙，香醋3湯匙，麻油和胡椒粉各少許

做法
1. 免治豬肉以醃料拌勻。
2. 燒熱油鑊，爆香薑茸和蝦米茸，放入豬肉炒透，倒入其他粒料炒至熟成餡料。
3. 雞蛋打勻，以文火煎成蛋皮，放上餡料，覆蓋蛋皮，煎成蛋角，共做十餘隻。
4. 三色椒洗淨，略炒。熱鑊下油，爆香蒜片，濺酒，下三色椒略炒，傾入調味料和菠蘿，勾芡，蛋角回鑊兜炒，即可。

斤兩換算（約數）：1斤＝600克　15兩＝570克　14兩＝530克　13兩＝490克　12兩＝450克　11兩＝420克　10兩＝380克　9兩＝340克

五柳三色蛋

材料

雞蛋4隻，皮蛋1隻，鹹蛋1隻，五柳菜2湯匙，芫荽碎1湯匙

調味料

鹽½茶匙，油½茶匙，水1湯匙，麻油、胡椒粉各少許

做法

1. 皮蛋去殼切粒；鹹蛋焓熟，去殼切粒。
2. 雞蛋打勻，加入調味料、五柳菜、皮蛋粒、鹹蛋粒及芫荽碎拌勻。
3. 燒熱油鑊，倒入蛋漿，煎至兩面金黃即成。

魚腸煎雞蛋

材料

鯇魚腸2副，雞蛋3隻

調味料

薑絲1湯匙，葱絲1湯匙，紅椒絲1湯匙，陳皮1角，胡椒粉1茶匙，鹽¼茶匙，米酒½茶匙，生抽½茶匙，油½茶匙

做法

1. 魚腸洗淨，以生粉和鹽搓揉，汆水，瀝乾。
2. 雞蛋打勻，下鹽調味。陳皮浸軟，刮去瓤，切絲。
3. 燒鑊下油，將魚腸加胡椒粉、生抽略煎，加入薑絲、葱絲、紅椒絲、陳皮絲，灒酒，加入雞蛋，用慢火將雞蛋煎至兩面金黃即可。

蘆筍煙肉蛋卷

材料

雞蛋3隻，鮮蘆筍400克，煙肉3片（切幼粒），上湯適量

調味料

糖⅙茶匙，生粉2茶匙，水2湯匙，胡椒粉少許

汁料

檸檬2個（榨汁），蛋黃2隻（打勻），生粉1湯匙，糖1茶匙，鹽1茶匙

做法

1. 煙肉用白鑊烘至香脆，取出，瀝油。
2. 雞蛋打散，加入煙肉粒和調味料拌勻，用適量熱油煎成煙肉蛋皮4塊，切成長方塊。
3. 蘆筍削去外層硬皮，洗淨段汆水，再用適量上湯略煮。
4. 將每塊蛋皮捲上一條蘆筍，排放碟上。
5. 生粉用檸檬汁開勻，煮滾，加入鹽和糖調味，離火，加入蛋黃拌勻，再以小火拌煮至汁濃，淋在蘆筍卷上，即成。

銀魚煎蛋卷

材料

銀魚100克，雞蛋4隻，葱4條

調味料

鹽½茶匙，麻油¼茶匙

做法

1. 葱洗淨，切茸；銀魚洗淨，瀝乾。
2. 雞蛋打勻，加入銀魚和調味料，拌勻。
3. 燒熱油鑊，倒入蛋液煎至半熟，放入葱茸，將蛋皮捲成圓筒形，再以慢火煎至蛋汁完全凝固，切片，即可。

蝦皮煎蛋

材料
　蝦皮2湯匙，雞蛋4隻，葱1條

調味料
　鹽¼茶匙，胡椒粉⅛茶匙

做法
1. 雞蛋打勻。
2. 蝦皮洗淨，白鑊炒香；葱洗淨，切粒，下油鑊炒香，瀝油。
3. 蝦皮和葱粒加入蛋液，和調味料一起拌勻。
4. 燒熱油鑊，倒入蛋液，轉慢火煎至金黃，即可。

涼瓜煎蛋

材料
　涼瓜200克，雞蛋4隻

調味料
　鹽¼茶匙，麻油、胡椒粉各少許

做法
1. 涼瓜切開邊，去瓜瓤，切成薄片，汆水。
2. 雞蛋打勻，用鹽、麻油、胡椒粉拌勻。
3. 燒熱油鑊，倒入蛋液和涼瓜，慢慢將雞蛋攤成圓形，再煎另一面，將兩面煎至金黃，切成蛋角即可。

九層塔煎蛋

材料
　九層塔100克，雞蛋4隻，麻油2湯匙

調味料
　鹽½茶匙，生抽1湯匙

做法
1. 九層塔摘葉，洗淨。
2. 雞蛋打勻，加鹽、生抽和九層塔拌勻。
3. 鑊中倒入麻油燒熱，緩緩注入一半蛋液，煎至蛋液半凝固時，加入剩餘蛋汁和九層塔葉，煎至兩面金黃即可。

辣泡菜煎蛋餅

材料
　泡菜200克，麵粉200克，雞蛋4隻

調味料
　鹽½茶匙，糖¼茶匙，麻油1茶匙

做法
1. 泡菜切細塊；雞蛋打散。
2. 將麵粉、蛋液、調味料和泡菜拌勻。
3. 燒熱油鑊，倒入拌勻的蛋液煎至兩面金黃即可。

菜脯煎蛋

材料

雞蛋2隻，鹹蘿蔔乾2小條，蔥粒1茶匙

做法

1. 雞蛋打勻，蘿蔔條切成茸，加入雞蛋拌勻。
2. 燒熱油鑊，倒入蛋液以慢火煎至雞蛋完全凝固前撒上蔥粒，即可。

香煎芙蓉蛋

材料

雞蛋5隻，叉燒肉25克，鮮筍125克，冬菇15克（浸軟），蔥絲1湯匙

調味料

鹽¼茶匙，胡椒粉、麻油各少許

做法

1. 叉燒肉、鮮筍、冬菇分別切絲。筍絲氽水約30秒，瀝乾。
2. 雞蛋打勻，與調味料拌勻，加叉燒肉絲、筍絲、冬菇絲、蔥絲拌成蛋液。
3. 燒熱油鑊，離火，取蛋液分6份放入鑊中，以中火煎至金黃時，再煎另一面，續下油，也煎至金黃色，即可。

煎蛋餃

材料

雞蛋5隻，瘦肉、冬菇、西芹各20克

調味料

鹽¼茶匙，糖¼茶匙

芡汁料

生粉½湯匙，水1湯匙

做法

1. 雞蛋打勻。瘦肉、冬菇、西芹切幼粒。
2. 燒鑊下油，放入瘦肉、冬菇、西芹粒，加調味料炒至入味，勾芡，炒勻盛起。
3. 燒熱油鑊，倒入2湯匙蛋液，再放上適量的瘦肉、冬菇和西芹粒，將蛋皮對摺，剪成餃子形狀即成。

糖醋豆腐

材　　料：老豆腐2塊，青、紅甜椒各½隻，蒜茸1茶匙

調味料：洋醋、茄汁各2湯匙，糖½湯匙，水2杯，生粉少許，鹽½茶匙

做　　法：
1. 豆腐去水切厚片，煎至兩面微黃色上碟。
2. 青、紅椒去籽，切件。
3. 燒熱油，略炒青、紅椒、蒜茸，盛起。
4. 將洋醋、茄汁和糖加水做成的糖醋料汁煮滾，把青、紅椒、蒜茸回鑊同炒，勾芡，淋在豆腐上即成。

煎燜豆腐

材料
豆腐4塊，雞蛋2隻，熟筍片20克，熟火腿
10克，菜心40克，葱段1湯匙，芫荽碎1湯
匙，薑絲1湯匙，蒜片1湯匙，油3湯匙

調味料
米酒1湯匙，鹽½茶匙，花椒水2湯匙，上湯
2湯匙

做法
1. 雞蛋打勻；豆腐切成長方片；菜心洗
   淨，切段。
2. 將½雞蛋液倒入平底碟中，並把豆腐片
   排列在蛋液上，再把餘下的蛋液抹在豆
   腐上面。
3. 燒熱鑊，排入豆腐煎至兩面金黃色，瀝
   油。
4. 把葱段、薑絲、蒜片用油爆香，加筍片
   合炒，下調味料、豆腐、熟火腿和菜
   心，煮約3分鐘，撒上芫荽碎即成。

豆腐奄列

材料
潮州豆腐1塊，洋葱½個，番茄2個，蘑菇8
粒，雞蛋3隻，番荽茸1湯匙，鹽、糖各¼茶
匙

調味料
鹽½茶匙，胡椒粉、麻油各少許，生粉1茶
匙，水2湯匙

做法
1. 潮州豆腐、蘑菇沖洗後，瀝乾，切粒。
2. 洋葱去衣，番茄去皮去籽，分別切粒。
3. 雞蛋打勻，加調味料拌勻，煎成蛋皮。
4. 燒熱油，爆香洋葱，加入蘑菇、潮州豆
   腐、番茄炒拌，放入鹽、糖炒勻，取出
   放在蛋皮上，對摺成半月形，撲上少許
   生粉，慢火煎至金黃，撒上番荽茸即
   成。

煎釀魚茸豆腐

材料
布包豆腐2塊，鯪魚肉250克，蝦膠1湯匙，
西蘭花350克，酒1茶匙

醃料
鹽½茶匙，生粉1茶匙，胡椒粉、麻油各少許

芡汁料
鮮露1湯匙，鹽¼茶匙，生粉1湯匙，水2湯匙

做法
1. 豆腐汆水，斜切角塊。
2. 鯪魚肉剁碎，加蝦膠及醃料，拌勻成
   鯪魚膠，釀入豆腐內，慢火煎至金
   黃，上碟。
3. 西蘭花洗淨，切成小朵，用鹽、油水汆
   熟，圍在豆腐邊。
4. 燒熱油，灒酒，倒下芡汁料煮滾，淋在
   豆腐和西蘭花上即可。

釀豆腐皮

材料
豆腐皮4塊，糯米飯1杯，炸脆花生1湯匙，
煙肉碎1湯匙，榨菜（切碎）1湯匙，糖½湯
匙，葱茸1湯匙，蒜茸1茶匙

調味料
滾水¾杯，燒鰻魚汁2湯匙，生抽和糖各½湯
匙，麻油½茶匙

做法
1. 豆腐皮沖淨及抹乾，放入調味料內浸10
   分鐘，取出瀝乾汁液，切半。
2. 花生、煙肉碎、榨菜及糖與糯米飯拌勻
   成餡料，釀入豆腐皮內。
3. 燒熱油，爆香葱茸、蒜茸，下釀豆腐皮
   煎至金黃即可。

脆皮煎豆腐

材料

嫩豆腐4塊，蛋白3隻，免治豬肉80克，生菜80克，葱粒、薑茸各1湯匙，上湯2湯匙

調味料

鹽½茶匙，糖¼茶匙，胡椒粉、麻油各少許

做法

1. 豆腐切塊，放入蛋白中，兩面沾上生粉。下油鑊煎，以慢火煎至兩面金黃。
2. 生菜洗淨，下油鹽水中焯熟，上碟。
3. 燒熱油，爆香葱粒、薑茸，放入免治豬肉炒熟，加入上湯，煮滾後改慢火加調味料煮滾，勾芡，下煎豆腐，改旺火收濃汁，撒上葱粒，上碟，放於生菜上即成。

肉鬆煎豆腐

材料

滑豆腐1盒，冬菇4朵（浸軟），蝦米1湯匙（浸軟），菜脯1湯匙，葱粒1湯匙，豬肉鬆3湯匙

做法

1. 滑豆腐切件，用廚房紙印乾水分。
2. 冬菇和蝦米隔水蒸5分鐘；冬菇切粒；菜脯以清水浸15分鐘，切粒。
3. 豆腐撲上少許生粉，放入熱油中煎至金黃，上碟。
4. 燒熱油，加入冬菇和蝦米略炒，最後加入菜脯和葱粒炒熟，加在豆腐上面，撒上豬肉鬆即可。

薑葱煎豆腐

材料

豆腐5塊，芫荽1棵

汁料

鹽¼茶匙，葱絲2湯匙，薑絲2湯匙，醋½茶匙，上湯2湯匙

做法

1. 豆腐放入滾水中煮透，撈出過冷河，切厚片；芫荽洗淨，切段。
2. 燒熱油鑊，將豆腐兩面煎至金黃，上碟。
3. 再燒熱油鑊，加入汁料煮滾，撒上芫荽段，淋在豆腐上即可。

剁椒香辣煎豆腐

材料

老豆腐4塊，紅辣椒碎1湯匙，葱粒1湯匙

調味料

鹽¼茶匙，醋¼茶匙，生抽½茶匙

做法

1. 豆腐切厚片，汆水。
2. 燒熱油鑊，將豆腐兩面煎至金黃。
3. 燒熱油鑊，爆香紅辣椒碎，加入調味料煮滾，撒上葱粒，淋在豆腐上，即可。

煎釀油豆腐

材料

鯪魚肉120克，免治豬肉30克，油豆腐10件，蝦米1湯匙，陳皮1角，葱粒2湯匙，芫荽碎1湯匙

調味料

鹽½茶匙，麻油½茶匙，糖¼茶匙，油½茶匙，生粉2茶匙，胡椒粉少許，生抽½茶匙

汁料

豆瓣醬1湯匙，生粉1茶匙，生抽1茶匙，糖½茶匙，水100毫升

做法

1. 蝦米洗淨；陳皮洗淨浸軟，刮去瓤，切粒。

2. 把蝦米、陳皮、葱粒、芫荽粒、豬肉和魚肉拌勻，加調味料。

3. 油豆腐切半，釀入魚肉。

4. 燒熱油鑊，將油豆腐煎至兩面金黃，加入汁料，加蓋煮3分鐘，即成。

南煎豆腐

材料

豆腐2塊，蝦米2湯匙（浸軟）

調味料

生抽1茶匙，米酒1茶匙，糖¼茶匙，鹽¼茶匙，花椒水½湯匙，葱茸、薑茸、蒜片各1湯匙，上湯2湯匙

芡汁料

生粉1湯匙，水2湯匙

做法

1. 豆腐切長方片，下油鑊中，將兩面煎至金黃。

2. 燒熱油鑊，爆香葱茸、薑茸、蒜片、蝦米，灒米酒，加入花椒水、生抽、糖、上湯燒滾，轉小火慢煮至入味，勾芡，即可。

香煎黃金豆腐餅

材料

老豆腐2塊，免治豬肉30克，梳打餅4塊，生粉½湯匙

調味料

生抽½茶匙，鹽¼茶匙，糖¼茶匙

做法

1. 免治豬肉加醃料拌醃。老豆腐汆水，瀝乾，壓成茸。

2. 免治豬肉、豆腐茸和揉碎的梳打餅拌勻成餡料。

3. 取適量餡料，做成餅狀，下熱油鑊煎至兩面金黃，加適量水，上蓋，煎至熟和香脆，即可。

煎腐皮卷

材料

腐皮2張，冬菇4朵（浸軟），紅蘿蔔½條（切絲），罐裝筍肉150克，芫荽3棵（切碎）

汁料

蠔油½湯匙，生抽1茶匙，麵粉½湯匙

芡汁料

生粉½茶匙，水4茶匙

做法

1. 冬菇去蒂，瀝乾，蒸10分鐘，切絲。

2. 筍肉洗淨切絲，瀝乾；紅蘿蔔絲焯熟。

3. 燒熱油鑊，爆香筍肉，下冬菇、紅蘿蔔炒勻，勾芡。加入芫荽碎炒勻，待涼成餡料。

4. 把腐皮切成約13厘米方形，每張腐皮塗上汁料，放入適量餡料，包成長方形，生粉水封口。燒熱油鑊，下腐皮卷，半煎炸到金黃，原件或切件上碟即成。

香煎藕餅

材料

蓮藕300克，冬菇5朵，洋蔥茸2湯匙，麵粉½杯，生粉1湯匙，雞蛋1隻，芫荽茸1湯匙，蔥茸1湯匙，生菜適量

調味料

鹽½茶匙，糖½茶匙，生抽½茶匙，胡椒粉¼茶匙，麻油½茶匙

做法

1. 蓮藕刨成絲；冬菇泡軟切碎；生菜洗淨，焯熟。
2. 燒熱油鑊，爆香洋蔥茸，加入所有材料和調味料，拌勻，分成適量小球後，壓成餅狀。
3. 熱鑊下油，放入藕餅煎至兩面金黃。以生菜墊底，藕餅排在上面即可。

煎釀蓮藕

材料

蓮藕600克，免治豬肉150克，蔥2條

醃料

麻油½茶匙，生粉1茶匙，水1茶匙

調味料

米酒½茶匙，糖¼茶匙，油½茶匙，麻油適量

芡汁料

生粉1湯匙，水2湯匙

做法

1. 蓮藕刨皮，洗淨，切成厚片；免治豬肉加醃料拌勻；蔥洗淨，切粒。
2. 將免治豬肉釀入蓮藕的空洞中，燒熱油鑊，將藕片煎至兩面金黃，盛起。
3. 鑊底留油，加入蔥粒爆香，藕片回鑊，加調味料煮滾，淋麻油、勾芡，即可。

XO醬煎蘿蔔糕

材料

蘿蔔糕300克，XO醬3湯匙，炒香花生碎2湯匙，芫荽1棵

做法

1. 蘿蔔糕切件；花生切碎；芫荽洗淨，切碎。
2. 燒熱油鑊，將蘿蔔糕煎至兩面金黃，加入XO醬拌勻，撒上花生碎和芫荽碎即成。

煎粟米餅

材料

粟米粒½杯

麵糊

生粉⅔杯，雞蛋2隻，鮮奶1杯，發粉⅛茶匙，水適量

調味料

葱粒1湯匙，麻油少許

做法

1. 鮮奶放碗中，逐少加入生粉拌至幼滑，加入其他麵糊料拌匀，加入粟米粒拌匀，拌入調味料。
2. 燒熱油鑊，將粟米麵糊逐個攤成餅狀，煎至兩面金黃即可。

芝麻煎軟餅

皮料

糯米粉100克，粘米粉10克，芝士粉20克，水100毫升，糖¼茶匙

餡料：

白芝麻20克，花生20克，糖粉30克

做法

1. 先將糯米粉、粘米粉、芝士粉拌匀，加糖、清水調成粉漿。
2. 再將花生、白芝麻分別炒香、磨碎，加糖粉拌匀成餡料。
3. 燒熱油鑊，下粉漿攤成圓形的薄餅，煎至金黃，取出鋪在砧板上，均匀地撒上餡料，捲成長條的圓筒，再切斜段，即成。

煎釀芋餅

材料

芋頭500克，蝦仁50克，腰果50克，免治雞肉50克，葱茸、薑茸各1茶匙，油1茶匙

醃料

鹽½茶匙，糖¼茶匙，醋¼茶匙，米酒½茶匙

做法

1. 芋頭蒸熟，壓成茸，加油拌匀。
2. 免治雞肉加醃料拌匀。
3. 蝦仁和腰果切幼粒，與葱茸、薑茸同加入芋茸中拌匀。
4. 將芋茸做成圓餅狀，中間弄成凹位，釀入免治雞肉。
5. 燒熱油鑊，將芋茸餅煎至兩面金黃，即可。

香煎蘋果薯餅

材料

薯仔600克，蘋果1個，洋葱1個，煙肉粒、葱碎各1湯匙，牛油2湯匙，芝士3片

調味料

鹽¼茶匙，胡椒粉少許

做法

1. 薯仔去皮，洗淨切絲；蘋果去核，連皮切絲，與薯仔絲拌匀；洋葱切碎。
2. 牛油煮溶，將煙肉粒炒至香脆，加入洋葱炒至軟，加入蘋果絲、薯仔絲和葱碎拌匀，下調味料。
3. 燒熱油鑊，加入所有材料（除芝士片外），煎成餅形和兩面金黃，加入芝士片煮溶，即可。

煎番薯葉餅

材料

麵粉500克，嫩番薯葉250克，雞蛋4隻，葱粒1湯匙

調味料

鹽¼茶匙，麻油少許

做法

1. 番薯葉洗淨，汆水後切碎。雞蛋打勻，加入番薯葉碎，下鹽拌勻。
2. 燒熱油，下入葱粒炸香，倒入番薯葉蛋，炒熟鏟碎，淋入麻油攪勻成餡，分成10等份。
3. 麵粉入盆內，加適量清水和成軟身的麵糰，揉勻，分成10等份，分別包入餡料，按扁成0.5厘米厚的圓餅狀。
4. 燒熱平底鑊，下油，放上餅坯，煎至一面呈金黃色後，再翻轉煎另一面，直至煎熟，逐個煎完即成。

三絲煎麵

材料

即食麵1個，紅蘿蔔絲2湯匙，薯仔絲2湯匙，冬菇絲2湯匙，雞蛋3隻，鹽¼茶匙

做法

1. 即食麵煮滾後過冷河，瀝乾，剪碎。雞蛋打勻，下鹽調味。
2. 燒熱油鑊，加入紅蘿蔔絲、薯仔絲、冬菇絲炒至軟，下即食麵碎，加入蛋液，煎至兩面金黃即成。

煎釀青紅椒

材料

青椒2隻，紅椒2隻，免治魚肉250克，馬蹄4粒，葱粒1湯匙

醃料

生抽1茶匙，生粉1湯匙，鹽¼茶匙，胡椒粉、麻油各少許

汁料

生抽½湯匙，水2湯匙，糖¼茶匙，生粉1湯匙，蒜茸1茶匙，麻油少許

做法

1. 青、紅椒洗淨，去籽，切大塊。馬蹄去皮，切粒。
2. 免治魚肉加馬蹄粒、葱粒和醃料拌勻，釀入青、紅椒內。
3. 燒熱油鑊，下釀青、紅椒煎至金黃，上碟。
4. 汁料拌勻，煮滾後淋在青紅椒上即可。

百花煎釀茄子

材料

茄子2條，蝦膠300克，薑茸1湯匙，蒜茸1湯匙，生粉適量

汁料

生抽½湯匙，老抽2茶匙，糖¼茶匙，米酒½茶匙，麻油少許

芡汁料

生粉1湯匙，水2湯匙

做法

1. 茄子洗淨，切厚片，抹上生粉，將蝦膠釀上茄子，抹平。
2. 燒熱油鑊，下釀茄子煎至兩面金黃。
3. 爆香薑茸、蒜茸，加汁料煮滾，勾芡，即成。

斤兩換算（約數）：1斤＝600克　15兩＝570克　14兩＝530克　13兩＝490克　12兩＝450克　11兩＝420克　10兩＝380克　9兩＝340克

百合青豆肉餅

材料

免治豬肉80克，鮮百合1個，青豆2湯匙，胡椒碎1茶匙，青、紅椒各1湯匙，生抽1茶匙

醃料

鹽½茶匙，糖¼茶匙，生粉1茶匙，油½茶匙

做法

1. 青豆、胡椒碎同放入免治豬肉中，加醃料拌勻。鮮百合洗淨，掰開。
2. 免治豬肉做成小肉餅形，每個小肉餅上放2片鮮百合，下油鑊煎至兩面金黃，上碟。
3. 燒熱油鑊，爆香青、紅椒碎，下生抽煮滾，淋上肉餅即可。

香煎釀冬菇

材料

冬菇12朵（浸軟），鮮蝦仁240克，生粉適量

醃料

鹽½茶匙，糖¼茶匙，蠔油1茶匙，胡椒粉少許

做法

1. 冬菇洗淨，去蒂，擠去水分。
2. 鮮蝦仁剁碎，加醃料拌勻，釀入冬菇內，抹平，撲上生粉。
3. 燒熱油鑊，下釀冬菇，有餡的一面向下，中小火煎至兩面金黃即成。

煎南瓜

材料

南瓜500克，麵粉30克，鹽適量

調味料

鹽1茶匙，胡椒粉少許

做法

1. 南瓜去皮，切成長片，用鹽醃一下，擠乾水並撲上麵粉，拌入調味料。
2. 燒熱油鑊，下南瓜片，將兩面煎成金黃，即可。

豉汁釀涼瓜

材料
涼瓜（瘦長）350克，免治豬肉250克，紅辣椒1隻，豆豉1湯匙

醃料
蒜茸1茶匙，鹽½茶匙，麻油1茶匙，生粉½湯匙

汁料
鹽½茶匙，糖¼茶匙，水½杯

做法
1. 涼瓜去頭尾，切厚圈（約1厘米），去籽，燒滾水，加鹽½茶匙，下涼瓜煮2分鐘，撈起，過冷河，瀝乾。
2. 紅辣椒切小粒。
3. 免治豬肉調入醃料拌勻；涼瓜在內邊抹上少許生粉，釀入免治豬肉。
4. 燒熱油鑊，下涼瓜煎至兩面金黃。
5. 燒熱油，爆香豆豉、紅辣椒，再將涼瓜倒入，加汁料煮滾，即可。

軟煎番茄

材料
番茄250克，雞蛋2隻，麵粉½湯匙，油1茶匙

調味料
鹽½茶匙，胡椒粉少許

做法
1. 雞蛋打勻。
2. 番茄洗淨去蒂，切片，撒上鹽、胡椒粉，兩面撲上麵粉，蘸上蛋液。
3. 燒熱油，下番茄片煎至兩面金黃，即可。

蒜茸煎茄子

材料
茄子300克，芫荽碎1湯匙，蒜茸1湯匙，麻油少許

醃料
鹽2茶匙

做法
1. 茄子去皮，切厚片，用鹽醃透，擠乾水分。
2. 燒熱油鑊，下茄子煎至兩面金黃，加蒜茸、芫荽碎，淋上麻油，炒勻即成。

糯米煎紅棗

材料
糯米100克，紅棗10粒（去核），青豆20克

調味料
生粉1湯匙，鹽1茶匙，糖2茶匙

做法
1. 糯米洗淨後蒸熟，拌入鹽、糖；把紅棗洗淨煮腍；青豆洗淨。
2. 燒熱油鑊，放入糯米飯，用慢火煎至表皮香脆。
3. 紅棗、青豆放在糯米上，再用慢火略煎，盛起，切成小塊即可。

香煎韭菜餅

材料

腐皮12張，韭菜160克，蝦仁40克，豬肉粒
200克，冬菇粒35克

醃料

鹽½茶匙，生粉2茶匙，糖¼茶匙，油¼茶
匙，胡椒粉、麻油各適量

做法

1. 韭菜洗淨，切粗茸後炒熟。
2. 蝦仁洗淨，挑去腸，加豬肉粒、冬菇
   粒、鹽和生粉，用力拌打至有黏性，再
   加入韭菜茸和其他醃料拌勻，放入雪
   櫃，冷藏20分鐘。
3. 腐皮鋪平，中間放入餡料，包成圓形，
   壓扁，隔水蒸熟，瀝乾，下熱油煎至兩
   面金黃，即可。

糟煎茭筍

材料

茭筍300克，蔥粒2湯匙

調味料

酒釀1湯匙，上湯100毫升，鹽½茶匙，薑汁
½湯匙

做法

1. 茭筍去皮，切斜片，每片均剞上花刀。
2. 酒釀加一半上湯調勻，過濾，留汁待
   用。
3. 燒熱油鑊，爆香蔥粒，下茭筍煎透，再
   加入酒釀上湯、鹽、餘下的上湯，改大
   火煮3分鐘，再放薑汁炒勻，即成。

翠玉瓜絲煎餅

材料

翠玉瓜1個，雞蛋3隻，麵粉⅔杯，鹽½茶
匙，蔥4條，水¼杯

蒜茸醋汁

蒜頭3粒，香醋3湯匙，生抽½茶匙，水1茶
匙，麻油1茶匙

做法

1. 蒜頭切茸，加其餘材料拌勻即成蒜茸
   醋汁。
2. 蔥洗淨，切粒；翠玉瓜洗淨刨成細絲，
   加鹽拌勻略醃，加麵粉、雞蛋、鹽，慢
   慢加水，拌成稍稠的糊。
3. 燒熱油鑊，舀入麵糊，攤勻成圓形，
   呈透明狀，煎至兩面金黃，蘸蒜茸醋
   汁食用。

香蕉煎

材料

香蕉3隻，雞蛋1隻，麵粉20克，油30克，
鹽¼茶匙，糖½茶匙

做法

1. 香蕉去皮搗爛。
2. 將所有材料拌勻，做成大餅。
3. 煎鑊下油燒熱，放入香蕉餅用小火煎到
   兩面金黃，切件即可。

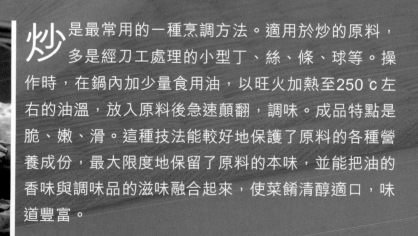

炒是最常用的一種烹調方法。適用於炒的原料，多是經刀工處理的小型丁、絲、條、球等。操作時，在鍋內加少量食用油，以旺火加熱至250℃左右的油溫，放入原料後急速顛翻，調味。成品特點是脆、嫩、滑。這種技法能較好地保護了原料的各種營養成份，最大限度地保留了原料的本味，並能把油的香味與調味品的滋味融合起來，使菜餚清醇適口，味道豐富。

XO蓮藕肉片

材　　料：蓮藕120克，里脊肉160克，紅蘿蔔、西芹各40克，葱2條
醃　　料：鹽、糖各¼茶匙，生粉½湯匙，麻油1茶匙
調味料：XO醬2½湯匙，鹽、糖各¼茶匙，水½湯匙

做　　法：1. 里脊肉洗淨，切薄片，用醃料醃10分鐘。
　　　　　2. 蓮藕刨皮，切薄片；紅蘿蔔、西芹分別切片；葱切段。
　　　　　3. 肉片用溫油泡熟，撈起，瀝油。
　　　　　4. 燒熱油鑊，放下藕片、紅蘿蔔、西芹、葱段拌炒，下調味料，肉片回鑊炒勻即成。

餐桌指數　　烹飪難度　　營養搭配

西蘭花炒肉片

材料
西蘭花1個，豬肉240克，冬菇4朵（浸軟），薑汁酒1湯匙

醃料
鹽、糖各¼茶匙，生抽、生粉各1茶匙

調味料
鹽、糖各½茶匙，胡椒粉、麻油各少許

芡汁料
生粉½茶匙，水2湯匙

做法
1. 豬肉洗淨，切片，用醃料醃15分鐘。
2. 西蘭花洗淨，切小朵，汆水，瀝乾。
3. 冬菇洗淨，去蒂，汆水，切條。
4. 燒熱油鑊，下油將肉片炒至變色，再加入西蘭花、冬菇條，濽薑汁酒，加調味料，勾芡，上碟。

醬香回鍋肉

材料
豬肉320克，五香豆腐乾4塊，椰菜160克，洋葱½個，青、紅椒各1隻，青蒜1條

汁料
甜麵醬2湯匙，豆瓣醬、茄汁、水各1湯匙，糖、生抽、米酒各1茶匙，鹽½茶匙

芡汁料
生粉½茶匙，水2湯匙

做法
1. 豬肉洗淨，放入滾水中煮20分鐘，取出，切薄片。
2. 椰菜洗淨，切塊；豆腐乾切片；洋葱、青紅椒分別切片；青蒜切段。
3. 肉片、椰菜泡油，盛起；豆腐乾炒香。
4. 燒熱油鑊，爆香青蒜、洋葱、青、紅椒和汁料，倒入肉片、椰菜，豆腐乾拌勻，勾芡，上碟。

蘆筍炒肉片

材料
蘆筍160克，里脊肉160克，紅蘿蔔80克，冬菇4朵（浸軟），水2湯匙，米酒1湯匙

醃料
生抽½湯匙，糖¼茶匙，生粉1茶匙，麻油少許

調味料
鹽、糖各¼茶匙

做法
1. 瘦肉洗淨，切片，用醃料醃15分鐘。
2. 蘆筍洗淨，切段；紅蘿蔔洗淨，去皮切片；冬菇去蒂，切片。
3. 燒熱油鑊，爆香冬菇，下肉片、蘆筍段、紅蘿蔔片，加米酒、水、調味料，炒勻即成。

照燒肉片

材料
薄肉片300克，茄子1條，秋葵3條

醃料
胡椒粉、鹽各少許

醬汁
生抽2湯匙，糖1湯匙，酒2湯匙

做法
1. 薄肉片攤開，灑上醃料。
2. 茄子從中間剖開，汆水至軟，切段。
3. 秋葵汆水至外表呈翠綠色時，撈起，立即浸泡冷水。
4. 燒熱油鑊，以中火煎肉片至兩面金黃，淋上醬汁煮至入味，下茄子段、秋葵拌勻即可。

炒

勝瓜炒豬頸肉

材料
　豬頸肉320克，勝瓜1條，薑絲1茶匙，米酒1湯匙

醃料
　薑汁酒1湯匙，生粉水½湯匙

調味料
　生抽½湯匙，鹽¼茶匙，糖½茶匙

做法
1. 豬頸肉切厚片，用醃料略醃，汆水，瀝乾水分。
2. 勝瓜刨皮，洗淨，切塊。
3. 鑊燒熱，爆香薑絲，放入勝瓜，灒酒，炒透，再加入豬頸肉片和調味料，炒勻，即可。

生爆鹽煎肉片

材料
　豬肉200克，青椒1隻，青蒜3棵

調味料
　甜麵醬15克，豆瓣醬、糖、生抽各1茶匙，葱粒1湯匙，薑茸1湯匙，米酒、麻油各1茶匙

做法
1. 豬肉洗淨，切厚片，炸成金黃色。
2. 青椒洗淨，切片；青蒜洗淨，切段。
3. 燒熱油鑊，下調味料炒勻，接着下青椒、青蒜炒勻，豬肉片回鑊炒一會，即可。

豆腐雪菜炒五花腩

材料
　五花腩肉200克，豆腐4塊，雪菜50克

調味料
　鹽½茶匙，蒜片1湯匙，油½茶匙

做法
1. 五花腩肉切片，豆腐用水煮透，切片。
2. 燒熱油鑊，爆香蒜片，加入五花腩肉炒至八成熟時，放入雪菜，加鹽炒熟，下豆腐片拌勻即可。

XO醬炒臘味

材料
　蜜糖豆80克，臘腸20克，膶腸20克，臘肉20克，唐芹15克，蒜頭1粒，鹽½茶匙，糖¼茶匙，油1茶匙

調味料
　蠔油2茶匙，XO醬2茶匙，米酒少許

做法
1. 臘腸、膶腸、臘肉洗淨，蒸熟，取出待涼，切片。
2. 唐芹洗淨後切段；蒜頭拍碎。
3. 蜜糖豆放入加鹽、糖、油的滾水中，汆水，瀝乾水分。
4. 燒熱油鑊，爆香蒜碎，加入調味料、臘味、唐芹拌炒，再放入蜜糖豆拌炒，即可。

斤兩換算（約數）：1斤＝600克　15兩＝570克　14兩＝530克　13兩＝490克　12兩＝450克　11兩＝420克　10兩＝380克　9兩＝340克

青蒜炒臘肉

材料
臘肉500克，青蒜2條，紅辣椒1隻

調味料
生抽½湯匙，米酒½湯匙，糖½茶匙，水1湯匙

做法
1. 臘肉洗淨，切片。
2. 青蒜、辣椒洗淨，切斜片，將蒜白、蒜葉分開。
3. 燒熱油鑊，炒臘肉片至出油，放入蒜白、辣椒片炒勻。
4. 再加入蒜葉和所有調味料拌炒均勻，即可。

魚香肉絲

材料
柳梅肉240克，冬筍80克，冬菇8朵（浸軟），葱粒1湯匙，薑茸、蒜茸各1茶匙，紅辣椒絲1湯匙

醃料
鹽、糖各¼茶匙，生粉1茶匙

調味料
鹽½茶匙，糖、醋各1茶匙，生抽、米酒各1湯匙

芡汁料
生粉½茶匙，水2湯匙

做法
1. 柳梅肉洗淨，切絲，加醃料拌醃10分鐘。
2. 冬菇去蒂，切絲；冬筍切絲，汆水。
3. 燒熱油鑊，爆香紅辣椒絲、葱粒、薑茸、蒜茸，放入肉絲、筍絲、冬菇絲和調味料，炒勻，勾芡，即成。

雪菜腰果肉絲

材料
里脊肉160克，雪菜240克，腰果80克，蒜茸½茶匙，紅辣椒1隻

醃料
鹽½茶匙，糖¼茶匙，生粉¼茶匙，麻油少許

調味料
生抽½茶匙，糖¼茶匙，麻油1茶匙

芡汁料
生粉½茶匙，水2湯匙

做法
1. 里脊肉洗淨，切絲，用醃料醃10分鐘，泡嫩油。
2. 腰果放滾水中略燙，撈出，瀝乾水分，下油鑊炸至金黃。
3. 雪菜略浸，洗淨，切粒，擦乾水分；紅辣椒切絲。
4. 鑊燒熱，爆香蒜茸，放入雪菜炒片刻，再下肉絲、腰果、紅辣椒絲和調味料拌勻，勾芡，即成。

爆炒鹹豬肉

材料
鹹豬肉300克，青蒜2條，紅辣椒1隻

調味料
生抽1茶匙，糖¼茶匙，米酒½湯匙，油1茶匙

做法
1. 鹹豬肉略沖洗，瀝乾水分、切片。
2. 青蒜洗淨，切片，將蒜白與蒜葉分開；辣椒切片。
3. 燒熱油鑊，下鹹豬肉片炒香，放入蒜白、辣椒片炒勻，放入其餘調味料、蒜葉，炒勻即可。

炒

京醬肉絲

材料
里脊肉300克，葱5條，小圓薄餅數張

醃料
米酒1茶匙，生抽1茶匙，生粉½茶匙

調味料
甜麵醬2湯匙，糖¼茶匙，米酒1茶匙，水2湯匙

做法

1. 里脊肉切絲，拌入醃料醃10分鐘。
2. 葱切段，切成長細絲，用清水浸泡。
3. 肉絲泡油，以調味料拌勻，下油鑊爆香。
4. 葱絲瀝乾水分，上碟，將肉絲鋪在
   上面，圓薄餅放另一碟上伴食
   即可。

炒

八寶辣子肉粒

材料
豬肉200克，青筍（即萵筍）20克，紅蘿蔔20克，紅辣椒乾2湯匙，鮮粟米粒20克，花生仁20克，芥蘭片20克，綠辣椒粒1湯匙

調味料
鹽¼茶匙，糖¼茶匙，葱粒1湯匙

芡汁料
生粉½茶匙，水2湯匙

做法

1. 將所有材料（粟米粒、綠辣椒粒除外）切粒，全部材料斜水。
2. 花生仁下油鑊炸香。
3. 燒熱油鑊，爆香葱粒，加入所有材料、調味料拌炒，勾芡，即可。

菠蘿咕嚕肉

材料
柳梅肉240克，菠蘿粒½杯，青、紅椒各1隻，洋葱½個，紅蘿蔔40克，生粉4湯匙

醃料
鹽⅓茶匙，糖¼茶匙，雞蛋1隻

汁料
菠蘿汁¼杯，白醋¼杯，糖2茶匙

芡汁料
生粉½茶匙，水2湯匙

做法

1. 柳梅肉切方塊，用叉壓上花紋。
2. 菠蘿、紅蘿蔔和青紅椒、洋葱均切方塊。
3. 肉塊下醃料拌勻，撲上生粉，放入油鑊中，用中火炸成金黃，撈出瀝油。
4. 燒熱油鑊，爆香青紅椒、洋葱、菠蘿粒、紅蘿蔔，炸肉塊回鑊，下汁料煮滾，勾芡，即可。

欖菜肉鬆竹筍

材料
> 鮮竹筍肉200克,免治豬肉100克,欖菜1湯匙,蒜茸1茶匙,葱少許

醃料
> 生抽1茶匙,糖¼茶匙,生粉1茶匙,水1湯匙,油1茶匙,麻油適量

調味料
> 生抽1湯匙,糖1茶匙

芡汁料
> 水5湯匙,生抽1½茶匙,糖、生粉各½茶匙,麻油¼茶匙

做法
1. 將免治豬肉拌入醃料醃10分鐘。
2. 鮮竹筍肉切片,汆水,瀝乾;葱切段。
3. 燒熱油鑊,下免治豬肉炒至八成熟,盛起。
4. 鑊燒熱,下油爆炒筍片,加入調味料拌勻,加入蒜茸、葱段、欖菜和免治豬肉碎炒勻即成。

芽菜炒肉鬆

材料
> 大豆芽450克,免治豬肉160克,中芹2棵,薑汁酒2茶匙,蒜茸1茶匙,糖½茶匙,鹽、胡椒粉適量

醃料
> 生抽1湯匙,米酒1茶匙,胡椒粉、糖各少許,生粉1茶匙,麻油2茶匙

做法
1. 大豆芽菜洗淨,瀝乾,摘去尾。
2. 免治豬肉加醃料拌勻。唐芹去老葉,切小粒。
3. 燒熱油鑊,下芽菜炒熟,加薑汁酒,下鹽調味,拌勻後盛起,瀝乾。
4. 下油爆香蒜茸,加入免治豬肉炒散,下唐芹粒和芽菜,勾芡後炒勻便可。

酸菜炒大腸

材料
> 滷大腸2條,鹹酸菜½棵,薑3片,紅辣椒3隻

調味料
> 糖1茶匙,水1杯

做法
1. 滷大腸切小段。
2. 鹹酸菜洗淨,切小段;薑切絲;辣椒切段。
3. 燒熱油鑊,下薑絲、酸菜和辣椒拌炒,放入大腸和調味料煮滾,即可。

薑絲大腸

材料
> 豬大腸600克,薑絲1湯匙,蒜茸1茶匙,辣椒絲1茶匙,麻油少許

調味料
> 鹽½茶匙,糖¼湯匙,白醋1湯匙

芡汁料
> 生粉½茶匙,水2湯匙

做法
1. 豬大腸加鹽搓洗淨後切小段,汆水,瀝乾。
2. 熱油鑊,爆香蒜茸、薑絲,加入辣椒絲、大腸段拌炒,加入所有調味料炒勻,勾芡,淋麻油,即可。

鍋燒大腸頭

材料
大腸頭200克，花椒鹽¼茶匙，油1茶匙

醃料
米酒1茶匙，生抽1茶匙，葱茸1茶匙，薑茸1茶匙，鹽⅛茶匙

調味料
蛋白1隻，生粉½茶匙，水2湯匙，麵粉50克

做法
1. 大腸頭洗淨，汆水，瀝乾，加入醃料醃5分鐘後取出，放在調味料中拌勻。
2. 燒熱油鑊，將大腸頭逐個入鑊，炸至金黃，離火，待涼，切斜件。
3. 再燒熱油鑊，下大腸頭和花椒鹽炒勻即成。

薑味麻油豬膶

材料
豬膶200克，薑片50克，芥蘭150克，麻油2湯匙

調味料
鹽¼茶匙，糖¼茶匙，米酒2湯匙

做法
1. 豬膶洗淨，切片。
2. 芥蘭洗淨，汆燙至熟，瀝乾水分，鋪在碟上。
3. 燒熱鑊，放入麻油以小火爆香薑片，再放入豬膶片和調味料，加蓋轉大火煮1分鐘，即可上碟，鋪在芥蘭上供吃。

魚香豬膶

材料
豬膶150克，紅辣椒茸1茶匙，蒜茸1茶匙，薑茸1茶匙，葱粒1茶匙

調味料
豆瓣醬½湯匙，生抽1茶匙，醋½茶匙，糖¼茶匙，生粉2茶匙，水1湯匙，米酒½茶匙，鹽1茶匙，上湯1湯匙

做法
1. 豬膶洗淨，切片。
2. 燒熱油鑊，爆香蒜茸、薑茸和紅辣椒茸，下豬膶炒至變色，加入葱粒和調味料，再炒勻即可。

薑絲酸菜炒豬肚

材料
豬肚1個，酸菜80克，薑1塊，葱段1湯匙，蒜茸1茶匙

洗豬肚材料
鹽2湯匙，麵粉2湯匙

調味料
鹽½茶匙，米酒1湯匙，水30毫升

做法
1. 豬肚以鹽和麵粉搓洗乾淨，汆水約15分鐘，洗淨。
2. 酸菜洗淨，切絲；薑去皮，一半切片，一半切絲。
3. 燒熱鑊，加入豬肚、薑片、葱段與水，煮熟，取出放涼後切絲。
4. 燒熱油鑊，爆香薑絲、蒜茸，放入豬肚絲、酸菜絲拌炒均勻，加入調味料炒勻即可。

斤兩換算（約數）：1斤＝600克　15兩＝570克　14兩＝530克　13兩＝490克　12兩＝450克　11兩＝420克　10兩＝380克　9兩＝340克

芫荽爆肚絲

材料

　　豬肚500克，芫荽50克，葱絲、薑絲、蒜片各1湯匙，青、紅椒絲各2湯匙，葱段、米酒各1湯匙，薑3片，鹽2湯匙，麵粉2湯匙，胡椒粉、麻油各少許

汁料

　　鹽½茶匙，米酒½茶匙，生粉2茶匙，水1湯匙

做法

1. 豬肚以鹽和麵粉搓洗乾淨，鑊中燒滾水，加葱段、米酒、薑片，氽燙豬肚後，瀝乾，待涼後切絲。
2. 芫荽切段。
3. 豬肚絲泡油，撈起，瀝油。
4. 燒熱油鑊，爆香葱絲、薑絲、蒜片，加入豬肚絲、青紅椒絲及汁料拌炒，撒上胡椒粉和芫荽段，淋麻油，即可。

韭菜炒肚絲

材料

　　韭菜250克，熟豬肚200克，鹽½茶匙

芡汁料

　　上湯50毫升，米酒1茶匙，麻油少許，油1茶匙，生粉2茶匙，水2湯匙

做法

1. 韭菜洗淨，切段。
2. 熟豬肚切絲，氽水，瀝乾。
3. 燒熱油鑊，放入韭菜段、豬肚絲炒勻，加鹽調味炒熟，下芡汁拌勻，即成。

爆炒腰花

材料

　　豬腰200克，冬筍片、青紅椒片、木耳（浸軟）各30克，蒜片2湯匙，葱茸1湯匙，麻油1茶匙

醃料

　　生抽½湯匙，生粉1茶匙，水1湯匙

調味料

　　生抽1茶匙，鹽¼茶匙，米酒1湯匙，上湯¼杯，醋1茶匙，生粉2茶匙，水2湯匙

做法

1. 豬腰去筋，切條，剠十字花紋，加醃料醃拌。冬筍片、青紅椒片、木耳氽水。
2. 燒熱油鑊，下腰花炒至捲縮，盛起。
3. 鑊內留少量油，爆香蒜片、葱茸，潷醋、米酒，加入冬筍片、青紅椒片、木耳略炒，下調味料，腰花回鑊，淋麻油，即可。

豉椒排骨

材　　料： 排骨500克，青、紅椒各2隻，葱茸、薑茸、蒜茸各1茶匙

醃　　料： 蠔油1湯匙，糖¼茶匙，酒½茶匙，生粉½茶匙，胡椒粉適量

汁　　料： 蠔油1湯匙，香辣豆豉醬1茶匙，糖¼茶匙，生粉1湯匙，水¼杯

做　　法：
1. 排骨切小塊，以醃料醃15分鐘。
2. 燒熱油鑊，下排骨略炒至半熟，盛起。
3. 再燒熱鑊，爆香青紅椒、葱茸、薑茸、蒜茸，加入排骨和汁料，不停地翻炒，直至汁液濃稠即成。

餐桌指數　　烹飪難度　　營養搭配

蒜豉涼瓜炒排骨

材料
　　排骨300克，涼瓜450克，豆豉醬2湯匙，油3湯匙，葱段2湯匙，蒜茸2湯匙

醃料
　　生抽2茶匙，米酒1茶匙，生粉½茶匙

調味料
　　糖1茶匙，鹽½茶匙

做法
1. 排骨斬件，洗淨，瀝乾，拌以醃料。
2. 涼瓜去籽，切薄片。
3. 燒熱油鑊，下油爆香豆豉醬，加入排骨同炒透，加水煮5分鐘，盛起。
4. 下油爆香蒜茸，加入涼瓜片炒勻，下調味料，排骨連汁回鑊，加入葱段炒勻，即成。

生炒排骨

材料
　　排骨300克，生粉2湯匙，青、紅椒各1隻、葱段1湯匙，生粉水3湯匙

醃料
　　鹽½茶匙，糖¼茶匙，生抽1茶匙，米酒1茶匙，雞蛋1隻

汁料
　　鹽½茶匙，白醋¼杯，片糖¼塊，茄汁1湯匙，喼汁½湯匙

做法
1. 排骨洗淨，斬件，加入醃料拌勻20分鐘，撲上生粉。
2. 青、紅椒去籽，切角。
3. 旺火燒熱鑊，下油，待微滾，加入排骨炸至呈金黃色時撈出，瀝油。
4. 燒熱油鑊，加入汁料，下青、紅椒及葱段，勾芡，排骨回鑊炒勻便可。

糟爆排骨

材料
　　排骨300克，小青瓜2條，蒜茸1茶匙，南乳1湯匙

醃料
　　酒1湯匙，生抽1茶匙，糖¼茶匙，生粉1茶匙

調味料
　　酒1湯匙，糖¼茶匙，水4湯匙

做法
1. 排骨洗淨，拌入醃料醃10分鐘，放入熱油中炸至金黃，瀝油。
2. 小青瓜洗淨、切滾刀塊，泡油，盛起。
3. 另起油鑊炒香蒜茸和南乳，加入調味料炒勻，排骨回鑊拌炒，加入小青瓜炒勻，即可。

甜酸排骨

材料
　　排骨600克，紅椒½隻，青椒½隻，生粉½杯，甜酸醬1杯

醃料
　　鹽1茶匙，生粉1湯匙，雞蛋1隻

芡汁料
　　生粉2茶匙，水2湯匙

做法
1. 青椒、紅椒去籽，切角。雞蛋打勻。
2. 排骨用醃料醃1小時。
3. 排骨撲上生粉，炸至金黃色及熟透，撈出，瀝油。
4. 燒熱油鑊，爆炒青、紅椒，下甜酸醬炒勻，排骨回鑊炒勻，加入芡汁煮滾，即可。

炒

菠蘿糖醋排骨

材料
> 排骨300克，青椒、紅椒各1隻，罐裝菠蘿2片，雞蛋1隻，生粉¼杯

醃料
> 鹽1茶匙，雞蛋1隻（打散）

汁料
> 鹽½茶匙，糖½茶匙，茄汁1湯匙，白醋1茶匙

芡汁料
> 生粉2茶匙，水2湯匙

做法
1. 排骨洗淨，斬成小塊，瀝乾水分，以醃料拌勻，撲上生粉，再蘸上蛋液。
2. 青椒、紅椒去籽，切角；菠蘿片切小塊。
3. 燒熱油鑊，下排骨炸至金黃，盛起。
4. 鑊底留油，爆香青椒、紅椒、菠蘿片，加入汁料，排骨回鑊拌炒勻，勾芡即可。

螞蟻上樹

材料
> 免治豬肉80克，粉絲2紮

調味料
> 葱茸2茶匙，薑茸1茶匙，辣豆瓣醬½湯匙

芡汁料
> 鹽½茶匙，生抽1湯匙，糖¼茶匙，生粉1茶匙，上湯1杯，水適量

做法
1. 粉絲用剪刀略剪，以滾水燙軟，瀝乾水分。
2. 燒熱油鑊，將免治豬肉略炒至熟，加入調味料拌炒，下粉絲和芡汁料，煮滾即可。

韭菜花炒叉燒

材料
> 韭菜花300克，叉燒150克，蒜茸1湯匙，紅椒絲1湯匙，薑絲1湯匙，麻油少許

調味料
> 生抽1茶匙，糖¼茶匙，鹽½茶匙

芡汁料
> 生粉2茶匙，水2湯匙

做法
1. 韭菜花洗淨，切長段；叉燒切絲。
2. 燒熱油鑊，下叉燒絲和生抽爆香，盛起。
3. 再燒鑊下油，爆香蒜茸、薑絲、椒絲，下韭菜花、叉燒絲，加調味料煮滾，勾芡，淋麻油，即可。

番茄炒牛柳

材料
> 牛柳160克，番茄2個，京葱½條，薑茸1茶匙

醃料
> 生抽2茶匙，糖¼茶匙，生粉1茶匙，胡椒粉少許

做法
1. 番茄洗淨，切厚片；京葱洗淨，切斜塊。
2. 牛柳洗淨，切薄片，用醃料拌勻。
3. 燒熱油鑊，爆香薑茸，下牛柳炒至熟，盛起。
4. 再燒熱油鑊，爆香京葱，加入番茄拌炒，將牛柳回鑊炒勻便可。

斤兩換算（約數）：1斤＝600克　15兩＝570克　14兩＝530克　13兩＝490克　12兩＝450克　11兩＝420克　10兩＝380克　9兩＝340克

蒜茸蘑菇炒牛柳絲

材料
牛柳300克，蘑菇90克，紅椒½隻切絲

調味料
蒜茸豆豉醬1湯匙，糖¼茶匙，鹽½茶匙，麻油少許，水1湯匙

做法
1. 牛柳切絲，與醃料拌勻；蘑菇切片；紅椒切絲。
2. 燒熱油鑊，下牛柳絲炒熟，加入蘑菇和紅椒，炒勻即成。

七彩牛柳絲

材料
牛柳160克，冬筍、西芹、紅蘿蔔各40克，青、紅椒各1隻，米粉80克

醃料
鹽、糖各¼茶匙，生粉、薑汁酒各1茶匙，麻油少許

調味料
鹽、糖各¼茶匙，胡椒粉、麻油各少許

芡汁料
生粉1茶匙，水3湯匙

做法
1. 牛柳切絲，用醃料醃10分鐘後泡油。
2. 冬筍、西芹、紅蘿蔔、青椒、紅椒分別切絲；冬筍汆水，瀝乾水分。
3. 米粉剪碎，下油鑊炸脆，上碟。
4. 燒熱鑊，爆香青、紅辣椒，下冬筍、西芹、紅蘿蔔絲，加調味料炒熟，牛柳絲回鑊拌勻，勾芡，放米粉上即成。

海蜇味菜牛柳絲

材料
牛柳160克，鹹酸菜（切絲）、海蜇各80克，青、紅甜椒各1隻（切絲），銀芽、韭黃各40克，生粉水3½湯匙

醃料
鹽、糖各¼茶匙，薑汁酒、生粉各½茶匙，胡椒粉、麻油各少許

調味料
生抽½茶匙，糖¼茶匙，麻油少許

汁料
白醋、水各¾湯匙，糖1湯匙，鹽¼茶匙，茄汁½湯匙

做法
1. 牛柳洗淨，切絲，醃10分鐘，溫油泡熟。
2. 鹹酸菜洗淨，瀝乾，加入煮滾的汁料，拌成味菜。
3. 海蜇切粗絲，洗淨，瀝乾後用一半調味料拌勻，墊在碟底。
4. 熱油鑊爆香椒絲，加入銀芽、牛柳絲、味菜、韭黃和調味料炒勻，勾芡即成。

黑椒牛柳粒

材料
牛柳240克，紅蘿蔔80克，青、紅椒各1隻，蒜茸1茶匙，牛油1湯匙，黑胡椒碎½茶匙，水適量

醃料
魚露2茶匙，米酒½茶匙，生粉1茶匙，胡椒粉、麻油各少許

調味料
鹽、糖各¼茶匙，麻油少許

做法
1. 牛柳洗淨，去筋，切粒，用醃料醃½小時，放油鑊中用大火炸至八成熟。
2. 紅蘿蔔切粒；青、紅椒去籽，切角。
3. 燒熱油鑊，用牛油爆香蒜茸、黑胡椒碎，加入紅蘿蔔粒、青椒、紅椒和調味料，加少許水炒至熟，牛柳粒回鑊，炒勻即成。

炒

香芒牛柳

材料
牛柳300克，芒果1個，青椒1隻

醃料
生抽1茶匙，生粉½茶匙，糖¼茶匙，米酒½茶匙，鹽¼茶匙，油½茶匙，水½湯匙

調味料
鹽、糖各¼茶匙

做法
1. 牛柳切絲，加醃料醃20分鐘。
2. 芒果去皮，去核，切絲；青椒去籽，切絲。
3. 燒熱油鑊，下牛柳絲炒至變色，盛起，再下青椒拌炒，下調味料，加入牛柳絲和芒果絲炒勻，即可。

炒

雪菜牛柳絲

材料
牛柳240克，雪菜120克，青椒、紅椒各1隻，蒜頭3粒，酒1茶匙，油½湯匙

醃料
生抽½茶匙，生粉½茶匙，糖¼茶匙，米酒½茶匙，鹽¼茶匙，油½茶匙，水½湯匙

芡汁料
糖¼茶匙，鹽¼茶匙，生粉½茶匙，水2湯匙，麻油、胡椒粉各少許

做法
1. 牛柳洗淨，切絲，加醃料拌勻，泡油。
2. 雪菜放入淡鹽水浸10分鐘，沖淨，擠乾水分，切粒，用白鑊略炒，盛起。
3. 青椒、紅椒去籽，切絲；蒜頭去衣，洗淨拍碎。
4. 燒熱油，爆香蒜肉棄去，加入雪菜炒片刻，放入青椒、紅椒，牛柳回鑊，濽酒，勾芡，上碟。

XO醬雙菇炒牛柳

材料
牛柳300克，蘑菇90克，草菇90克，紅蘿蔔25克，紅甜椒1隻

調味料
XO醬2湯匙，蠔油½湯匙，生粉½茶匙，麻油1茶匙，

做法
1. 牛柳切片，與醃料拌勻。
2. 蘑菇、草菇切片；紅蘿蔔切片；紅甜椒切塊。
3. 燒熱油鑊，爆香紅甜椒，加入牛柳炒至九成熟，下蘑菇、草菇、紅蘿蔔和調味料，炒勻即成。

斤兩換算（約數）：1斤＝600克　15兩＝570克　14兩＝530克　13兩＝490克　12兩＝450克　11兩＝420克　10兩＝380克　9兩＝340克

乾煸牛肉絲

材料
牛肉320克，青椒1隻，嫩薑絲1湯匙，豆瓣醬2湯匙，麻油1湯匙

調味料
鹽½茶匙，糖½茶匙，花椒粉½茶匙

做法
1. 牛肉洗淨，切絲；青椒切絲。
2. 燒熱油鑊，下牛肉絲拌炒，約五成熟時放入薑絲、青椒絲、豆瓣醬炒香，加入調味料炒勻，加入麻油拌勻即成。

陳皮牛肉

材料
牛肉600克

調味料
辣椒乾3隻，花椒10粒，八角½個，陳皮絲1湯匙

汁料
生抽1湯匙，麻油1湯匙，鹽½茶匙

做法
1. 辣椒乾切粒。
2. 牛肉切片，泡油。
3. 燒熱油鑊，下調味料炒香，加入牛肉和汁料煮滾至汁液收乾，即可。

鮮百合炒牛肉

材料
牛里脊肉240克，青、紅甜椒各1隻，鮮百合2個

醃料
生抽½湯匙，糖¼茶匙，薑汁酒、生粉各½茶匙

調味料
鹽½茶匙，糖¼茶匙，胡椒粉、麻油各少許

芡汁料
生粉1茶匙，水2湯匙

做法
1. 牛肉洗淨，切條，用醃料拌醃約10分鐘，泡嫩油，瀝乾油分。
2. 鮮百合洗淨，切成瓣狀；青、紅甜椒洗淨，分別去籽，切條。
3. 燒熱鑊，將青、紅甜椒和鮮百合炒香，加入牛肉條，下調味料炒勻，勾芡即成。

沙嗲炒牛肉

材料
牛里脊肉240克，青、紅甜椒各1隻，芥蘭160克

醃料
生抽1湯匙，糖、生粉各½茶匙，薑汁酒1茶匙

調味料
鹽½茶匙，糖¼茶匙，沙嗲醬2湯匙，麻油少許

芡汁料
生粉1茶匙，水3湯匙

做法
1. 牛肉切薄片，用醃料拌醃約½小時後用溫油泡熟。
2. 青、紅甜椒洗淨，去籽，切角。芥蘭洗淨，切段。
3. 燒熱油鑊，用調味料的一半份量（沙嗲醬除外）將芥蘭炒熟，墊碟底。
4. 燒熱鑊，爆香青、紅甜椒和沙嗲醬，倒入牛肉片，加入餘下的調味料，炒勻，勾芡，上碟。

菠菜蜜炒牛肉

材料
　　牛柳240克，菠蘿蜜（大樹菠蘿）80克，葱
　　1條，青、紅甜椒各½隻，薑1片

醃料
　　生抽1茶匙，魚露½湯匙，蒜茸1茶匙，黑胡
　　椒粉少許

調味料
　　生抽½茶匙，糖¼茶匙，鹽½茶匙

做法
　　1. 牛柳洗淨，切粗條，用醃料拌勻。
　　2. 菠蘿蜜、青椒和紅椒切片；葱切段。
　　3. 燒熱油鑊，放入牛柳炮嫩油，瀝油。
　　4. 再燒熱油，爆香薑片，牛柳回鑊，加入
　　　 青、紅甜椒、菠蘿蜜炒勻，下調味料拌
　　　 勻即成。

西蘭花炒牛肉

材料
　　牛里脊肉200克，西蘭花320克，冬菇4朵
　　（浸軟），生粉、米酒各1茶匙，蒜茸1茶匙

醃料
　　生抽½湯匙，糖¼茶匙，薑汁酒、生粉各½茶
　　匙，蒜茸1茶匙

調味料
　　鹽½茶匙，糖¼茶匙，胡椒粉、麻油各少許

芡汁料
　　生粉1茶匙，水2湯匙

做法
　　1. 牛肉洗淨，切薄片，用醃料醃10分鐘後
　　　 泡嫩油，盛起。
　　2. 西蘭花洗淨，切小朵；冬菇去蒂。
　　3. 燒熱油鑊，爆香蒜茸、冬菇，放入西蘭
　　　 花，加入調味料煮滾，再下牛肉拌勻，
　　　 勾芡，上碟。

蠔油牛肉

材料
　　牛肉240克，薑4片，葱8條

醃料
　　生抽½茶匙，老抽½茶匙，薑汁酒1茶匙，生
　　粉1湯匙，糖¼茶匙，蛋白1隻

芡汁料
　　蠔油1湯匙，生抽1茶匙，糖¼茶匙，生粉1
　　茶匙，上湯3湯匙

做法
　　1. 牛肉切片，用醃料醃½小時，用溫油泡
　　　 熟。
　　2. 葱洗淨，切段。
　　3. 燒熱油鑊，爆香薑片、葱段，放入牛肉
　　　 片，勾芡，上碟。

子蘿牛肉

材料
　　大樹菠蘿240克，酸子薑120克，牛柳160
　　克，花椒鹽½茶匙

醃料
　　生抽½茶匙，生粉½茶匙，油½茶匙，麻油、
　　胡椒粉各少許，水½茶匙

芡汁料
　　生粉¼茶匙，上湯¼杯

做法
　　1. 酸子薑切片；大樹菠蘿切片。
　　2. 牛柳切薄片，加入醃料醃15分鐘後泡嫩
　　　 油。
　　3. 燒熱鑊，下油爆香花椒鹽和酸子薑，加
　　　 入大樹菠蘿和牛柳炒勻，勾芡即可上
　　　 碟。

雙冬燴牛肉

材料
牛里脊肉260克，冬筍80克，冬菇8朵（浸軟），青椒1隻，蔥1條，薑3片，芥蘭2條，米酒1茶匙

調味料
生抽1茶匙，蠔油½湯匙，糖、花椒粉各¼茶匙，麻油少許

芡汁料
生粉¼茶匙，上湯¼杯

做法
1. 牛肉洗淨，放入鑊中，加適量清水、薑、蔥汆熟，撈起切片。
2. 冬菇去蒂；冬筍汆水，切片。
3. 青椒洗淨，去籽，切片；芥蘭切段，汆水後鋪在碟上墊底。
4. 燒熱鑊，下油將青椒、冬菇、冬筍略爆，潵酒，下牛肉片炒勻，加入調味料煮滾，勾芡，上碟。

京蔥爆牛肉

材料
牛里脊肉240克，京蔥80克，冬菇4朵（浸軟），冬筍40克，米酒1茶匙

醃料
生抽1茶匙，糖¼茶匙，生粉1茶匙，胡椒粉、麻油各少許

調味料
生抽1茶匙，糖¼茶匙，胡椒粉、麻油各少許

做法
1. 牛肉洗淨，切薄片，用醃料略醃。
2. 冬菇去蒂，切開；冬筍切片，汆水。
3. 京蔥洗淨，切段。起油鑊，用溫油將牛肉泡熟。
4. 再起鑊，爆香京蔥、筍片、冬菇片，潵酒，牛肉片回鑊，加調味料炒勻，勾芡，上碟。

涼瓜炒牛脹

材料
牛脹240克，涼瓜320克，蒜片1茶匙，韭黃80克

醃料
生抽1茶匙，薑汁酒、生粉各1茶匙

調味料
鹽½茶匙，糖¼茶匙，胡椒粉、麻油各少許

做法
1. 牛脹切薄片，用醃料醃15分鐘。
2. 涼瓜開邊，去籽，切斜片，用少許鹽略醃。韭黃洗淨，切長段。
3. 起油鑊，爆香蒜片，下牛脹片略炒，盛起。
4. 再起油鑊，加入涼瓜片略炒，下韭黃、牛脹、調味料炒勻，上碟。

蒜茸西冷牛仔粒

材　　料： 西冷牛柳240克，芥蘭160克，蒜頭4粒，葱白2條

醃　　料： 生抽1茶匙，糖¼茶匙，麻油和胡椒粉各少許，生粉1茶匙，水和油各½湯匙

芡汁料： 水2湯匙，生抽、生粉各1茶匙，蠔油1湯匙，糖¼茶匙，麻油和胡椒粉各少許

做　　法： 1. 牛柳切粗粒，拌入醃料醃10分鐘。
　　　　　 2. 蒜頭切茸；芥蘭只保留莖部分，洗淨，切段；葱白切段。
　　　　　 3. 芥蘭段放滾水中，加鹽和糖各1茶匙，汆水，盛起。
　　　　　 4. 燒熱油，下牛柳粒炒至八成熟，加入蒜茸爆香後，放入葱白和芥蘭段同炒，勾芡，即可。

餐桌指數　　烹飪難度　　營養搭配

蒜片百合牛柳粒

材料

牛柳200克，鮮百合1個，芥蘭莖30克，蒜頭1粒

醃料

生抽1茶匙，糖¼茶匙，生粉1茶匙，麻油和胡椒粉少許

芡汁料

生粉1茶匙，水2湯匙，生抽、蠔油各1茶匙，糖¼茶匙

做法

1. 牛柳切小方粒，加醃料拌勻待20分鐘。
2. 鮮百合沖淨後摘瓣；蒜頭切片。
3. 芥蘭莖切段，在兩端𠝹十字，氽水，瀝乾。
4. 燒熱油，先放下牛柳粒爆炒至金黃，約八成熟，盛起。剩餘油爆香蒜片、芥蘭，牛肉粒回鑊炒勻，下百合，勾芡，即可。

回鍋肥牛肉

材料

西冷薄切牛肉片240克，椰菜160克，青、紅甜椒各1隻，磨豉醬1湯匙，豆瓣醬1茶匙，蒜頭2粒，葱1條

醃料

生抽1茶匙，麻油和胡椒粉各少許，糖¼茶匙，生粉1茶匙，水和油各½湯匙

芡汁料

生粉1茶匙，水1湯匙

做法

1. 薄切牛肉片拌入醃料待10分鐘。
2. 椰菜切細塊；青、紅甜椒去籽，切角；蒜頭切片；葱切段。
3. 燒熱油，先炒牛肉至九成熟，盛起。剩餘油爆炒椰菜至軟身，盛起。
4. 再燒熱油，爆香磨豉醬和豆瓣醬，加入牛肉片、蒜片、葱和青、紅甜椒等炒勻，加椰菜和芡汁炒勻，即可。

蠔油芥蘭牛肉

材料

牛肉320克，芥蘭400克，紅蘿蔔10克，薑2片，蒜茸1湯匙

醃料

生抽½茶匙，油½茶匙，生粉1茶匙，水1茶匙

調味料

蠔油1湯匙，米酒、鹽各½茶匙，生抽1湯匙

芡汁料

生粉1茶匙，水1湯匙

做法

1. 牛肉切片，加醃料拌勻醃1小時。
2. 芥蘭洗淨，切段。
3. 燒熱油鑊，放入芥蘭略炒，下調味料炒熟，瀝乾汁液。
4. 燒熱油鑊，下牛肉炒散，放入芥蘭、紅蘿蔔、薑、蒜茸炒勻，勾芡即可。

子薑牛肉

材料

里脊肉240克，子薑80克，青蒜1條，紅辣椒1隻

醃料

生抽½茶匙，糖¼茶匙，薑汁1茶匙

調味料

蠔油1湯匙，鹽、糖各¼茶匙，胡椒粉、麻油各少許

芡汁料

生粉1茶匙，水1湯匙

做法

1. 牛肉洗淨，切粗絲，以醃料拌醃10分鐘。
2. 子薑去皮，洗淨後切幼絲；青蒜、紅辣椒分別切絲。
3. 燒熱油鑊，放入牛肉絲，炒至變色時放入紅辣椒絲、嫩薑絲，略炒，加入青蒜絲及調味料，勾芡，上碟。

葱爆金錢膶

材料
> 金錢牛膶240克，葱80克，蒜頭1粒，紅辣椒1隻

醃料
> 糖¼茶匙，生粉1茶匙，油1茶匙，生抽½湯匙，麻油和胡椒粉各少許

芡汁料
> 蠔油1湯匙，生抽1茶匙，糖、生粉各½茶匙，水2湯匙

做法
1. 金錢牛膶洗淨，瀝乾，切薄片，拌入醃料醃5分鐘。
2. 葱切段；蒜頭切片；紅辣椒切圈。
3. 燒熱油，將牛膶泡油，瀝油。
4. 鑊中剩油，爆香葱段、蒜片，牛膶回鑊，勾芡，撒上紅辣椒即可。

醬炒免治牛肉

材料
> 免治牛肉320克，冬筍160克，冬菇4朵（浸軟），紅辣椒1隻，薑2片，葱1條，米酒1湯匙

醃料
> 糖¼茶匙，生粉1茶匙，生抽½湯匙，麻油和胡椒粉各少許

調味料
> 生抽、蠔油、甜麵醬各½湯匙，柱侯醬1湯匙，豆瓣醬1茶匙，糖、胡椒粉各½茶匙，麻油1茶匙

做法
1. 免治牛肉以醃料拌勻。
2. 冬菇去蒂；冬筍汆水，切片；紅辣椒切斜段；葱切段。
3. 鑊燒熱，下油爆香薑、葱、紅辣椒，加入免治牛肉、冬菇、冬筍，灒米酒和調味料炒勻，即可。

炒牛肚絲

材料
> 牛肚750克，青瓜150克，薑2片，蒜茸1茶匙，葱1條，花椒、八角、生粉、鹽各適量

調味料
> 醋⅛茶匙，米酒1茶匙，鹽¼茶匙，麻油1湯匙

做法
1. 薑洗淨，切絲；葱洗淨，切段；青瓜洗淨切幼絲。
2. 牛肚以生粉和鹽搓洗淨，汆水，過冷河，下滾水內加八角、花椒、薑片、葱段、蒜茸，用大火燒滾，再改用慢火煮軟，撈出用冷水浸泡後切成幼絲。
3. 燒熱鑊，下麻油，爆香葱、薑，加入肚絲，灒米酒，入鹽、醋快炒，加入青瓜絲快速拌炒，淋入麻油即成。

香蒜羊柳

材料
> 羊柳300克，蒜頭5粒，生粉1湯匙

調味料
> 鹽½茶匙

做法
1. 羊柳切方粒，撲上生粉。
2. 蒜頭切片。
3. 燒熱油鑊，爆香蒜片，放入羊柳粒炒至金黃色，加入鹽拌勻，上碟。

炒

斤兩換算（約數）：1斤＝600克　15兩＝570克　14兩＝530克　13兩＝490克　12兩＝450克　11兩＝420克　10兩＝380克　9兩＝340克

黑椒爆羊肉

材料
急凍薄片羊肉320克，洋蔥½個，青、紅椒各1隻，蒜茸2茶匙，黑椒碎½茶匙，白蘭地1湯匙

醃料
生抽1茶匙，糖¼茶匙，麻油和黑胡椒碎各少許，生粉1茶匙

芡汁料
蠔油1湯匙，生抽1茶匙，糖¼茶匙，生粉1茶匙，水2湯匙

做法
1. 薄片羊肉拌入醃料醃5分鐘。洋蔥、青、紅椒洗淨，切幼條。
2. 燒熱油，先爆炒羊肉至八成熟，盛起。
3. 再燒熱油，爆香黑椒碎和蒜茸，羊肉回鑊，加入其他材料拌勻，灒白蘭地，勾芡，上碟。

菠蘿炒羊肉

材料
羊肉200克，菠蘿塊120克，薑茸1茶匙，蔥段20克，生粉2湯匙

醃料
蛋黃½隻，鹽¼茶匙，胡椒粉、麻油各少許，生粉½湯匙

汁料
上湯40克，茄汁80克

做法
1. 羊肉切粗條，以醃料拌勻，撲上生粉。
2. 燒熱油鑊，下羊肉條炒至金黃，盛起。
3. 再燒熱油，爆香薑、蔥，下菠蘿拌勻，下汁料煮滾，羊肉回鑊拌勻，上碟。

蔥爆羊肉

材料
羊肉片200克，蔥絲1湯匙，薑絲1茶匙，蒜茸1茶匙

調味料
生抽1茶匙，醋½茶匙，鹽½茶匙，糖¼茶匙

做法
1. 燒熱油，放入一半薑絲和少許蔥絲爆香，下羊肉炒至半熟。
2. 放入餘下的蔥絲和調味料快速拌炒勻，加入另一半薑絲和蒜茸拌勻即成。

炒羊肚片

材料
羊肚200克，京蔥絲2湯匙，薑茸1茶匙，蒜茸1茶匙，生粉、鹽各適量，麻油1茶匙

芡汁料
油½湯匙，生抽½湯匙，生粉1湯匙，水1湯匙

做法
1. 羊肚以生粉和鹽搓洗淨，切片，汆水。
2. 燒熱油鑊，下羊肚片泡油，盛起。
3. 再燒熱油，爆香京蔥絲、薑茸和蒜茸，將肚片回鑊，倒入芡汁料拌炒，淋入麻油，即可。

8兩＝300克　7兩＝260克　6兩＝230克　5兩＝190克　4兩＝150克　3兩＝115克　2兩＝75克　1兩＝40克

蘑菇青瓜炒生魚片

材料
青瓜2條，生魚1條，杞子1茶匙，蘑菇100克，蒜茸1湯匙，薑5片

醃料
生抽½茶匙，生粉1茶匙，胡椒粉適量

做法
1. 青瓜洗淨，開邊，去籽，切厚片；蘑菇洗淨，切厚片；杞子浸軟，洗淨備用。
2. 生魚劏好，洗淨，起肉，切雙飛，用醃料拌勻。
3. 下油爆香蒜茸，倒入青瓜拌炒，再加入蘑菇、杞子炒勻，下調味拌勻後上碟。
4. 再起油鑊，爆香薑片，將生魚片拌炒至熟，鋪在青瓜蘑菇上即成。

炒

蒜茸雙花生魚片

材料
西蘭花320克，椰菜花320克，生魚1條，蒜茸1湯匙，薑5片

醃料
生抽½茶匙，生粉1茶匙，胡椒粉適量

做法
1. 椰菜花和西蘭花洗淨，摘成小朵，汆水，瀝乾。
2. 生魚劏好，洗淨，起肉，切雙飛，用醃料略醃。
3. 起油鑊，爆香蒜茸，將椰菜花和西蘭花倒入炒勻，盛起上碟
4. 再起油鑊，爆香薑片，將生魚片炒熟，鋪在椰菜花和西蘭花上面即成。

西芹炒生魚片

材料
生魚片300克，西芹250克，蒜茸、薑茸、蔥段各1湯匙，鹽適量

醃料
生抽½茶匙，酒½茶匙，生粉1茶匙，胡椒粉適量

芡汁料
生粉1茶匙，水2湯匙

做法
1. 西芹撕去老筋，洗淨，切段。
2. 生魚片用醃料拌勻。
3. 燒熱油鑊，爆香蒜茸、薑茸、蔥段，下生魚片，潛酒，再下西芹拌炒，下鹽調味，勾芡即可。

荷蘭豆炒魚餅

材料

絞鯪魚肉240克，荷蘭豆160克

調味料

薑絲、蒜茸各1湯匙，生抽½茶匙，鹽¼茶匙

做法

1. 荷蘭豆洗淨，撕去老筋和頭尾。
2. 燒熱油鑊，下鯪魚肉，壓扁，煎至兩面金黃，盛起後切開。
3. 燒熱油鑊，爆香薑絲、蒜茸，下荷蘭豆拌炒至變色，加入魚餅拌炒，加一點水，下調味料，煮至汁液收濃後即可。

蠔油草菇斑片

材料

石斑肉250克，草菇160克，筍片、紅蘿蔔片、青豆各20克，葱2條，薑片8片

醃料

鹽、糖各¼茶匙，薑汁½茶匙，蛋白1隻，生粉½湯匙

調味料

蠔油1湯匙，糖¼茶匙，水3湯匙，生粉½茶匙，麻油少許

做法

1. 石斑肉洗淨，切厚片，用醃料醃½小時。
2. 草菇和青豆分別汆水，過冷河。
3. 燒熱油鑊，將石斑肉泡油，撈出，瀝油。
4. 燒熱油，爆香葱段和薑片，放下草菇、筍片、紅蘿蔔片及青豆略炒，再下石斑片拌勻，下調味料，輕輕拌炒勻便可。

彩椒炒斑塊

材料

石斑肉250克，青椒½隻，紅椒¼隻，紅辣椒1隻，豆豉1湯匙，葱粒1湯匙，薑茸、蒜茸各1茶匙

醃料

鹽¼茶匙，水1湯匙，蛋白1湯匙，生粉½湯匙

調味料

酒½湯匙，水3湯匙，生抽½湯匙，糖¼茶匙，麻油½茶匙，胡椒粉少許，生粉水2茶匙

做法

1. 石斑肉洗淨，切塊，用醃料拌勻醃好。
2. 青、紅椒均洗淨，去籽切角。
3. 燒熱油鑊，將石斑肉泡油，撈出，瀝油。
4. 燒熱油，爆香豆豉和薑茸、蒜茸，加入斑塊、青紅椒和調味料，拌勻後，撒下葱粒，上碟。

生炒鱸魚球

材料

鱸魚肉400克，筍肉160克，冬菇3朵（浸軟），生菜80克，薑4片，蒜茸、陳皮茸各1茶匙，葱段1湯匙

醃料

薑汁酒1茶匙，蛋白1隻，油1茶匙，鹽¼茶匙，生粉½茶匙

調味料

生粉1茶匙，鹽、糖各¼茶匙，麻油、胡椒粉各少許，水3湯匙

做法

1. 鱸魚洗淨，抹乾，切雙飛，以醃料拌勻。
2. 筍肉汆水，過冷河，切角；冬菇去蒂，切薄片。
3. 燒熱鑊，下油炒熟生菜，瀝乾油分，上碟。
4. 燒熱油鑊，將鱸魚片泡油，瀝油。
5. 下油爆香薑片、蒜茸和陳皮茸，加入筍肉和冬菇，下調味料和鱸魚片，炒勻放於生菜上即可。

豆角炒鱸魚

材料
鱸魚300克，豆角200克，本菇50克，紅甜椒1隻，蒜片1湯匙

醃料
胡椒粉½茶匙，生粉1湯匙，鹽1茶匙

調味料
蛋白1隻，米酒1湯匙

做法
1. 豆角去頭尾和老筋，洗淨，切斜段；本菇洗淨，摘好；紅甜椒去蒂和籽，洗淨切絲。
2. 鱸魚洗淨，起肉，切條，放入碗中，加醃料醃10分鐘，泡溫油，撈起，瀝油。
3. 燒熱油鑊，爆香蒜片，加入豆角、本菇和紅甜椒炒熟，下調味料，魚條回鑊炒勻，即可。

薑葱炒鱠魚球

材料
白鱠魚350克，薑茸4片，葱白段4湯匙，蒜片1茶匙

醃料
蛋白1隻，胡椒粉少許

調味料
鹽¼茶匙，米酒2茶匙，麻油1茶匙

芡汁料
上湯⅓杯，蠔油、生抽各1茶匙，糖½茶匙，胡椒粉少許，生粉½湯匙

做法
1. 鱠魚洗淨，擦乾，起肉，切塊，加醃料拌勻，冷藏。
2. 燒熱油鑊，下鱠魚肉入，快速炒散，瀝油。
3. 下油爆香薑茸、蒜片，潽酒，勾芡，下調味料，鱠魚肉回鑊，加葱白段同炒勻即可。

三冬炒斑塊

材料
石斑肉300克，冬菇4朵（浸軟），冬筍100克，冬菜2湯匙，韭菜80克，薑絲1茶匙

醃料
油1茶匙，蛋白1隻，生粉½茶匙

調味料
魚露、生粉各1茶匙，糖、麻油、胡椒粉各少許，上湯4湯匙

做法
1. 石斑肉洗淨，切塊，加入醃料拌勻。
2. 韭菜切段；冬菇去蒂，切條；冬筍汆水，過冷河後切片。
3. 燒熱油鑊，下石斑塊泡油，撈出，瀝油。
4. 燒熱油鑊，爆香薑絲和冬菜，加入冬菇、冬筍拌炒，放入韭菜炒勻，潽酒，加調味料，下石斑塊拌勻，上碟。

鮮百合蘆筍炒石斑肉

材料
鮮百合80克，蘆筍250克，石斑肉300克，紅蘿蔔片、草菇各20克，蒜茸1茶匙，薑茸1茶匙

醃料
生粉1茶匙，鹽½茶匙

調味料
鹽½茶匙，生粉1茶匙

做法
1. 鮮百合洗淨，摘成小瓣；蘆筍洗淨，切去老硬部分，切段。
2. 燒滾水，加少許糖和鹽，將蘆筍和百合汆水。
3. 石斑肉洗淨，切塊，加入醃料拌勻，下油鑊，泡油，撈出，瀝油。
4. 燒熱油鑊，爆香蒜茸、薑茸，下鮮百合、蘆筍、紅蘿蔔片、草菇拌炒，石斑肉回鑊，下調味料炒勻，即可。

翠玉瓜炒魚片

材料
翠玉瓜2條，鯇魚片160克，薑1片，鹽少許

做法
1. 翠玉瓜洗淨，切滾刀塊。
2. 鯇魚片以生粉和胡椒粉略醃，起油鑊，爆香薑片，放入魚片爆香，盛起。
3. 再起油鑊，將翠玉瓜爆炒後，加入魚片炒勻，加鹽調味即可。

勝瓜雪耳炒魚片

材料
勝瓜1斤，雲耳2兩，洋葱1個，鯇魚片4兩

調味料
鹽1茶匙，生抽1茶匙，糖½茶匙，生粉1茶匙，米酒½茶匙，上湯½杯

做法
1. 鯇魚片洗淨，瀝乾，用生粉和生抽略醃。
2. 勝瓜刨去硬角，切角。雲耳浸軟，洗淨；洋葱切角。
3. 燒熱油鑊，將鯇魚片泡油至熟，盛起。
4. 再爆香洋葱，加入雲耳和勝瓜同炒，潠酒，炒至八成熟時才加入鯇魚片。加入上湯和調味料拌勻，即成。

炒小黃魚柳

材料
小黃花魚600克，米酒1湯匙，葱白4棵（切段），蒜片1茶匙，薑茸1茶匙，蒿苣2條，紅椒絲1茶匙，鹽少許

醃料
蛋白1隻，生粉2茶匙

調味料
鹽½茶匙，糖¼茶匙，胡椒粉、麻油各少許

做法
1. 小黃魚劏好，洗淨，起肉，大條的斜切為兩塊，小的整條用。加醃料拌勻，冷藏1小時。
2. 蒿苣切去老硬部分，切滾刀小塊。
3. 取出魚塊，加調味料拌勻。
4. 燒熱鑊下油，爆香薑茸，下魚塊泡油，盛起，瀝油。
5. 下油爆香葱段和蒜片，下蒿苣略炒，下鹽調味，魚塊回鑊，潠酒，撒下紅椒絲便可。

香芒蘆筍炒魚柳

材料
芒果2個，蘆筍2條，魚柳250克，葱1條，薑茸、蒜茸各1茶匙

醃料
鹽½茶匙，胡椒粉少許

調味料
油1茶匙，生粉½茶匙，鹽、胡椒粉和麻油各少許

做法
1. 魚柳解凍洗淨，切條，下醃料拌勻。
2. 芒果去皮起肉，切條；葱洗淨，切段。
3. 蘆筍洗淨，去老硬部分，切段，放入鹽、油的滾水內汆熟。
4. 起油鑊，爆香薑茸、蒜茸，下蘆筍炒熟，再下調味料、芒果、魚柳略炒，即成。

酸辣魚柳

材　　料：急凍龍脷魚柳2條

醃　　料：鹽½茶匙，油½茶匙，胡椒粉少許

粉漿〔拌勻〕：雞蛋1隻，生粉約6湯匙

芡 汁 料：茄汁3湯匙，辣椒油1湯匙，水2湯匙，糖½湯匙，麻油少許

做　　法：
1. 魚柳洗淨，抹乾水分，切塊，加醃料拌勻。
2. 魚柳逐件蘸上粉漿，起油鑊，下魚柳炸脆，盛起，瀝油。
3. 煮滾芡汁，加入魚柳，猛火炒至收汁即成。

☆☆　　　☆☆☆　　　☆☆☆
☆　　　　☆☆　　　　☆☆
餐桌指數　　烹飪難度　　營養搭配

宮保魚粒

材料

魚肉400克,唐芹1棵,紅辣椒乾1茶匙,薑絲1湯匙,生粉1湯匙

醃料

酒1茶匙,糖½茶匙,鹽¼茶匙,胡椒粉適量

調味料

生抽1茶匙,鹽、胡椒粉和麻油各少許

做法

1. 魚肉切粒,用醃料拌勻,沾裹生粉。
2. 唐芹洗淨,切段。紅辣椒乾去籽,切粒。
3. 燒熱油鑊,下魚粒炸至金黃,盛起,瀝油。
4. 爆香辣椒乾、薑絲和唐芹段,下調味料,加入魚粒炒勻即可。

蘿蔔炒鯪魚肉

材料

白蘿蔔300克,絞鯪魚肉160克,薑絲、葱白各1湯匙,生抽¼茶匙

醃料

葱粒1湯匙,鹽½茶匙,生粉1茶匙,胡椒粉少許,水1茶匙

芡汁料

生粉1茶匙,水2湯匙

做法

1. 鯪魚肉下醃料拌勻,順一個方向攪成魚膠。
2. 燒熱油鑊,將魚肉攤成餅形,兩面煎至金黃,盛起,待涼切條。
3. 蘿蔔去皮,洗淨,切粗條。
4. 燒紅油鑊,下薑絲、葱白爆香。放入蘿蔔拌炒,加入適量沸水,文火煮熟,下生抽,倒入鯪魚肉,炒勻,撒入葱粒,勾芡,即可。

鹹魚炒芥蘭

材料

芥蘭300克,鹹鮫魚40克,蒜茸1湯匙,紅辣椒碎1茶匙

調味料

蠔油1湯匙,胡椒粉適量

做法

1. 芥蘭去皮,洗淨,斜切片,浸水。
2. 鹹魚切粒,下油鑊炸香。
3. 熱鑊下油,爆香蒜茸、紅辣椒碎,下芥蘭片和炸鹹魚粒略炒,加入調味料拌勻,即成。

薑葱鮮炒魚子

材料

魚子120克,葱絲、薑絲、辣椒絲各1湯匙

調味料

糖¼茶匙,鹽½茶匙,米酒1茶匙,醋1茶匙,麻油、胡椒粉各適量

做法

1. 魚子洗淨,瀝乾。
2. 熱鑊下油,爆香葱絲、薑絲、辣椒絲,放入魚子、潷酒,下調味料翻炒,炒勻即可。

豉椒炒小銀魚乾

材料

小銀魚乾½杯，豆腐乾3塊，豆豉1湯匙，辣椒絲2湯匙，青、紅甜椒各1隻，蒜茸1湯匙

調味料

水、生抽各1湯匙

做法

1. 豆腐乾洗淨，切條。
2. 青、紅甜椒去籽，切絲；豆豉壓碎。
3. 熱鑊下油，爆蒜茸和豆豉，下青、紅甜椒，再加入豆腐乾炒勻，加入調味料和小銀魚煮透，即可。

銀芽炒鱔糊

材料

黃鱔肉500克，銀芽100克，薑絲1湯匙，蒜茸1湯匙，芫荽碎¼杯

調味料

生抽1湯匙，糖、米酒各1茶匙，麻油1湯匙，胡椒粉少許

芡汁料

生粉1茶匙，水2湯匙

做法

1. 黃鱔放入鹽醋滾水中，汆水，再放入滾水中浸約10分鐘，撈起，切粗條。
2. 燒熱油鑊，爆炒銀芽，盛起。
3. 再起油鑊，爆香薑絲、蒜茸，放入鱔條，灒酒，加調味料和銀芽炒勻，勾芡，撒上芫荽碎，上碟。

豉椒炒鱔片

材料

黃鱔600克，青、紅甜椒各1隻，薑片、葱段各1湯匙，蒜茸1茶匙，豆豉1湯匙

調味料

蠔油½湯匙，鹽¼茶匙，米酒1茶匙，老抽½茶匙，麻油，胡椒粉各少許

芡汁料

生粉1茶匙，水2湯匙

做法

1. 黃鱔劏好，起肉，㓾花，切片，洗淨，汆水至七成熟，洗淨。
2. 青、紅甜椒洗淨，切角。
3. 起鑊下油，爆香薑片、葱段、蒜頭、豆豉，加青、紅甜椒、黃鱔片，灒酒，下調味料，勾芡即可。

豆角金菇炒鱔片

材料

黃鱔4條，豆角320克，金菇120克，薑絲1湯匙，蒜茸1茶匙

醃料

生抽½茶匙，糖¼茶匙，酒1茶匙，胡椒粒1茶匙

調味料

鹽¼茶匙，米酒1茶匙，老抽½茶匙，麻油、胡椒粉各少許

做法

1. 黃鱔劏好，洗淨切片，用醃料拌勻。
2. 豆角洗淨摘段，汆水，瀝乾；金菇去根部，洗淨。
3. 燒紅油鑊，爆香蒜茸，放豆角拌炒至熟，上碟。
4. 再起油鑊，爆香薑絲，放入鱔片爆炒，加金菇炒勻，下調味料拌勻，鋪在豆角上即成。

斤兩換算（約數）：1斤＝600克　15兩＝570克　14兩＝530克　13兩＝490克　12兩＝450克　11兩＝420克　10兩＝380克　9兩＝340克

清炒小龍蝦

材料
小龍蝦500克，葱絲、薑絲、芫荽段各1湯匙

調味料
鹽½茶匙，糖¼茶匙，生抽½茶匙，醋½茶匙，麻油適量

做法
1. 小龍蝦劏好，洗淨，氽水，瀝乾。
2. 燒熱油鑊，下小龍蝦泡油，盛起，瀝油。
3. 再起油鑊，爆香葱絲、薑絲，加小龍蝦，下調味料拌勻，撒上芫荽段，即可。

花椒炒蝦

材料
蝦400克，芋頭160克，花生80克，葱粒1湯匙，花椒¼茶匙，鹽少許

調味料
糖¼茶匙，米酒½茶匙，生抽½茶匙，油½茶匙，麻油少許

做法
1. 蝦洗淨，剪去鬚和腳，瀝乾水分。
2. 芋頭刨皮，刨成幼絲，下油鑊用中火炸脆，撈起，撒上鹽，上碟，鋪平；花生用中火炸脆，撒上鹽花，放芋絲上。
3. 熱鑊下油，下蝦炒香，盛起。
4. 熱鑊再下油，加入葱粒、花椒，蝦回鑊，灒酒，加調味料炒香，放在芋頭絲及炸花生上，即可。

雙冬炒蝦仁

材料
蝦仁300克，冬菇10朵（浸軟），冬筍50克，葱茸1湯匙

醃料
蛋白2隻，生粉1茶匙，水2湯匙

調味料
鹽½茶匙，米酒½茶匙，麻油適量

芡汁料
生粉1茶匙，水2湯匙

做法
1. 蝦仁挑去腸，加醃料拌勻。
2. 冬菇去蒂，切半；冬筍洗淨，切片。
3. 燒熱油鑊，下蝦仁泡油，盛起，瀝油。
4. 熱鑊留餘油，爆香葱茸，放入筍片和冬菇炒勻，蝦仁回鑊，下調味料，勾芡，即可。

蝦仁炒鮮奶

材料
青蝦仁200克，蛋白4隻，鮮奶150毫升，火腿茸50克，青豆1湯匙

醃料
鹽½茶匙，米酒½茶匙，蛋白1隻，生粉1茶匙，水2湯匙

調味料
鹽½茶匙，生粉1茶匙，油1茶匙，上湯1湯匙

做法
1. 蝦仁洗淨，瀝乾水分，下醃料拌勻，燒熱油鑊，下蝦仁泡油，盛起，瀝油。
2. 鮮奶加入蛋白和調味料拌勻。
3. 油鑊燒至微熱，倒入鮮奶蛋白略炒，下蝦仁拌勻炒熟，撒上火腿茸和青豆即成。

翡翠明蝦球

材料

　　大蝦480克，西蘭花160克，薑茸、蒜茸各1茶匙，粗鹽2湯匙，麵粉1湯匙，薑汁酒1茶匙

醃料

　　鹽、糖各½茶匙，蛋白½隻，生粉2茶匙，胡椒粉、麻油各少許

調味料

　　鹽、糖各¼茶匙，薑汁酒½茶匙，水½湯匙

做法

1. 蝦去殼，留尾部，沿背部稍剕開，挑去蝦腸，用粗鹽和麵粉搓洗多次，洗淨，瀝乾水分，加醃料拌勻約20分鐘，泡嫩油，盛起。
2. 西蘭花汆水。
3. 起油鑊，潛薑汁酒，下西蘭花炒熟後上碟圍邊。
4. 再燒熱鑊，下油爆香薑茸、蒜茸，倒入蝦球，加入調味料，以猛火炒勻即成。

韭菜鳳尾蝦

材料

　　大蝦12隻，韭菜80克，水1杯，薑2片

醃料

　　鹽½茶匙，米酒1茶匙，胡椒粉少許

芡汁料

　　水½杯，鹽1茶匙，生粉1茶匙，糖¼茶匙，胡椒粉、油各少許

做法

1. 蝦去殼，留尾部，挑去蝦腸，洗淨，切雙飛，用醃料略醃，泡油，盛起。
2. 韭菜洗淨，切段，加水1杯以攪拌機內打成菜汁，過濾後成韭菜汁。
3. 燒熱油鑊，爆香薑片，棄掉，加芡汁及韭菜汁，煮至濃稠，拌入鳳尾蝦，炒勻即可。

鮮果炒蝦球

材料

　　中蝦480克，哈密瓜、蜜瓜、西瓜各160克，薑2片，蒜茸1茶匙

醃料

　　鹽¼茶匙，生粉½茶匙，麻油、胡椒粉各少許

芡汁料

　　生抽、生粉各1茶匙，鹽¼茶匙，糖¼茶匙，水2湯匙

做法

1. 哈密瓜、蜜瓜、西瓜各用挖匙挖成圓形果肉。
2. 中蝦去殼，挑去蝦腸，洗淨，瀝乾，切雙飛狀，加醃料拌勻，醃15分鐘。
3. 蝦球泡嫩油，盛起，瀝油。
4. 燒熱油鑊，爆香蒜茸，蝦球回鑊，加入三種鮮果球，炒勻，勾芡上碟。

斤兩換算（約數）：1斤＝600克　15兩＝570克　14兩＝530克　13兩＝490克　12兩＝450克　11兩＝420克　10兩＝380克　9兩＝340克

勝瓜炒蝦仁

材料
　　勝瓜640克，雲耳80克，洋葱120克，中蝦仁160克

醃料
　　生抽½茶匙，生粉½茶匙

調味料
　　鹽½茶匙，生抽1茶匙，糖¼茶匙，生粉½茶匙，花雕酒½茶匙，上湯½杯

做法
　1. 雲耳浸軟，洗淨；洋葱切角。
　2. 勝瓜刨去硬角，切角。
　3. 蝦肉洗淨，吸乾水分，用醃料略醃，泡嫩油，盛起，瀝油。
　4. 燒熱油鑊，爆香洋葱，加入雲耳和上湯2湯匙略煮，加入勝瓜同炒，灒花雕酒拌炒至八成熟時加入蝦肉，加入餘下上湯和調味料，拌勻即成。

宮保蝦仁

材料
　　蝦仁400克，西芹80克，青、紅甜椒½隻，蒜茸2茶匙，紅辣椒乾碎、豆瓣醬各1茶匙

汁料
　　上湯2湯匙，茄汁、蠔油、糖、老抽各1茶匙，白醋2茶匙，鹽少許，米酒1茶匙（後下）

做法
　1. 蝦仁汆水，瀝乾水分。
　2. 西芹洗淨，切塊；青、紅甜椒洗淨，去籽，切塊。
　3. 燒熱油，爆香蒜茸、紅辣椒乾和豆瓣醬，再加入其他材料炒香，灒酒，加汁料煮滾，拌勻即成。

淮山杞子青豆炒蝦仁

材料
　　蝦仁240克，淮山12克，杞子8克，青豆80克，雞心豆80克，紅、黃甜椒各1隻，青瓜1條，冬菇3朵（浸軟），薑茸1湯匙

醃料
　　鹽½茶匙，糖¼茶匙，胡椒粉、麻油適量

調味料
　　鹽½茶匙，糖¼茶匙，生粉1茶匙

做法
　1. 所有材料洗淨，瀝乾水分；淮山、雞心豆用水煲腍，加入杞子煮5分鐘，盛起，湯¼杯留用。
　2. 蝦仁去殼，挑去蝦腸，洗淨抹乾，加入醃料拌勻，放入雪櫃冷藏片刻，燒熱油，下蝦仁泡油，盛起，瀝乾。
　3. 冬菇去蒂後與紅、黃甜椒、青瓜同切小粒。
　4. 熱油鑊，爆香薑茸、冬菇，灒酒；下淮山、雞心豆和杞子炒勻，加入蝦仁、調味料及步驟（1）的淮山湯拌勻即可。

韭菜冬筍炒蝦仁

材料
　　韭菜350克，冬筍1個，蝦仁400克，薑絲1湯匙

調味料
　　魚露½湯匙，胡椒粒少許

做法
　1. 韭菜洗淨，切段；冬筍去硬皮，洗淨，切件。
　2. 蝦仁洗淨，瀝乾水分。
　3. 起油鑊，下冬筍略炒，再加入韭菜炒熟，盛起。
　4. 再起油鑊，爆香薑絲，倒入蝦仁炒勻，加調味料再炒至熟透，將冬筍、韭菜回鑊拌勻，上碟。

炒

鮑魚菇豆苗炒蝦仁

材料
鮑魚菇160克，豆苗240克，蝦仁160克，辣椒絲1茶匙，蒜茸1茶匙、薑茸1茶匙，酒1茶匙

醃料
鹽¼茶匙，生粉½茶匙，胡椒粉少許

芡汁料
生抽½茶匙，糖¼茶匙，胡椒粉、麻油各少許，生粉½茶匙，水2湯匙

做法
1. 鮑魚菇和豆苗洗淨後，用鹽水汆水，過冷河。
2. 蝦仁洗淨，剝開背部，用醃料醃片刻，泡油。
3. 起油鑊，爆香蒜茸、薑茸和辣椒絲，放入鮑魚菇，炒勻，加入豆苗和蝦仁快炒，灒酒，勾芡，即成。

青瓜蘑菇炒蝦仁

材料
青瓜2條，蘑菇160克，蝦仁180克，蒜茸、薑茸各1茶匙

醃料
鹽¼茶匙，生粉½茶匙，胡椒粉少許

做法
1. 青瓜洗淨，切塊；蘑菇洗淨，切片。
2. 蝦仁洗淨，剝開背部，用醃料醃片刻，泡油。
3. 起油鑊，爆香蒜茸，下青瓜、蘑菇炒熟，盛起。
4. 再起油鑊，爆香薑茸，爆炒蝦仁至熟透，再將青瓜、蘑菇回鑊炒勻，即可。

蘆筍鮮蝦

材料
蘆筍6條，鮮蝦320克，薑茸1茶匙，牛油½湯匙，上湯1湯匙

調味料
生抽½茶匙，糖¼茶匙，胡椒粉、麻油各少許

做法
1. 蘆筍洗淨，去老硬部分，切斜片，用鹽水灼熟，盛起。
2. 鮮蝦去殼，挑去腸，洗淨，瀝乾水分。
3. 下牛油起鑊，爆香薑茸，下蝦仁炒熟，蘆筍回鑊炒勻，下上湯及調味料拌勻即可。

龍井蝦仁

材料
蝦仁400克，龍井茶葉3克，雞蛋3隻（打散），葱段1湯匙

醃料
蛋白1隻，鹽¼茶匙，生粉½茶匙，胡椒粉少許

調味料
米酒1茶匙，鹽¼茶匙，生粉1茶匙

做法
1. 蝦仁洗淨，瀝乾水分，加醃料醃½小時。
2. 龍井茶葉以沸水泡開，茶汁、茶葉留用。
3. 起油鑊，下蝦仁泡油，盛起，瀝油。
4. 再起油鑊，爆香葱段，加入蝦仁、雞蛋液、茶葉連汁，灒米酒，下調味料炒勻即可。

炒

避風塘椒鹽蝦

材料
中蝦12隻，指天椒2隻，蒜茸1茶匙，炸蒜茸2湯匙，豆豉1茶匙

調味料
淮鹽½茶匙，胡椒粉少許

做法
1. 豆豉洗淨，搗成茸；指天椒切幼粒。
2. 中蝦剪去鬚，在背部剠一刀，挑去蝦腸，洗淨，瀝乾水分。
3. 燒熱鑊，下油將中蝦炸至全熟，盛起，瀝油。
4. 再燒熱鑊，下油爆香蒜茸、豆豉茸和辣椒粒，將蝦回鑊，下調味料和炸蒜茸同炒勻，即可。

雪花蝦鬆

材料
蝦仁1杯，雞蛋6隻，炸熟米粉1杯，火腿茸2湯匙，熟青豆2湯匙，葱1棵（切粒），薑2片

醃料
鹽¼茶匙，生粉、酒各½茶匙，胡椒粉少許

調味料
A：鮮奶½杯，鹽½茶匙，生粉、水各1湯匙
B：水2湯匙，生粉1湯匙，鹽½茶匙

做法
1. 蝦仁洗淨，切粒，以醃料醃10分鐘；雞蛋分開蛋黃和蛋白。
2. 蛋白用打蛋器打勻，加入調味料A。
3. 蛋黃與調味料B拌勻，置碟中蒸熟，取出冷卻，切長薄片，捲成玫瑰花形，排在碟上，碟中倒入炸熟米粉。
4. 燒熱鑊，下油爆香葱、薑，倒入蛋白快炒，放在米粉上，撒上火腿茸和熟青豆，即成。

薑葱炒花蟹

材料
花蟹600克（約4隻），薑片、葱段、蒜茸各1湯匙，生粉適量

調味料
鹽¼茶匙，生抽½茶匙，生粉½茶匙，米酒½茶匙，油½茶匙，上湯2湯匙，麻油、胡椒粉各少許

芡汁料
生粉½茶匙，水2湯匙

做法
1. 花蟹劏好，洗淨，瀝乾水分。
2. 燒熱油鑊，花蟹撲上少許生粉，用中高油溫炸香，盛起。
3. 熱油鑊，爆香薑片、葱段、蒜茸，加入花蟹，灒酒和少許上湯，下調味料，勾芡即可。

避風塘炒蟹

材　　料：蟹1隻（約500克），蒜茸2茶匙，豆豉½湯匙，紅辣椒碎1湯匙，生粉適量，米酒1茶匙

芡汁料：生抽1茶匙，蠔油1茶匙，糖¼茶匙，上湯½杯，麻油各少許

做　　法：
1. 燒熱油鑊，下蒜茸炸至金黃，盛起。
2. 蟹劏好，洗淨，切件，撲上生粉，再用熱油炸至八成熟，盛起。
3. 燒熱油鑊，爆香蒜茸、豆豉和紅辣椒碎，蟹件回鑊，炒勻後灒米酒，加入芡汁煮至蟹熟，上碟後灑上炸蒜茸即成。

餐桌指數　烹飪難度　營養搭配

豉汁炒蟹

材料
　　蟹600克，蒜茸、薑茸、紅辣椒茸、豆豉茸各1湯匙，上湯150毫升

調味料
　　鹽½茶匙，麻油、胡椒粉各少許

芡汁料
　　生粉½茶匙，水2湯匙

做法
　　1. 蟹劏好，洗淨，切件。
　　2. 燒鑊下油，下蟹件泡油至熟，盛起，瀝油。
　　3. 燒熱油鑊，爆香蒜茸、薑茸、辣椒茸、豆豉茸，蟹件回鑊，注入上湯，下調味料，勾芡，炒匀即成。

四川香辣蟹

材料
　　肉蟹600克，芫荽碎1湯匙，米酒1湯匙，生粉適量

配料
　　西芹120克，京葱1條，薑片2湯匙，炸蒜茸80克，辣椒乾1湯匙（切段），花椒粒1湯匙

調味料
　　生抽1茶匙，鹽½茶匙，糖¼茶匙，香醋1茶匙，上湯½杯

做法
　　1. 西芹、京葱洗淨，切片。
　　2. 蟹劏好，洗淨，切件，撲上生粉。熱鑊下油，下蟹件泡油至八成熟，盛起，瀝油。
　　3. 燒熱油鑊，爆香所有配料，將蟹回鑊，潷酒，炒匀，下調味料煮滾，撒上芫荽碎即成。

年糕炒蟹

材料
　　蟹3隻（約300克），年糕片200克，葱段、薑片各1湯匙，上湯200毫升，生粉適量

調味料
　　老抽½茶匙，蠔油1茶匙，糖¼茶匙，鹽¼茶匙，生粉½茶匙，米酒½茶匙，胡椒粉、麻油各少許

芡汁料
　　生粉½茶匙，水2湯匙

做法
　　1. 蟹劏好，洗淨，切件，撲上生粉，熱燒鑊下油，下蟹件泡油至八成熟，盛起，瀝油。
　　2. 燒熱油鑊，爆香葱段、薑片，下年糕片拌匀，將蟹回鑊，潷酒，炒匀，下調味料及上湯煮滾，勾芡即成。

咖喱皇炒蟹

材料
　　肉蟹1隻，洋葱½個，紅甜椒1隻，葱1條，唐芹2棵，咖喱汁750毫升，辣椒油少量（可放可不放），牛油1湯匙

調味料
　　糖¼茶匙

做法
　　1. 肉蟹劏好，洗淨，切件，撲上生粉，熱鑊下油，下蟹件泡油至八成熟，盛起，瀝油。
　　2. 洋葱和紅甜椒切小塊，葱和唐芹切段。
　　3. 燒熱鑊，下牛油，爆香洋葱、紅甜椒、葱和唐芹，加入蟹塊拌炒，下咖喱汁和調味料續炒，勾芡，加入辣椒油拌匀，上碟。

炒

蟹肉扒鮮菇

材料

肉蟹1隻，鮮草菇300克，蛋白1隻，蒜頭1粒（略拍），薑汁酒1茶匙

調味料

鹽¼茶匙，糖¼茶匙，生粉2茶匙，上湯½杯，麻油、胡椒粉各少許

芡汁料

生粉1茶匙，水3湯匙

做法

1. 草菇從頂部𠝹開十字，汆水，過冷河，瀝乾水分。
2. 肉蟹劏好，洗淨，蒸熟後拆肉。
3. 燒熱鑊，爆香蒜頭，灒酒，下草菇炒透，勾芡，瀝去水分，上碟。
4. 熱油鑊，注入調味料煮滾，下蟹肉再煮滾，加入蛋白拌勻，淋在草菇面即成。

豉椒鮮魷

材料

鮮魷魚480克，西芹120克，蒜茸1湯匙，乾葱片½湯匙，青、紅甜椒各1隻，豆豉1湯匙，酒1½茶匙

汁料

糖、鹽¼茶匙，蠔油1茶匙，麻油少許，生粉½茶匙，水3湯匙

做法

1. 鮮魷洗淨，𠝹花，切件，汆水，瀝乾。
2. 西芹、青紅甜椒切件。
3. 燒熱油，爆香蒜茸、乾葱片、西芹和青紅甜椒，放入豆豉和鮮魷，灒酒，倒入汁料煮滾即成。

炒

椒鹽魷魚圈

材料

鮮魷魚480克，蒜茸、乾葱片各½湯匙，椒鹽2茶匙

醃料

鹽、沙薑粉、米酒各½茶匙，雞蛋1隻，生粉1茶匙

做法

1. 魷魚洗淨，抹乾，切圈，用醃料醃20分鐘。燒熱油，下鮮魷魚炸至金黃，盛起，瀝乾油分。
2. 燒熱油，爆香蒜茸和乾葱片，放入鮮魷和椒鹽略炒即成。

沙嗲醬爆魷魚圈

材料

鮮魷魚480克，洋葱½個，青、紅甜椒各1隻，乾葱茸、蒜茸各1茶匙，沙嗲醬1湯匙

調味料

生抽1湯匙，糖¼茶匙

做法

1. 魷魚洗淨後切圈，汆水，瀝乾。
2. 青、紅甜椒洗淨，去籽，切條；洋葱去衣，切條。
3. 燒熱鑊，下油爆香乾葱茸、蒜茸、洋葱、青紅甜椒和沙嗲醬，加入調味料和魷魚圈，快炒拌勻，即可。

斤兩換算（約數）：1斤＝600克　15兩＝570克　14兩＝530克　13兩＝490克　12兩＝450克　11兩＝420克　10兩＝380克　9兩＝340克

辣炒魷魚絲

材料

鮮魷魚300克，京葱1條，紅辣椒6隻

調味料

米酒1茶匙，鹽¼茶匙，上湯1湯匙，生抽½茶匙，醋¼茶匙，麻油少許

芡汁料

生粉½茶匙，水2湯匙

做法

1. 魷魚洗淨，去膜去衣，切絲，放入水中浸泡。
2. 紅辣椒洗淨，去蒂、去籽，切成幼絲；京葱切碎。
3. 燒熱油鑊，加米酒、鹽煮滾，倒入魷魚絲略煮，盛起。
4. 再燒熱鑊，爆香紅辣椒絲、生抽、醋炒勻，倒入上湯、魷魚煮滾，勾芡，放入京葱碎、淋上麻油即可。

西蘭花炒土魷

材料

西蘭花300克，魷魚乾150克，薑片、葱段、蒜茸各1湯匙，紅甜椒1隻，韭黃20克，鹽1茶匙，米酒1茶匙

調味料

生抽½茶匙，糖¼茶匙，蠔油1茶匙，麻油、胡椒粉各少許

做法

1. 西蘭花洗淨，切小朵；紅椒去籽，切角；韭黃洗淨，切段。
2. 魷魚乾用清水浸泡2小時，洗淨，縱橫切成魷魚花。
3. 分別將西蘭花、魷魚花汆水，燒熱油鑊，下西蘭花和鹽略炒，上碟整齊地圍邊。
4. 再燒鑊下油，將薑片、葱段、蒜茸、韭黃、紅甜椒爆香，加入魷魚花，潷酒，下調味料，勾芡，放於西蘭花上即可。

宮保魷魚卷

材料

水發魷魚2隻，紅辣椒乾8隻，薑茸、花椒粒、蒜茸各1湯匙

調味料

生抽1茶匙，米酒½茶匙，糖¼茶匙，醋½茶匙，生粉1茶匙，鹽½茶匙，麻油適量

做法

1. 魷魚洗淨，去膜去衣，切成兩半，剕上花刀，切成菱形塊狀。
2. 辣椒乾洗淨，切段。
3. 燒熱油鑊，加入魷魚炸成捲筒狀，盛起，瀝油。
4. 鑊留餘油，放入辣椒乾段、薑茸、蒜茸、花椒粒和調味料爆香，用猛火煮至濃稠後，倒入魷魚卷迅速拌炒，即可。

爆墨魚花

材料

鮮墨魚500克，蒜茸、葱茸、薑茸各1湯匙

調味料

米酒1茶匙，上湯2湯匙，鹽½茶匙，胡椒粉適量

芡汁料

生粉½茶匙，水2湯匙

做法

1. 墨魚洗淨，去膜去衣，切成兩半，剕上花刀，切成長方塊。
2. 墨魚汆水至半熟，盛起。
3. 燒熱油鑊，加入墨魚炸成捲筒狀，瀝乾。
4. 鑊留餘油，爆香蒜茸，葱茸和薑茸，放入墨魚，下調味料煮滾，勾芡，便可。

泡椒墨魚仔

材料
墨魚仔300克，泡辣椒3隻，薑片、唐芹段、葱段、蒜片各1湯匙，米酒3茶匙，泡薑2片

調味料
上湯100毫升，鹽½茶匙，胡椒粉、紅油各適量

芡汁料
生粉½茶匙，水2湯匙

做法
1. 墨魚仔放入加了米酒、葱、薑的沸水中汆水。
2. 燒熱油鑊，爆香泡椒、泡薑片、蒜片、葱段、唐芹，灒米酒，加入調味料，下墨魚仔炒熟，勾芡，即可。

西芹炒帶子

材料
急凍帶子240克，西芹160克，葱段、蒜片各1湯匙，薑花6片，紅蘿蔔花8片，薑汁酒1茶匙

醃料
糖¼茶匙，生粉½茶匙，胡椒粉、麻油各適量

芡汁料
生粉½茶匙，水2湯匙

做法
1. 帶子解凍，洗淨，用布吸乾水分，加醃料醃20分鐘，汆水後瀝乾。
2. 西芹撕去老筋，切段，泡油，盛起。
3. 燒熱油鑊，爆香蒜片、薑花，加入帶子、西芹，快手炒勻，灒薑汁酒，勾芡，加入紅蘿蔔花和葱段即可。

西施炒帶子

材料
帶子200克，冬菇80克（浸軟），蛋白6隻，鮮奶350毫升，炸米粉50克，蒜片、葱粒、芫荽碎、炸腰果粒各1湯匙

調味料
鹽½茶匙，糖¼茶匙，生粉½茶匙，胡椒粉、麻油各適量

做法
1. 帶子洗淨，汆水，盛起。
2. 燒熱油鑊，爆香蒜片，下冬菇、葱粒略炒，轉慢火，加入蛋白、鮮奶和調味料拌勻，加入帶子拌勻，放在炸米粉上，再灑上芫荽和腰果粒即可。

珊瑚翡翠玉帶子

材料

带子200克，珊瑚蚌120克，西蘭花240克，上湯2杯，蒜片1茶匙，薑6片，紅蘿蔔6片，酒1茶匙

醃料

蛋白1茶匙，生粉½茶匙，鹽½茶匙

調味料

生粉¼茶匙，上湯¼杯，鹽¼茶匙，麻油1茶匙

做法

1. 西蘭花切小朵，用上湯煨2分鐘，瀝乾汁液，排放碟上。
2. 带子、珊瑚蚌加入醃料醃15分鐘，汆水過冷河，瀝乾。
3. 燒熱鑊，爆香蒜片、薑片、紅蘿蔔片，潷酒，下带子和珊瑚蚌，加入調味炒勻，即可。

茭筍蒜心炒帶子

材料

茭筍4條，蒜心80克，带子8粒，蔥2條，薑2片，上湯2湯匙，蒜茸1茶匙，鹽½茶匙

醃料

生抽½茶匙，酒¼茶匙，糖¼茶匙，生粉1茶匙

做法

1. 茭筍去皮，洗淨，斜切厚片；蒜心洗淨，切段；蔥洗淨，切段。
2. 带子洗淨，瀝乾，下醃料醃20分鐘。
3. 起油鑊，爆香蒜茸，下茭筍和蒜心拌炒至熟，下鹽調味，上碟。
4. 再起鑊，爆香薑片，爆炒带子，潷上湯再拌炒至熟，加入蔥段炒勻，上碟放在茭筍和蒜心上即可。

芥蘭炒帶子

材料

带子200克，芥蘭200克，煙肉碎、紅椒絲、薑絲各1湯匙

調味料

米酒½茶匙，生抽½茶匙，糖¼茶匙，鹽½茶匙

做法

1. 芥蘭去葉留梗，撕去表皮，放冷水中浸泡。
2. 起油鑊，爆香薑絲、紅椒絲及煙肉碎，下芥蘭和带子迅速翻炒，加調味料拌勻，即可。

西蘭花炒帶子

材料

带子8粒，西蘭花1棵，薑3片

醃料

生粉½茶匙，米酒¼茶匙，鹽½茶匙

調味料

鹽½茶匙，糖¼茶匙，生粉½茶匙，胡椒粉、麻油各適量

芡汁料

生粉½茶匙，水2湯匙

做法

1. 带子洗淨，瀝乾水分，下醃料拌醃20分鐘。
2. 西蘭花洗淨，切成小朵。汆水，瀝乾。
3. 燒熱油鑊，爆香薑片，下带子和西蘭花迅速翻炒，調味後勾芡，即可。

XO醬炒東風螺肉

材料

急凍東風螺肉320克,紅辣椒碎、蒜茸、乾葱茸共1湯匙,葱粒1茶匙,酒1湯匙

調味料

XO醬3湯匙,豆瓣醬1湯匙,老抽1茶匙,鹽½茶匙,糖¼茶匙,生粉1茶匙,麻油1茶匙,水¼杯

做法

1. 東風螺肉洗淨,汆水,過冷河後瀝乾水分。
2. 燒熱鑊下油,爆香辣椒碎、蒜茸、乾葱茸,灒酒,倒入東風螺肉略炒,加入調味料煮至汁液收乾,撒上葱粒,即成。

芥蘭馬蹄炒田螺肉

材料

急凍田螺肉300克,芥蘭600克,馬蹄10粒,葱段1湯匙,薑茸、蒜茸各1茶匙

調味料

上湯1湯匙,酒½茶匙,糖¼茶匙,生抽½茶匙

做法

1. 芥蘭摘去白花、老葉,洗淨,切斜片;馬蹄削皮,洗淨,切片。
2. 田螺肉解凍,洗淨,汆水,瀝乾水分。
3. 燒熱油鑊,爆香薑茸,下芥蘭和馬蹄拌炒,灒上湯和糖調味,盛起。
4. 再起油鑊,爆香蒜茸,爆炒田螺肉,加入生抽、酒和葱段再炒勻至熟透,芥蘭回鑊炒勻,即成。

冬筍炒香螺

材料

香螺肉400克,冬筍100克,薑片1湯匙

調味料

鹽½茶匙,米酒1茶匙,上湯1湯匙,生粉½茶匙

芡汁料

生粉½茶匙,水2湯匙

做法

1. 香螺肉洗淨切片;冬筍洗淨切片,分別汆水,瀝乾水分。
2. 燒熱油鑊,爆香薑片,下筍片和螺肉炒勻,加調味料,勾芡即可。

栗子蘑菇炒螺肉

材料

海螺肉250克,蘑菇25克,栗子30克,青、紅甜椒各½隻,葱段1湯匙,薑茸、蒜茸各1茶匙,米酒½茶匙

調味料

白醋½茶匙,鹽½茶匙,糖¼茶匙

芡汁料

生粉½茶匙,水2湯匙

做法

1. 海螺肉洗淨切片,汆水。
2. 蘑菇洗淨;青、紅甜椒去籽,切角。
3. 栗子去衣,下油鑊炸脆。
4. 燒熱油鑊,爆香葱段、薑茸、蒜茸,下海螺、蘑菇、青紅甜椒及栗子炒勻,灒米酒,加入調味料炒勻,勾芡,即可。

斤兩換算(約數):1斤=600克　15兩=570克　14兩=530克　13兩=490克　12兩=450克　11兩=420克　10兩=380克　9兩=340克

醬香響螺片

材料

響螺1隻，青紅甜椒各½隻，西芹¼棵，豆豉1茶匙，葱段1湯匙，薑茸、蒜茸各1茶匙

醃料

生粉½茶匙，米酒¼茶匙，鹽½茶匙

調味料

米酒½茶匙，辣椒醬½茶匙，白醋½茶匙，生抽½茶匙，糖½茶匙，鹽½茶匙，上湯2湯匙，麻油適量

做法

1. 響螺去殼取肉，洗淨，切長方片，以醃料醃1小時。
2. 青、紅甜椒洗淨，去籽，切片。
3. 西芹洗淨，撕去老筋，切片。
4. 燒熱油鑊，爆香葱段、薑茸、蒜茸、豆豉，調味料炒勻，下響螺片、青紅甜椒、西芹炒勻，勾芡，即可。

辣椒膏炒花蛤

材料

花蛤600克，九層塔10克，紅辣椒1隻，蒜茸1茶匙

調味料

辣椒膏1湯匙，魚露1湯匙，糖1茶匙，蠔油1湯匙，淡奶1湯匙

做法

1. 紅椒切圈；九層塔洗淨，切段。
2. 花蛤用淡鹽水浸½小時，汆水。
3. 熱鑊下油，爆香紅椒圈和蒜茸，加入辣椒膏、魚露、蠔油和糖，倒入花蛤，加適量水炒至花蛤熟透，下九層塔和淡奶炒透，上碟。

蠔皇蝦子扒三菇

材料

鮮冬菇12朵，草菇、蘑菇各80克，蝦子2茶匙，生菜160克，蒜片1茶匙，薑片、葱段各1湯匙

調味料

蠔油1湯匙，生抽1茶匙，糖¼茶匙，麻油½茶匙

芡汁料

水¾杯，生粉2茶匙

做法

1. 蝦子用白鑊慢火炒香，盛起。
2. 生菜洗淨，切段；鮮冬菇洗淨，去蒂。
3. 生菜放入加了油、鹽和糖的沸水中汆水，瀝乾水分後盛排碟上。
4. 燒熱油鑊，爆香蒜片、葱段和薑片，先加鮮冬菇炒一會，再加草菇、蘑菇，勾芡，灑下蝦子，即成。

生炒生蠔

材　　料：生蠔250克，筍片50克，木耳30克，蔥段、薑茸各1湯匙，麵粉2湯匙

調味料：鹽½茶匙，米酒1茶匙，生抽½茶匙，糖¼茶匙

芡汁料：生粉½茶匙，上湯1湯匙

做　　法：
1. 生蠔以麵粉搓揉洗淨，汆水至八成熟，瀝乾水分。
2. 木耳洗淨，切小朵。
3. 燒熱油鑊，爆香蔥段和薑茸，放入筍片、木耳、生蠔迅速炒勻，加調味料，勾芡，即可。

餐桌指數　烹飪難度　營養搭配

雞蛋炒生蠔

材料
　生蠔300克，雞蛋4隻，葱茸、薑茸各1湯匙，麵粉2湯匙

調味料
　鹽½茶匙，上湯1湯匙，麻油適量

做法
1. 生蠔以麵粉搓揉洗淨，汆水，瀝乾水分。
2. 雞蛋打勻，加入鹽和上湯，與生蠔一起拌勻成漿。
3. 燒熱油鑊，爆香葱茸、薑茸，倒入雞蛋生蠔漿，用鑊鏟朝一個方向慢慢推動，拌炒至金黃色，淋上麻油即可。

豉椒炒蜆

材料
　蜆600克，豆豉茸、蒜茸、薑絲、紅辣椒絲各1湯匙，豆瓣醬1湯匙，酒1湯匙

調味料
　蠔油1湯匙，鹽¼茶匙，糖1茶匙，生粉2茶匙，老抽1湯匙，胡椒粉、麻油各少許，水½杯

做法
1. 蜆放淡鹽水中浸數小時，使其吐泥沙，瀝乾；汆水，置水喉下沖淨沙泥後瀝乾。
2. 燒熱油鑊，爆香蒜茸、豆豉茸、薑絲和豆瓣醬，即下蜆炒勻，灒酒，加調味料，炒至汁液收濃稠，加入紅辣椒絲，炒勻後上碟。

薑絲炒蟶子

材料
　蟶子320克，薑絲、紅辣椒絲各1湯匙

調味料
　米酒1湯匙，鹽½茶匙，糖¼茶匙

做法
1. 將蟶子洗淨，放入淡鹽水中浸½小時，使其吐出泥沙。
2. 燒熱油鑊，爆香薑絲，灒米酒，倒入蟶子炒勻，加入紅辣椒絲，加蓋煮滾即可。

西汁青口

材料
　無殼青口12隻，煙肉碎、蒜茸各1湯匙

調味料
　茄汁½湯匙，檸檬汁½湯匙，糖½茶匙，黑椒粉½茶匙

做法
1. 青口洗淨，汆水，瀝乾。
2. 燒熱油鑊，爆香煙肉碎和蒜茸，倒入調味料煮滾，加入青口炒勻即成。

鮑片扒生菜膽

材料
西生菜240克，罐頭鮑魚1罐，蒜頭1粒，上湯¾杯，薑茸、蒜茸各1茶匙，米酒1茶匙

調味料
蠔油1湯匙，生抽1茶匙，糖、鹽各½茶匙，胡椒粉、麻油各少許

芡汁料
生粉1茶匙，水2湯匙

做法
1. 生菜洗淨，切大塊。
2. 燒熱油鑊，爆香蒜頭，下生菜炒至軟身，瀝乾，上碟排齊整。
3. 鮑魚開罐取出，橫切薄片。
4. 再熱油鑊，爆香薑茸、蒜茸、灒米酒，加入上湯和調味料，勾芡，下鮑片拌勻，放在生菜面即成。

雙冬炒扇貝

材料
扇貝8隻，竹筍50克，冬菇4朵（浸軟），葱段、蒜茸、薑茸各1茶匙

調味料
米酒1茶匙，鹽½茶匙，上湯1湯匙，麻油適量

芡汁料
生粉1茶匙，水2湯匙

做法
1. 扇貝去殼，去內臟，洗淨。
2. 冬菇洗淨，去蒂切半；竹筍洗淨，切片。
3. 燒熱油鑊，爆香葱段、薑茸、蒜茸，加入扇貝、筍片和冬菇迅速炒勻，加入調味料，勾芡，即可。

木耳帶子炒蛋

材料
帶子8粒，雞蛋4隻，木耳30克，葱茸、薑茸各1茶匙，鹽½茶匙，米酒1茶匙

調味料
麻油適量

做法
1. 帶子洗淨，切粒，汆水。
2. 木耳浸軟，洗淨，切茸。
3. 雞蛋打勻，加入帶子粒、木耳茸、葱茸、薑茸、鹽、米酒攪勻成漿。
4. 燒熱油鑊，下雞蛋漿以小火拌炒，待熟透淋上麻油即可。

莧菜炒帶子

材料
帶子8粒，莧菜200克，薑絲1茶匙

調味料
生粉½茶匙，鹽½茶匙，上湯2湯匙，麻油適量

芡汁料
生粉1茶匙，水2湯匙

做法
1. 莧菜洗淨，棄去老葉，切段，汆水，瀝乾水分。
2. 帶子洗淨，汆水，瀝乾水分。
3. 燒熱油鑊，爆香薑絲，下帶子、莧菜拌炒，加調味料，勾芡即可。

斤兩換算（約數）：1斤＝600克　15兩＝570克　14兩＝530克　13兩＝490克　12兩＝450克　11兩＝420克　10兩＝380克　9兩＝340克

帶子炒蘿蔔

材料

帶子粒200克，蘿蔔1條，紅蘿蔔絲40克，蒜茸、薑茸各1茶匙

調味料

米酒1湯匙，蠔油1湯匙，生抽1茶匙，糖、鹽各½茶匙，胡椒粉、麻油各少許

做法

1. 帶子粒洗淨，汆水。
2. 蘿蔔去皮，洗淨，切粒。
3. 燒熱油鑊，爆香蒜茸、薑茸，下蘿蔔粒炒勻，加適量水煮至蘿蔔臉軟，下帶子粒和紅蘿蔔絲拌炒，下調味料拌勻，即可。

XO醬炒田雞

材料

田雞2隻，薑4片，紅辣椒粒、葱段各1湯匙，蒜頭6粒

調味料

XO醬1湯匙，麻油½湯匙，上湯1杯

做法

1. 田雞劏淨，洗淨，切去爪，切塊。
2. 燒熱油鑊，下田雞炸至金黃。
3. 熱鑊下麻油，爆香XO醬、薑片、辣椒粒、葱段和蒜頭，田雞塊回鑊，倒入上湯拌炒至汁液收乾即可。

涼瓜炒田雞

材料

涼瓜240克，田雞300克，蒜茸、豆豉茸各½湯匙，薑汁酒1茶匙，紅椒粒1茶匙

醃料

鹽¼茶匙，糖¼茶匙，薑汁酒1茶匙，蠔油1茶匙，生抽1茶匙，胡椒粉、麻油各少許，生粉2茶匙

調味料

蠔油1茶匙，生抽1茶匙，糖¼茶匙，麻油、胡椒粉各少許，生粉1茶匙，水3湯匙

芡汁料

生粉1茶匙，水2湯匙

做法

1. 田雞劏淨，洗淨，切去爪，切塊，加醃料醃½小時，泡油，盛起，瀝乾水分。
2. 涼瓜去籽，切塊，汆水，瀝乾。
3. 燒熱油鑊，爆香蒜茸、豆豉茸及紅椒粒，加入涼瓜炒勻，灒酒，下田雞炒勻，勾芡，上碟。

鮮筍炒田雞

材料

鮮筍200克，田雞300克，薑茸、葱段、蒜茸各1茶匙

醃料

雞蛋1隻，鹽¼茶匙，糖¼茶匙，薑汁酒1茶匙，胡椒粉、麻油各少許，生粉2茶匙

調味料

鹽、糖各¼茶匙，蠔油1茶匙，生粉1茶匙，上湯50毫升，胡椒粉少許

芡汁料

生粉1茶匙，水2湯匙

做法

1. 鮮筍切薄片，汆水，瀝乾水分。
2. 田雞劏淨，洗淨，切去爪，切塊，加醃料拌勻，撲上生粉，下油鑊炸至金黃，盛起，瀝乾油分。
3. 燒鑊下油，爆香薑茸、葱段、蒜茸，放入鮮筍，加入調味料，勾芡，田雞回鑊拌勻，上碟。

麻婆豆腐

材料

嫩豆腐2塊，免治豬肉80克，豆瓣醬1湯匙，豆豉茸、薑茸、蒜茸、葱粒、紅辣椒碎各1茶匙，青蒜1條，花椒粉少許

調味料

生抽1湯匙，糖、麻油各1茶匙

芡汁料

上湯1杯，生粉1湯匙

做法

1. 豆腐切小方塊，汆水，瀝乾水分；青蒜切短段。
2. 免治豬肉下熱鑊中炒香，盛起。
3. 油鑊燒熱，爆香薑、葱粒、薑茸、蒜茸、紅辣椒碎、豆豉茸和豆瓣醬，放入豆腐、和免治豬肉，注入上湯和調味料，煮滾後勾芡，放入青蒜，即可。

炒

紅燒冰豆腐

材料

冰豆腐4件，筍肉100克，青豆2湯匙，火腿80克，薑2片，蒜片1茶匙

醃料

生抽1茶匙，麻油1茶匙

芡汁料

豆瓣醬1茶匙，生抽1茶匙，蠔油1湯匙，糖1/4茶匙，生粉1茶匙，水5湯匙

做法

1. 冰豆腐解凍，沖淨，切細件，拌入醃料略醃。
2. 火腿切片；筍肉切片，與青豆分別汆水。
3. 燒熱油，爆香薑片和蒜片，下冰豆腐件略煎炒至微黃色，加筍片、青豆和火腿拌勻，勾芡即成。

雙菇燒豆腐

材料

草菇、蘑菇各1/2杯，炸豆腐3件，芥蘭120克，蒜片、葱段各1湯匙

芡汁料

水1/2杯，蠔油1湯匙，生抽、生粉各1/2湯匙，麻油1/2茶匙，糖1/4茶匙

做法

1. 炸豆腐沖淨，切半，灑上少許鹽。
2. 芥蘭洗淨，去老硬部分，切段。
3. 燒滾半鑊水，加油、鹽和糖各1茶匙，將芥蘭灼熟，瀝乾，排放於碟中。
4. 燒熱油鑊，爆香蒜片和葱段，加入草菇、蘑菇同炒，下豆腐煮片刻，勾芡，拌勻，放芥蘭上即成。

唐芹雞粒豆腐

材料
　　豆腐2件，雞肉240克，唐芹粒1湯匙，蒜茸1茶匙，米酒2茶匙

醃料
　　生抽、生粉各1茶匙，水1湯匙，油½湯匙，胡椒粉少許

調味料
　　上湯1杯，蠔油1湯匙，生抽、老抽各1茶匙，糖¼茶匙

芡汁料
　　生粉1茶匙，水2湯匙

做法
　　1. 豆腐洗淨，切粒，汆水，瀝乾水分。
　　2. 雞肉切粒，加醃料拌勻，汆水。
　　3. 燒熱油，爆香蒜茸、雞粒和豆腐粒，潛米酒後加調味料煮滾，勾芡，灑上唐芹粒即成。

薑葱草菇豆腐

材料
　　豆腐2件，草菇320克，葱段、薑茸各1湯匙

調味料
　　鹽、糖各¼茶匙，蠔油1茶匙，生粉1茶匙，上湯1湯匙，胡椒粉少許

芡汁料
　　生粉1茶匙，水2湯匙

做法
　　1. 草菇洗淨，底部剜十字，汆水，瀝乾水分。
　　2. 豆腐洗淨，切小塊。
　　3. 起油鑊，爆香薑茸，將草菇略炒，放入豆腐一起炒勻，下調味料，加入葱段，勾芡即可。

雪菜肉茸拌豆腐

材料
　　豆腐1塊，雪菜100克，免治豬肉80克，蒜頭1粒，紅辣椒茸1茶匙

醃料
　　生抽、生粉各1茶匙，糖¼茶匙，胡椒粉少許

調味料
　　生抽1茶匙，生粉½茶匙，鹽¼茶匙，麻油½茶匙

做法
　　1. 豆腐切塊；雪菜洗淨，切茸；蒜頭拍碎。
　　2. 免治豬肉以醃料拌勻。
　　3. 燒熱油，爆香蒜頭，下免治豬肉炒熟，加入紅辣椒茸和雪菜炒香，加調味料炒勻，下豆腐塊拌勻即成。

粟米番茄燴豆腐

材料
　　番茄4個，粟米粒1湯匙，豆腐2件，青豆1湯匙，葱段1湯匙，薑2片，上湯2湯匙

調味料
　　生抽½茶匙，鹽½茶匙，糖¼茶匙

芡汁料
　　生粉1茶匙，水2湯匙

做法
　　1. 番茄洗淨，切塊；豆腐洗淨，切小塊。
　　2. 粟米粒和青豆洗淨，瀝乾水分。
　　3. 燒熱油，爆香薑片，下豆腐煎至金黃，加入番茄和青豆、粟米粒炒勻，倒入上湯，加蓋煮滾，下葱段再拌炒，下調味，勾芡即可。

炒

唐芹肉茸豆腐粒

材料
嫩豆腐2件，免治豬肉160克，唐芹碎2湯匙，蒜茸1茶匙

醃料
生抽、生粉各1茶匙，糖¼茶匙，水1湯匙

汁料
上湯1杯，蠔油1湯匙，生抽、老抽各½茶匙，糖¼茶匙，生粉2茶匙，胡椒粉少許

做法
1. 免治豬肉用醃料拌勻。
2. 豆腐洗淨，切幼粒。
3. 燒熱油，爆香蒜茸，炒熟免治豬肉，下豆腐粒炒勻，倒入汁料煮滾，撒上唐芹粒即可。

竹筍豆腐乾炒肉絲

材料
豆腐乾2塊，瘦肉160克，竹筍80克，木耳80克，紅蘿蔔½條，洋蔥½個，蒜茸1茶匙

醃料
生抽、生粉各1茶匙，糖¼茶匙，水½湯匙

調味料
生抽½茶匙，糖¼茶匙，生粉2茶匙，水½湯匙，胡椒粉各少許

做法
1. 豆腐乾、竹筍、木耳、紅蘿蔔、洋蔥洗淨，切絲；竹筍汆水，瀝乾。
2. 瘦肉切絲，以醃料拌勻。
3. 燒紅油鑊，爆香蒜茸，下瘦肉絲炒熟，放入豆腐乾絲、紅蘿蔔絲、竹筍絲、木耳絲和洋蔥絲，炒勻後下調味料加蓋煮滾即可。

蝦仁豆腐乾炒唐芹

材料
豆腐乾4塊，蝦仁320克，唐芹240克，西芹¼棵，蒜茸、薑茸各1茶匙

醃料
生抽¼茶匙，生粉1茶匙，胡椒粉、麻油各少許

做法
1. 蝦仁洗淨，用醃料拌勻，放入雪櫃冷藏10分鐘。
2. 西芹洗淨，撕去老筋，切段；唐芹洗淨，切去根部，切段；豆腐乾洗淨，切片。
3. 熱鑊下油，蝦仁泡油至熟，盛起，瀝乾油分。
4. 爆香薑茸、蒜茸，將唐芹、西芹、豆腐乾倒入略炒，蝦仁回鑊，炒勻即可。

欖菜青蒜炒豆腐乾

材料
豆腐乾6塊，青蒜2棵，欖菜1湯匙

調味料
生抽1湯匙，鹽½茶匙，糖¼茶匙，麻油少許

做法
1. 豆腐乾洗淨，切薄片。
2. 青蒜洗淨，去根部，切斜片，分開蒜青、蒜白備用。
3. 油鑊燒熱，加入豆腐乾略煎，盛出。
4. 餘油繼續燒熱，加入蒜白和欖菜炒香，再下豆腐乾和調味料炒勻，加入蒜青和麻油略拌，即可。

炒腐竹

材料

腐皮3張，欖仁2湯匙，無糖豆漿80毫升

調味料

鹽½茶匙，生粉1湯匙，麻油、胡椒粉各少許

做法

1. 腐皮洗淨，用滾水浸至軟爛，瀝乾水分。
2. 欖仁用熱水浸約10分鐘，盛起，瀝乾水分，下油鑊炸至香脆。
3. 將豆漿、調味料和腐皮拌勻。
4. 燒熱油鑊，倒入腐皮豆漿炒勻，灑上欖仁即可。

雞片炒百頁豆腐

材料

百頁豆腐2件，雞胸肉150克，荷蘭豆60克，金華火腿2片

醃料

鹽¼茶匙，米酒1茶匙，生粉¼茶匙

調味料

鹽、糖各¼茶匙，生抽½湯匙

做法

1. 雞胸肉洗淨，切片，加醃料拌勻。
2. 百頁豆腐洗淨，切塊；荷蘭豆洗淨，撕去老筋；金華火腿切茸。
3. 燒熱油鑊，放入雞片炒至半熟，盛出。
4. 餘油繼續燒熱，放入百頁豆腐和荷蘭豆炒熟，加入調味料炒至入味，加雞片和火腿茸炒勻，即可。

咖喱豆腐

材料

豆腐2塊，石斑肉200克，葱粒1茶匙，咖喱粉1湯匙，鹽2茶匙

醃料

生粉¼湯匙，鹽1茶匙，米酒1湯匙

做法

1. 豆腐洗淨，切塊；石斑肉洗淨，切片，加醃料拌勻。
2. 燒熱油鑊，放入魚肉炒熟，盛出。
3. 鑊中加入鹽、咖喱粉爆香，下豆腐煮熟，加入石斑肉拌勻，灑上葱粒即可。

蜜桃炒雞柳

材　料： 雞柳160克，罐裝蜜桃1罐，紅辣椒碎1茶匙，葱段1湯匙，薑3片，蒜茸1茶匙

醃　料： 鹽¼茶匙，酒2茶匙，油1茶匙，蛋白1隻，胡椒粉少許，生粉2湯匙，水3湯匙

汁　料： 檸檬汁1湯匙，罐頭蜜桃汁½罐

做　法： 1. 雞柳洗淨，除筋，切長條，加醃料拌勻；蜜桃瀝乾汁液。
　　　　 2. 燒熱油，爆香紅辣椒碎、葱段、薑片及蒜茸，下雞柳炒熟，盛起。
　　　　 3. 燒熱油鑊，下蜜桃略炒，加入汁料，雞柳回鑊，煮滾，即可。

☆☆☆　★★★☆　★★★☆
餐桌指數　烹飪難度　營養搭配

香芒炒雞柳

材料
雞肉240克，芒果1個，西芹80克，紅辣椒
1隻

醃料
鹽、糖各¼茶匙，生粉½茶匙，胡椒粉、麻
油各少許

調味料
鹽、糖各½茶匙，米酒1茶匙，胡椒粉、麻
油各少許

芡汁料
生粉½茶匙，水2湯匙

做法
1. 雞肉洗淨，切粗條，用醃料醃15分鐘。
2. 芒果去皮、去核，切粗條；西芹撕去
   筋，切粗條；紅辣椒切絲。
3. 雞肉泡嫩油，瀝乾油分。
4. 熱鑊下油，爆香紅辣椒絲，放入西芹、
   香芒略炒，雞肉回鑊，下調味料，快手
   炒勻，勾芡，上碟。

雜果炒雞柳

材料
雞柳200克，車厘子6粒，奇異果1個，芝麻
2湯匙，花椒½茶匙，酒1茶匙

醃料
鹽¼茶匙，咖喱粉1茶匙，黃薑粉¼茶匙，薑
汁酒1茶匙，油1茶匙，麻油、胡椒粉少許

調味料
糖½茶匙，水1湯匙

做法
1. 雞柳洗淨，切粗條，加醃料醃½小時，
   泡油，瀝乾油分。
2. 車厘子洗淨，開邊去核；奇異果去皮，
   切塊。
3. 芝麻白鑊炒香；花椒略壓碎。
4. 燒紅鑊，下油炒香花椒碎，雞柳回鑊
   炒透，潷酒，下調味料煮滾，加入車
   厘子、奇異果，快手炒勻，灑上芝麻
   即成。

西芹雞柳

材料
西芹250克，雞柳300克，紅蘿蔔絲1湯匙

醃料
鹽¼茶匙，生粉1茶匙，胡椒粉少許

調味料
生抽1茶匙，糖¼茶匙，生粉1茶匙，水1湯匙

做法
1. 西芹洗淨，撕去老筋，切段。
2. 雞柳洗淨，切段，加醃料略醃。
3. 熱鑊下油，將雞柳泡油，盛起。
4. 燒紅鑊，下油爆香紅蘿蔔絲，下西芹
   炒熟，將雞柳回鑊，加入調味料，炒
   勻即成。

滑溜青瓜雞片

材料
雞胸肉250克，青瓜80克，葱段1湯匙，蒜
片1茶匙，米酒1茶匙

醃料
鹽½茶匙，蛋白1隻，生粉½茶匙，水1湯匙

芡汁料
鹽½茶匙，麻油、薑汁各1茶匙，上湯2湯
匙，生粉½茶匙，水2湯匙

做法
1. 青瓜洗淨，切片。
2. 雞胸肉洗淨，切片，加醃料拌勻，泡
   油，盛起。
3. 燒熱油，爆香葱段、蒜片，潷米酒，放
   入青瓜片略炒，再放入雞片，下芡汁煮
   滾，即可。

菜心炒雞肉

材料
菜心400克，雞肉300克，蒜頭1粒，薑片，
葱段各1湯匙，米酒½茶匙

調味料
蠔油1茶匙，生抽½茶匙，油½茶匙，麻油、
胡椒粉少許

芡汁料
生粉½茶匙，水2湯匙

做法
1. 菜心洗淨，切段；蒜頭略拍。
2. 雞肉洗淨，切片，加入醃料拌勻，汆
   水，瀝乾水分。
3. 燒鑊下油，爆香蒜頭、薑片、葱段，加
   入菜心炒勻，下雞肉，濆酒，下調味
   料，勾芡即可。

怪味雞絲

材料
雞腿肉640克（去皮），薑6片，葱段、葱
絲各1湯匙，薑茸、蒜茸各1茶匙，紅辣椒絲
1茶匙，炒香芝麻2茶匙

調味料
上湯2湯匙，鹽½茶匙，生抽1茶匙，糖¼茶
匙，醋½茶匙，辣椒油½茶匙，麻油少許

做法
1. 鑊內注入適量水，加薑片、葱段煮滾，
   下雞腿肉煮熟，盛起，待涼後撕成幼
   絲，放於碟中。
2. 熱鑊下油，爆香薑茸、蒜茸，下調味料
   煮滾，加入葱絲、紅辣椒絲，撒上炒香
   芝麻，拌勻，淋在雞絲上即成。

宮保雞丁

材料
雞胸肉250克，熟花生2湯匙，青甜椒½隻，
葱粒、薑茸、紅辣椒碎各1湯匙，米酒1茶匙

醃料
鹽½茶匙，米酒½茶匙，雞蛋1隻，生粉1
茶匙

調味料
上湯2湯匙，生抽½茶匙，糖¼茶匙，鹽½茶
匙，辣椒油½茶匙

芡汁料
生粉½茶匙，水2湯匙

做法
1. 雞胸肉洗淨，切小粒，以醃料拌勻，泡
   油，盛起。
2. 熟花生下油鑊炸脆，盛起，瀝油。
3. 青甜椒洗淨，去籽，切角。
4. 燒鑊下油，爆香葱粒、薑茸、紅辣椒
   碎，下青椒略炒，濆米酒，下雞粒和花
   生，下調味料拌勻，勾芡，即可。

花生碎炒雞粒

材料
雞胸肉250克，炸花生50克，紅辣椒茸1湯
匙，蒜茸、薑茸、葱粒各1湯匙

醃料
鹽¼茶匙，生粉1茶匙，蛋白1隻

芡汁料
鹽¼茶匙，白醋½茶匙，生抽½茶匙，生粉1
茶匙，上湯2湯匙，油½茶匙，糖¼茶匙

做法
1. 炸花生去皮，壓碎。
2. 雞胸肉洗淨，切粒，加醃料拌勻。
3. 熱鑊下油，放入雞粒炒至變色，再加入
   紅辣椒茸、薑茸、蒜茸炒香，淋入芡
   汁，撒上葱粒、花生碎，炒勻即可。

斤兩換算（約數）：1斤=600克　15兩=570克　14兩=530克　13兩=490克　12兩=450克　11兩=420克　10兩=380克　9兩=340克

雙色炒雞粒

材料
雞胸肉200克,炸腰果100克,青甜椒½個,紅蘿蔔各½條,紅辣椒絲1茶匙,葱茸、葱段各1湯匙

醃料
生抽¼茶匙,生粉1茶匙

調味料
生粉1湯匙,生抽1茶匙,鹽½茶匙,米酒1茶匙,糖¼茶匙

做法
1. 紅蘿蔔去皮,洗淨;青甜椒洗淨,去籽,切粒。
2. 雞胸肉洗淨,切粒,加醃料拌勻。
3. 燒熱油鑊,爆香葱茸,紅辣椒絲,加入雞肉炒至半熟,再加入紅蘿蔔、青甜椒炒熟,下調味料,最後加入腰果炒勻,即可。

核桃雞丁

材料
核桃肉240克,雞肉500克,唐芹1棵,西芹160克,蒜茸1茶匙,薑2片,米酒1湯匙

醃料
生抽¼茶匙,生粉1茶匙,水2茶匙

調味料
鹽½茶匙,魚露½茶匙,糖¼茶匙,生粉½茶匙,水2湯匙

做法
1. 雞肉洗淨,切粒,加醃料拌勻。下油鑊泡熟,盛起,瀝油。
2. 西芹洗淨,切角;唐芹洗淨,切短段。
3. 核桃肉先用鹽水汆水,再用清水汆水,入油中慢火炸至香脆。
4. 燒熱油鑊,爆香蒜茸,再加薑片和唐芹、西芹炒透後,雞粒回鑊炒片刻,灒米酒,下調味料炒至汁液漸收,加入核桃肉拌勻即成。

辣子雞丁

材料
雞胸肉250克,紅辣椒乾50克,葱粒、薑茸各1茶匙,米酒1茶匙

醃料
米酒1茶匙,生抽¼茶匙,生粉1茶匙,水2茶匙

調味料
上湯1湯匙,生抽1茶匙,糖¼茶匙,鹽½茶匙,生粉1茶匙

做法
1. 雞胸肉洗淨,切粒,加醃料拌勻,下油鑊泡熟,盛起,瀝油。
2. 紅辣椒乾去蒂和籽,洗淨,用溫水泡至軟身,切成小方塊。
3. 燒熱油鑊,爆香葱粒、薑茸、辣椒乾,灒米酒,加入調味料,雞粒回鑊,炒勻,勾芡,即可。

九層塔青椒炒雞茸

材料
雞胸肉200克,青甜椒1隻,蒜茸1茶匙,紅辣椒茸1茶匙,九層塔30克,薑2片

醃料
米酒1茶匙,生抽¼茶匙,生粉1茶匙,水2茶匙

調味料
糖¼茶匙,鹽、米酒各1茶匙,沙茶醬1湯匙

做法
1. 雞胸肉洗淨,切粒,加醃料拌勻,下油鑊泡熟,盛起,瀝油。
2. 青甜椒去蒂和籽,切長條。
3. 九層塔洗淨,取葉備用。
4. 燒熱油鑊,爆香蒜茸、紅辣椒茸,放入雞粒炒至七分熟,再加入青甜椒、九層塔、薑片和調味料炒勻,即可。

金針草菇雞翼

材料

雞全翼3隻，金針20克，草菇240克，薑2片，蒜片1茶匙，薑汁酒1湯匙，葱段1湯匙，水¼杯

醃料

生抽1茶匙，蠔油1湯匙，糖¼茶匙，鹽½茶匙，生粉1茶匙，麻油、胡椒粉各少許

調味料

蠔油1湯匙，生抽½茶匙，糖¼茶匙，生粉1茶匙，水6湯匙，麻油、胡椒粉各少許

做法

1. 雞全翼洗淨，斬件，用醃料拌醃½小時。
2. 金針浸透，剪去硬部，打結。
3. 草菇洗淨，在頂部剠十字，汆水，過冷河，瀝乾水分。
4. 燒熱油鑊，爆香薑片和蒜片，下草菇略炒，潷薑汁酒，再加入金針和雞件炒透，加水蓋上蓋以中火焗煮一會，下調味料炒勻，下葱段，上碟。

鮮果炒雞肉

材料

雞肉150克，菠蘿、草莓、蜜瓜、蘋果各40克，薑2片，葱段1湯匙

醃料

鹽、糖各¼茶匙，米酒、生粉各1茶匙

芡汁料

生抽、蠔油各½湯匙，生粉1湯匙，清水3湯匙，麻油1茶匙

做法

1. 鮮果洗淨，分別切粒，浸於鹽水中，汆水，瀝乾水分。
2. 雞肉切粒，用醃料醃10分鐘，用嫩油泡熟。
3. 鑊燒熱，爆香薑片、葱段，放入雞肉、鮮果略炒，勾芡，即可。

荔芋子雞煲

材料

荔浦芋½個，雞腿2隻，椰汁1小罐，淡奶2湯匙，上湯、水各1杯，生粉2茶匙，薑3片

調味料

鹽½茶匙，糖¼茶匙，胡椒粉、麻油各少許

做法

1. 荔浦芋去皮，洗淨，切小方塊，燒熱鑊，以猛油炸至硬身，盛起，浸冷水中。
2. 雞腿斬件，撲上生粉，泡油至熟，盛起。
3. 鑊燒熱，爆香薑片，放入雞肉略炒，加入上湯、清水和調味料，與芋頭一起放入砂鍋內。
4. 煮滾後，改慢火燜至芋頭軟爛時，轉慢火，加入椰汁和淡奶煮滾即成。

啫啫炒滑雞煲

材料
雞½隻，洋葱¼個，乾葱頭4粒，蒜頭2粒，薑2片，芫荽1棵，葱1條，薑汁酒1湯匙

醃料
鹽½茶匙，糖¼茶匙，米酒1茶匙，胡椒粉、麻油各少許

調味料
蠔油1湯匙，生抽、磨豉醬各½湯匙，老抽、米酒各1茶匙，糖¼茶匙

做法
1. 雞洗淨，斬件，下醃料醃15分鐘後炸香。
2. 洋葱、乾葱頭切碎；蒜頭切片；芫荽切碎；葱切段。
3. 將砂鍋燒熱，下油爆香薑、蒜片、洋葱、乾葱頭，再放下雞件同爆炒，灒薑汁酒，再加調味料，轉慢火煮約10分鐘，放入葱段、芫荽碎，即可。

葱油淮鹽雞腿

材料
雞腿2隻，淮鹽1茶匙

調味料
葱5棵（切段），薑3片，米酒、鹽各3湯匙，甘草1片

配料
葱段、紅葱頭茸各1湯匙，薑茸1茶匙，八角2粒

做法
1. 雞腿洗淨，用刀剬開，煮滾一鑊水，加入調味料，蓋上以中小火煮10分鐘，熄火待涼。
2. 將微溫的雞腿去骨，切塊。
3. 鑊燒熱，以中小火炒香配料，棄去渣，再加入淮鹽拌勻，即成葱油，下雞腿塊拌勻，即可。

青蒜炒雞胗

材料
雞胗350克，青蒜200克，紅辣椒絲、薑絲、蒜粒各1茶匙

醃料
鹽½茶匙，生抽½茶匙，米酒½茶匙，麻油少許，生粉½茶匙，水1湯匙

調味料
鹽½茶匙，米酒1茶匙

做法
1. 雞胗洗淨，切片，下醃料拌勻，泡嫩油，瀝乾油分。
2. 青蒜洗淨，斜切成長條。
3. 鑊內留少許油，爆香蒜粒、薑絲、紅辣椒絲，再加入青蒜和雞胗，加調味料用猛火爆炒至熟，即可。

菠蘿炒胗球

材料
雞胗6個，菠蘿⅓個，青甜椒1隻，葱段2湯匙

醃料
薑汁酒1茶匙，米酒½茶匙，麻油少許

調味料
糖¼茶匙，茄汁2茶匙，水1湯匙，鹽½茶匙，生粉1茶匙.

做法
1. 菠蘿洗淨，去皮，切塊；青甜椒洗淨，切角。
2. 雞胗洗淨，切花，下醃料拌勻。泡嫩油，瀝乾油分。
3. 燒熱油鑊，爆香葱段，下菠蘿、青甜椒和雞胗略炒，再加入調味料拌勻即可。

炒

京葱爆鴨塊

材料

鴨肉300克，京葱100克

調味料

油½茶匙，生抽1茶匙，鹽½茶匙，糖¼茶匙，生粉1茶匙，米酒1茶匙，麻油適量，水1杯

芡汁料

生粉1湯匙，上湯3湯匙，麻油1茶匙

做法

1. 鴨肉洗淨，切塊；京葱洗淨，切段。
2. 燒熱油鑊，放入京葱段炸成金黃色，盛起，瀝油。
3. 鑊內留底油，先放鴨塊炒香，再放入調味料略煮，用慢火煮15分鐘，加入京葱段，勾芡，即可。

黑椒荷芹油鴨鬆

材料

臘鴨腿1隻，荷蘭豆80克，唐芹1棵，馬蹄3粒，冬菇3朵（浸軟），蒜茸1茶匙，黑椒碎1茶匙

調味料

生抽½茶匙，蠔油1茶匙，糖¼茶匙，生粉1茶匙，上湯4湯匙

做法

1. 臘鴨腿洗淨，汆水後蒸熟，起皮去骨，肉切幼粒。
2. 荷蘭豆撕去老筋，洗淨，切粒；唐芹洗淨，切粒。
3. 馬蹄去皮、冬菇去蒂，洗淨，同切粒。
4. 燒熱油鑊，爆香蒜茸和黑椒碎，下所有材料爆香，潢酒，下調味料拌勻，上碟。

雪菜燒鴨

材料

光鴨350克

醃料

蛋白2隻，雪菜茸2湯匙，葱絲，薑絲各1湯匙

調味料

鹽½茶匙，米酒1茶匙，油½茶匙，麵粉1茶匙，胡椒粉少許

做法

1. 光鴨洗淨，下水中煮熟，盛起，待涼拆去骨，皮朝下放在碟上。
2. 光鴨以醃料醃5分鐘，燒熱油鑊，炒熟，下調味料拌勻，切塊即可。

斤兩換算（約數）：1斤＝600克　15兩＝570克　14兩＝530克　13兩＝490克　12兩＝450克　11兩＝420克　10兩＝380克　9兩＝340克

荷蘭豆炒油鴨片

材料

荷蘭豆200克，油鴨腿2隻，唐芹（切段）160克，蒜茸1茶匙，薑片4片，酒1茶匙

芡汁料

上湯3湯匙，糖¼茶匙，鹽½茶匙，生粉¼茶匙

做法

1. 荷蘭豆洗淨，去掉頭尾，撕去老筋。
2. 油鴨腿洗淨，放在溫水中浸約15分鐘，瀝乾水分，蒸約10分鐘，瀝油，待涼後去皮，起骨，切成薄片。
3. 燒熱鑊，爆香蒜茸、薑片，再放入荷蘭豆和唐芹段，加水2湯匙，加蓋煮滾，灒酒，放入鴨片和芡汁料，拌勻即可。

鴨鬆生菜包

材料

西生菜葉12小片，燒鴨1杯，菠蘿¼杯，馬蹄肉¼杯，冬菇4朵（浸軟），葱粒1湯匙，芫荽碎1湯匙，薑茸1茶匙，乾葱碎1茶匙，海鮮醬適量

芡汁料

蠔油1湯匙，米酒1茶匙，生粉½茶匙，水⅓杯

做法

1. 生菜葉修剪成圓形。
2. 燒鴨、菠蘿、馬蹄肉分別切粒；冬菇去蒂，切粒。
3. 燒熱油鑊，爆香乾葱粒，下鴨肉略炒，再加入冬菇、薑茸、菠蘿、馬蹄、芫荽和葱粒炒勻，勾芡。
4. 每片生菜抹上海鮮醬，放上鴨鬆材料，包好，即可。

芥末鴨掌

材料

鴨掌300克，葱段、薑片各1湯匙，冷開水1000毫升

調味料

芥末2茶匙，鹽½茶匙，白醋½茶匙，麻油少許

做法

1. 鴨掌洗淨，汆水，過冷河。
2. 煮滾適量水，下葱段、薑片，滾後撇去浮沫，放入鴨掌，轉慢火煮約½小時，撈出，用冷水浸涼，拆去骨頭，用冷開水沖洗3次，瀝乾水分。
3. 起油鑊，下鴨掌略炒，加調味料拌勻即成。

椒鹽鴨胗

材　料：鴨胗300克

醃　料：米酒½茶匙，生抽½茶匙，花椒粉¼茶匙，薑茸、葱茸各1茶匙

蘸　料：茄汁1茶匙，椒鹽½茶匙

做　法：
1. 鴨胗洗淨，用刀刮淨，剞成菊花形，加醃料拌醃10分鐘。泡嫩油，盛起，瀝乾油分。
2. 燒熱油鑊，下鴨胗炒至金黃，以茄汁和椒鹽伴食即可。

餐桌指數　烹飪難度　營養搭配

豉椒炒鵝腸

材料

鵝腸400克，青、紅甜椒各1隻，乾辣椒粒、薑茸、蒜茸、葱粒各½茶匙，粗鹽適量

調味料

米酒1茶匙，鹽½茶匙，糖¼茶匙，麻油適量

做法

1. 鵝腸以粗鹽搓洗淨，汆水。
2. 青、紅甜椒洗淨，切角。
3. 熱鑊下油，爆香薑茸、蒜茸，放入青、紅甜椒略炒，再倒入鵝腸，下調味料炒勻，下乾辣椒粒炒勻，即可。

賽螃蟹

材料

蛋白8隻，葱茸、薑茸各1茶匙

調味料

香醋1湯匙，米酒1茶匙，鹽1茶匙

做法

1. 蛋白加少許鹽打勻。
2. 燒熱油鑊，爆香葱茸、薑茸，放米酒、香醋，轉中火，倒入蛋白拌炒勻，即成。

金銀蛋莧菜

材料

莧菜450克，鹹蛋1隻，皮蛋2隻，蒜頭8粒，上湯1杯

調味料

生抽1茶匙，糖¼茶匙，胡椒粉少許

芡汁料

生粉½茶匙，水2湯匙

做法

1. 莧菜摘去老段，洗淨。
2. 皮蛋洗淨，去殼切小塊；鹹蛋洗淨，焙熟，去殼切小塊。
3. 燒熱油鑊，爆香蒜頭至金黃，下莧菜炒片刻，注入上湯，加入調味料、鹹蛋、皮蛋煮至菜熟，勾芡即可。

油條炒蛋

材料

油條1根，雞蛋4隻，蝦米、葱粒各1湯匙

調味料

鹽½茶匙

做法

1. 油條切圈；蝦米以水浸一會，切茸。
2. 雞蛋打勻，下鹽調味，加入蝦米、葱粒拌勻。
3. 燒熱油鑊，下油條圈炒至香脆，倒入蛋液，炒勻即成。

涼瓜蝦仁炒蛋

材料
> 雞蛋4隻,涼瓜2個,蝦仁160克,蒜茸1茶匙

調味料
> 鹽½茶匙

做法
1. 涼瓜洗淨,去瓤,切薄片,汆水,瀝乾水分。
2. 蝦仁洗淨,汆水,瀝乾水分;雞蛋打勻。
3. 燒熱油鑊,爆香蒜茸,將涼瓜、蝦仁炒勻,下鹽調味,倒入蛋液,炒勻即可。

番茄炒雞蛋

材料
> 番茄200克,雞蛋4隻

調味料
> 鹽½茶匙,糖¼茶匙

做法
1. 番茄洗淨,切片。
2. 雞蛋打勻,下鹽調味。
3. 燒熱油鑊,加入番茄片略炒,倒入蛋液,下調味料,炒勻即可。

生菜炒雞蛋

材料
> 生菜200克,雞蛋4隻,紅蘿蔔絲2湯匙,蔥絲1湯匙

調味料
> 鹽½茶匙

做法
1. 生菜洗淨,切絲。
2. 雞蛋打勻,下鹽調味。
3. 燒熱油鑊,爆香蔥絲,下生菜絲和紅蘿蔔絲炒勻,倒入蛋液,下調味料,炒勻即可。

粟米雞肉炒鵪鶉蛋

材料
> 粟米粒160克,鵪鶉蛋6隻,免治雞肉80克,薑茸、蒜茸各1茶匙

醃料
> 生抽½茶匙,糖¼茶匙,油½茶匙

做法
1. 免治雞肉用醃料拌勻;粟米粒洗淨,瀝乾水分。
2. 鵪鶉蛋焓熟,去殼。
3. 起油鑊,爆香蒜茸、薑茸,下雞肉炒至熟透,加入粟米粒拌勻,將鵪鶉蛋回鑊拌勻,上碟。

炒

斤兩換算(約數):1斤=600克　15兩=570克　14兩=530克　13兩=490克　12兩=450克　11兩=420克　10兩=380克　9兩=340克

椒絲腐乳通菜

材料
通菜500克，腐乳2件，紅辣椒絲1湯匙，蒜茸1茶匙

調味料
鹽½茶匙

做法
1. 通菜摘去老段，洗淨。
2. 起油鑊，爆香蒜茸、腐乳，下通菜略炒，加入調味料和紅辣椒絲拌勻即可。

筍片炒小棠菜

材料
小棠菜480克，筍片60克，薑茸1茶匙

調味料
鹽½茶匙，糖¼茶匙，米酒1茶匙，上湯½杯

芡汁料
生粉½茶匙，水2湯匙

做法
1. 小棠菜洗淨，瀝乾水分。
2. 筍片汆水，瀝乾水分。
3. 燒熱鑊，下油爆香薑茸，放入小棠菜、筍片略炒，下調味料煮滾，勾芡，上碟。

瑤柱炒三色蘿蔔

材料
紅蘿蔔120克，白蘿蔔120克，青蘿蔔80克，瑤柱4粒，薑2片

調味料
生抽½茶匙，鹽¼茶匙，糖¼茶匙，生粉1茶匙，水4湯匙，胡椒粉、麻油各少許

做法
1. 紅、白、青蘿蔔去皮，洗淨切粒。
2. 瑤柱浸軟，隔水蒸½小時，撕成絲。
3. 熱鑊下油，爆香薑片，下三種蘿蔔炒勻，加2湯匙滾水加蓋煮至蘿蔔軟身，下瑤柱和調味料炒勻即成。

櫻桃蘿蔔

材料
紅蘿蔔300克

粉漿
雞蛋1隻，麵粉1湯匙，生粉1湯匙，水2湯匙

汁料
糖½茶匙，生抽1茶匙，醋½茶匙，茄汁1湯匙，鹽½茶匙，上湯50毫升，生粉½茶匙，水2湯匙

做法
1. 紅蘿蔔去皮，切粒，汆水，瀝乾水分。
2. 拌勻粉漿，拌入紅蘿蔔粒。
3. 熱鑊下油，把漿好的蘿蔔粒炸至金黃，盛起，瀝油。
4. 鑊留底油，倒入汁料，放入蘿蔔粒炒勻，拌勻即成。

欖菜炒豆角

材料
蝦米10克，免治豬肉120克，豆角300克，欖菜1茶匙，薑茸、蒜茸各1茶匙

調味料
生抽1湯匙，上湯¼杯，鹽¼茶匙

做法
1. 蝦米泡在溫水裏15分鐘，盛起，瀝乾水分。
2. 豆角洗淨，撕去老筋，切成小段。
3. 燒熱油鑊，下豆角泡油，盛起，瀝乾油分。
4. 再把油燒熱，爆香薑茸和蒜茸，放入蝦米、免治豬肉和欖菜略炒，加入調味料和豆角煮滾即成。

炒

乾煸豆角

材料
豆角600克，梅頭豬肉120克，蒜頭1粒

醃料
生抽½茶匙，糖¼茶匙，生粉1茶匙，油½茶匙

調味料
豆瓣醬1湯匙，生抽½茶匙，老抽½茶匙，糖¼茶匙，水1湯匙，生粉½茶匙

做法
1. 豆角洗淨，撕去老筋，切段，泡油，盛起。
2. 梅頭肉剁碎，加入醃料醃片刻。
3. 燒熱油鑊，爆香蒜頭，加入梅頭肉炒熟，再加入所有調味料和豆角拌勻，煮至汁料收乾即可。

竹筍雪菜炒豆角

材料
豆角160克，雪菜¼杯，筍肉¼杯，薑茸1茶匙，蒜茸1茶匙

醃料
鹽½茶匙，糖¼茶匙

芡汁料
水4湯匙，生抽1茶匙，麻油½茶匙，糖¼茶匙，生粉1茶匙

做法
1. 豆角洗淨，撕去老筋，切段。
2. 筍肉洗淨，切幼條；豆角和筍肉放入加了鹽和糖的滾水中汆水，瀝乾水分。
3. 雪菜沖洗和放清水中浸數分鐘，榨乾後切碎，拌入醃料醃5分鐘。
4. 燒熱油鑊，爆香薑茸和蒜茸，加豆角、筍肉和雪菜炒勻，勾芡拌勻即成。

斤兩換算（約數）：1斤＝600克　15兩＝570克　14兩＝530克　13兩＝490克　12兩＝450克　11兩＝420克　10兩＝380克　9兩＝340克

椒絲腐乳西蘭花

材料

西蘭花600克，腐乳4塊，紅辣椒絲、薑絲各1茶匙，米酒1茶匙，蒜頭1粒（略拍）

芡汁料

生粉1茶匙，水4湯匙

做法

1. 西蘭花洗淨，切小朵，汆水，瀝乾水分。
2. 燒熱油，爆香蒜頭，下西蘭花炒片刻，盛起，瀝乾油分，蒜頭棄去。
3. 燒紅鑊，下油爆香薑絲、米酒，加入腐乳和紅辣椒絲炒香，即下西蘭花炒勻，勾芡，上碟。

蒜茸豆豉炒涼瓜

材料

涼瓜480克，紅辣椒絲1茶匙，蒜茸、豆豉各2茶匙，薑茸1茶匙，葱粒1湯匙，磨豉醬½茶匙，豆瓣醬¼茶匙

調味料

水3湯匙，麻油、生粉各½茶匙，生抽½湯匙，糖1茶匙

做法

1. 涼瓜洗淨，開邊，去瓢，切薄片，用少許鹽略醃。汆水，瀝乾水分。
2. 燒熱油鑊，爆香蒜茸、豆豉，加入其餘材料，與涼瓜同炒勻，加調味料炒勻即成。

本菇燒汁燴南瓜

材料

南瓜320克，本菇120克，薑4片，葱段1湯匙

芡汁料

燒鰻魚汁2湯匙，水2湯匙，生抽1茶匙，生粉½茶匙，麻油少許

做法

1. 本菇切去根部，洗淨，瀝乾水分。
2. 南瓜去皮和去瓢，沖淨後切件。
3. 燒熱油，爆香薑2片，下南瓜片略炒，盛起。
4. 再燒熱油，爆香其餘薑片和葱段，加本菇略炒，將南瓜片回鑊，勾芡拌勻即成。

粟米粒炒番薯

材料

粟米粒100克，番薯150克，青甜椒½隻

調味料

鹽1茶匙，上湯1湯匙，麻油、胡椒粉少許

芡汁料

生粉1茶匙，水2湯匙

做法

1. 番薯去皮，切幼粒；青甜椒洗淨，去籽，切幼粒；粟米粒洗淨，汆水。
2. 燒熱油，放入番薯粒炸至金黃，盛起，瀝乾。
3. 留底油，下青甜椒粒和粟米粒略炒，下番薯粒炒勻，加入調味料煮滾，炒勻，勾芡即成。

花椒紅蘿蔔炒薯仔絲

材料

　薯仔400克，紅蘿蔔½條，葱粒、薑絲各1湯匙，花椒1茶匙，

調味料

　酒1湯匙，鹽1茶匙，糖¼茶匙

做法

　1. 薯仔、紅蘿蔔削皮，切幼絲；薯仔絲在冷水中浸泡幾分鐘後瀝乾水分。
　2. 燒熱油鑊，爆香薑絲，加入薯仔絲、紅蘿蔔絲炒透後下花椒、調味料煮滾，撒上葱粒即可。

葱油銀芽炒薯仔絲

材料

　薯仔200克，銀芽160克，紅辣椒絲、葱粒各1湯匙

調味料

　鹽¼茶匙，白醋½茶匙

做法

　1. 薯仔去皮，切幼絲，在冷水中浸泡幾分鐘後瀝乾水分。
　2. 銀芽洗淨，瀝乾水分。
　3. 燒熱鑊下油，爆香葱粒，下薯仔絲、紅辣椒絲和銀芽炒勻，下調味料拌勻，上碟。

薑絲炒龍鬚菜

材料

　龍鬚菜500克，鮮冬菇2朵，肉絲60克，紅蘿蔔絲1湯匙，薑絲、蒜茸各1湯匙

調味料

　鹽½茶匙，生抽1茶匙，米酒1茶匙，黑醋2茶匙，糖¼茶匙

做法

　1. 龍鬚菜挑取嫩的部分後洗淨，瀝乾水分，汆水，以冷水浸泡後瀝乾水分。
　2. 鮮冬菇洗淨，切絲。
　3. 燒熱油鑊，爆香蒜茸、薑絲、鮮冬菇絲，放入肉絲、紅蘿蔔絲，炒至肉絲變白，加入龍鬚菜和調味料炒勻，即可。

沙茶醬炒茼蒿

材料

　茼蒿600克，蒜茸、薑茸、辣椒茸各1湯匙

調味料

　沙茶醬2湯匙，老抽膏1茶匙，米酒1茶匙，糖¼茶匙，水50毫升

芡汁料

　生粉1茶匙，水2湯匙

做法

　1. 茼蒿洗淨，瀝乾水分。
　2. 燒熱油鑊，爆香蒜茸、薑茸、辣椒茸，下茼蒿，加水炒勻，加入調味料煮滾，勾薄芡，即可。

珊瑚白菜

材料
　　白菜心300克，冬菇6朵（浸軟），冬筍50克，紅甜椒3隻，葱絲、薑絲各1湯匙

調味料
　　鹽¼茶匙，生抽2茶匙，醋1茶匙，米酒½茶匙，糖½茶匙，水75毫升

做法
1. 白菜心洗淨，切段，汆水，排放碟上。
2. 冬筍、冬菇、紅甜椒切絲。
3. 燒熱油鑊，爆香甜椒
絲、葱絲、薑絲，
下冬菇絲、冬筍
絲略炒，再加調
味料煮滾，澆在白
菜心上即成。

三絲炒白菜

材料
　　白菜梗200克，冬菇、帶子、豬肉各50克，薑絲1湯匙

醃料
　　鹽¼茶匙，糖¼茶匙，生粉1茶匙，麻油少許

調味料
　　鹽¼茶匙，上湯50毫升，麻油少許

芡汁料
　　生粉1茶匙，水2湯匙

做法
1. 白菜梗、冬菇、帶子、豬肉均切幼絲。
2. 豬肉絲以醃料拌勻，泡油，瀝乾油分。
3. 燒熱油鑊，爆香薑絲，下白菜略炒，加
蓋略煮，加冬菇絲、帶子絲、豬肉絲，
下調味料煮滾，勾芡，即成。

牛油椰菜

材料
　　椰菜300克，紅蘿蔔½條，番茄2個，牛油30克，蒜茸1茶匙

調味料
　　鹽¼茶匙，上湯500毫升

芡汁料
　　生粉1茶匙，水2湯匙

做法
1. 椰菜、紅蘿蔔洗淨，切小塊，汆水至八
成熟撈出，瀝乾水分。
2. 番茄用滾水略燙，去皮後挖籽，切
小塊。
3. 燒熱油鑊，爆香牛油和蒜茸，下椰菜、
紅蘿蔔、番茄略炒，下調味料煮滾，勾
芡，即成。

糖醋椰菜

材　　料：椰菜300克，紅辣椒乾茸、蒜茸、薑茸、紅辣椒茸各1茶匙

調味料：鹽¼茶匙，糖½茶匙，陳醋1茶匙

做　　法：　1. 椰菜洗淨，切塊。

　　　　　　2. 燒熱油鑊，爆香紅辣椒乾茸、紅辣椒茸、蒜茸、薑茸，下椰菜炒至變色，撒少許清水，加蓋煮3分鐘，下調味料炒勻，即成。

☆☆☆☆☆ ☆☆☆☆☆ ☆☆☆☆☆
餐桌指數　　烹飪難度　　營養搭配

蝦米炒菜心

材料
菜心300克，蝦米1湯匙，葱粒、薑絲各1
湯匙

調味料
鹽¼茶匙

做法
1. 菜心洗淨，切段。
2. 蝦米洗淨，以清水略浸，水留用。
3. 燒熱油鑊，爆香葱粒、薑絲，下蝦米略
   炒，放入菜心略炒，倒入泡蝦米的水，
   煮至菜心熟透，下鹽調味即成。

雞油炒豆苗

材料
豆苗350克，雞油1湯匙

調味料
鹽¼茶匙，米酒1茶匙

做法
1. 雞油洗淨，瀝乾。
2. 豆苗摘取幼嫩的部分，洗淨。
3. 燒熱白鑊，爆香雞油，煮至出油，棄去
   雞油渣，下豆苗，加入調味料快炒至
   熟，即可。

淮山杞子炒菠菜

材料
菠菜300克，鮮淮山70克，杞子1茶匙，薑
3片

調味料
鹽½茶匙，糖¼茶匙，水2茶匙

做法
1. 菠菜洗淨，切去根部，切長段。
2. 鮮淮山去皮，切條，泡浸水中；杞子洗
   淨，泡軟，瀝乾水分。
3. 熱油鑊，爆香薑片，加入菠菜、淮山和
   杞子炒至材料軟身，加入所有調味料炒
   勻，即可。

松子菠菜

材料
菠菜300克，松子50克，蒜茸1茶匙

調味料
鹽½茶匙，胡椒粉少許

做法
1. 菠菜洗淨，切去根部，切長段。
2. 燒熱油，爆香蒜茸，用中火炒香松子及
   至金黃，加入菠菜快炒，下調味料炒勻
   即成。

免治雞肉炒莧菜

材料

　　莧菜300克，免治雞肉200克，蒜茸1茶匙

醃料

　　蛋白1隻，上湯50毫升，鹽½茶匙，生粉1茶匙

調味料

　　鹽½茶匙，胡椒粉少許

做法

　　1. 莧菜洗淨，瀝乾水分，切段，汆水，瀝乾水分。
　　2. 免治雞肉下醃料拌勻。
　　3. 油燒熱，爆香蒜茸，下免治雞肉炒至熟，下莧菜段，炒勻即成。

紅蘿蔔金菇炒唐芹

材料

　　嫩唐芹350克，紅蘿蔔絲、金菇各80克，蒜茸1茶匙，花椒½茶匙

調味料

　　米酒1茶匙，生抽½茶匙，鹽½茶匙

做法

　　1. 唐芹去根、去葉洗淨，切段，汆水，瀝乾水分。
　　2. 金菇洗淨，切去根部。
　　3. 燒熱油鑊，爆香蒜茸和花椒，下唐芹、紅蘿蔔絲、金菇快炒，灒米酒，加入生抽、鹽炒勻，上碟。

蝦皮炒韭菜

材料

　　韭菜300克，蝦皮25克，蒜茸1茶匙

調味料

　　鹽½茶匙，生抽1茶匙，米酒1茶匙

做法

　　1. 韭菜洗淨，瀝乾水分，切段。
　　2. 蝦皮洗淨，瀝乾水分。
　　3. 燒熱油鑊，爆香蒜茸和蝦皮，下韭菜炒勻，下調味料炒勻即成。

豆腐乾炒韭菜

材料

　　韭菜200克，豆腐乾200克，蒜茸1茶匙

調味料

　　生抽½茶匙，鹽½茶匙，麻油少許

做法

　　1. 豆腐乾切幼絲。
　　2. 韭菜洗淨，瀝乾，切段。
　　3. 燒熱油鑊，加入豆腐乾絲炒至金黃，盛起。
　　4. 鑊中燒熱餘油，下韭菜略炒，下調味料炒勻，加入豆乾絲，淋麻油，即成。

斤兩換算（約數）：1斤＝600克　15兩＝570克　14兩＝530克　13兩＝490克　12兩＝450克　11兩＝420克　10兩＝380克　9兩＝340克

魚香茭筍

材料

　　茭筍300克，梅香鹹魚10克，紅辣椒茸、葱茸、薑茸各1茶匙，豆瓣醬1茶匙

汁料

　　生抽、醋、米酒、鹽、糖各½茶匙，生粉、辣椒油各1茶匙，上湯50毫升，麻油、胡椒粉各適量

做法

1. 茭筍去皮，去老殼，切片，泡油，瀝乾油分。
2. 鹹魚洗淨，切切粒。
3. 燒熱油鑊，爆香鹹魚粒、葱茸、薑茸和豆瓣醬，再下紅辣椒茸略炒，倒入茭筍片、汁料炒勻，即成。

麻醬茭筍

材料

　　茭筍300克，青、紅甜椒各½隻，蒜茸1茶匙

調味料

　　芝麻醬1湯匙，生抽1茶匙，鹽½茶匙，糖¼茶匙，生粉水、麻油少許，上湯1湯匙

茨汁料

　　生粉1茶匙，水2湯匙

做法

1. 茭筍洗淨，切滾刀塊，泡油，瀝乾油分。
2. 青紅甜椒去籽，切角；芝麻醬用少許溫水調開拌勻。
3. 燒熱油鑊，爆香蒜茸，放入茭筍、青紅甜椒，下調味料炒勻，勾茨，炒勻即成。

剁椒芥蘭

材料

　　芥蘭300克，薑茸、蒜茸、葱茸各1茶匙

調味料

　　辣椒醬1茶匙，鹽½茶匙

做法

1. 芥蘭洗淨，切段，汆水，瀝乾水分。
2. 燒熱油鑊，爆香薑茸、蒜茸、葱茸，下芥蘭炒勻，下調味料炒勻，即成。

芥蘭腰果炒冬菇

材料

　　芥蘭300克，炸脆腰果50克，冬菇10朵（浸軟），紅辣椒茸、蒜片各1茶匙

調味料

　　鹽½茶匙，糖¼茶匙

茨汁料

　　生粉1茶匙，水2湯匙

做法

1. 芥蘭洗淨，切段，汆水，瀝乾水分。
2. 冬菇去蒂。
3. 燒熱油鑊，爆香紅辣椒茸、蒜片，下冬菇和芥蘭炒透，下調味料炒勻，勾茨即成。

三鮮炒竹筍

材料
竹筍300克，魷魚50克，蝦仁50克，蟹柳50克，葱粒、蒜茸各1茶匙

調味料
鹽½茶匙

做法
1. 竹筍洗淨，切菱形片；魷魚洗淨，切花。
2. 蝦仁和蟹柳分別洗淨。
3. 竹筍、魷魚、蝦仁同汆水。
4. 燒熱油鑊，爆香蒜茸、葱粒，倒入魷魚、蝦仁、蟹柳、竹筍，加入調味料炒勻，即成。

麻辣乾筍絲

材料
竹筍200克，辣椒絲、葱絲各1湯匙，麻油2茶匙

調味料
生抽½茶匙，辣椒油1茶匙，花椒粉、鹽各½茶匙

做法
1. 竹筍洗淨，切粗絲，汆水，瀝乾水分。
2. 油鑊燒熱，爆香辣椒絲，放入竹筍絲，淋上麻油，加入調味料、葱絲拌勻，上碟。

醬燒筍

材料
竹筍300克，豆苗250克，水½杯，鹽少許

調味料
甜麵醬1湯匙，生抽1湯匙，糖¼茶匙，酒½湯匙

做法
1. 竹筍洗淨，切片，泡油，瀝乾油分。
2. 油鑊燒熱，下調味料炒香，放入筍片和水，用中火煮至汁液收乾，上碟。
3. 再下油，放進豆苗炒熟，下鹽調味，瀝乾油分，拌在竹筍邊即可。

斤兩換算（約數）：1斤＝600克　15兩＝570克　14兩＝530克　13兩＝490克　12兩＝450克　11兩＝420克　10兩＝380克　9兩＝340克

雪菜炒冬筍

材料
冬筍300克，雪菜150克，薑茸1茶匙

調味料
米酒1茶匙，鹽¼茶匙，糖¼茶匙，水¼杯

芡汁料
生粉1茶匙，水2湯匙

做法
1. 雪菜去根和老葉，切幼粒。
2. 冬筍剝殼，去老筋，切片，汆水，瀝乾水分。
3. 燒熱油鑊，爆香薑茸，下雪菜略炒，放入筍片，下調味料，加鑊蓋煮至筍熟，勾芡即成。

蝦米炒珍珠筍

材料
珍珠筍300克，蝦米30克，薑茸1茶匙，米酒½茶匙，上湯2湯匙，麻油2湯匙

調味料
花椒¼茶匙，鹽¼茶匙

做法
1. 珍珠筍切滾刀塊，汆水，瀝乾水分。
2. 蝦米以清水浸泡，瀝乾水分。
3. 燒熱鑊，下麻油，下花椒炒香，棄去，放入薑茸爆香，灒米酒，放入蝦米、上湯、珍珠筍塊，下調味料拌勻即成。

麻辣藕片

材料
鮮蓮藕400克

調味料
辣椒油1湯匙，乾辣椒碎½茶匙，花椒粒½茶匙，生抽1茶匙，鹽¼茶匙

做法
1. 蓮藕去皮，切薄片，放清水中浸泡10分鐘，瀝乾水分。
2. 燒熱油鑊，下花椒粒、乾辣椒碎爆香，下蓮藕片、鹽、生抽炒至蓮藕熟，淋上辣椒油炒勻即可。

金糕紅蘿蔔

材料
紅蘿蔔250克，蛋黃1隻，青甜椒2隻，山楂糕20克，蒜茸1茶匙，生粉少許

調味料
茄汁1茶匙，白醋、辣椒豉油各½茶匙，鹽、糖各¼茶匙，麻油少許

芡汁料
生粉1茶匙，水2湯匙

做法
1. 紅蘿蔔去皮，切長條，用鹽醃½小時，壓去水分，加入蛋黃拌勻，沾上生粉。
2. 青甜椒去籽，切條；山楂糕切成米粒狀。
3. 燒熱油鑊，下紅蘿蔔條炸至金黃，瀝油。
4. 下油爆香蒜茸，加茄汁炒出紅油，加適量水，下青甜椒、其他調味料、山楂粒，煮滾後勾芡，上碟。

七彩節瓜甫

材料
> 節瓜1條，馬蹄4粒，冬菇4朵（浸軟），紅蘿蔔粒、粟米粒各2湯匙，上湯½杯，薑2片

調味料
> 鹽¼茶匙，糖¼茶匙，蠔油1茶匙，麻油、胡椒粉適量

芡汁料
> 上湯4湯匙，生粉½茶匙

做法
1. 節瓜洗淨，刨皮，開邊去瓤，切塊。
2. 馬蹄去皮，切粒；冬菇去蒂，切粒。
3. 燒熱油鑊，爆香薑片，加入節瓜略炒，注入上湯，煮滾，離火浸泡一會，上碟。
4. 下油爆香冬菇，加入其他材料，下調味料，勾芡，淋於節瓜上，即成。

蠔油蒜香番薯葉

材料
> 嫩番薯葉300克，紅辣椒粒1茶匙，蒜片1湯匙

調味料
> 蠔油1湯匙，米酒½湯匙，糖¼茶匙，水15毫升

芡汁料
> 生粉1茶匙，水2湯匙

做法
1. 番薯葉洗淨，汆水至軟身，瀝乾水分，上碟。
2. 燒熱油鑊，爆香紅辣椒粒、蒜片，加調味料煮滾，勾芡成醬汁，淋在番薯葉上即可。

鹹魚肉粒炒豆芽

材料
> 馬鮫鹹魚粒20克，豬瘦肉粒160克，大豆芽300克，薑茸、蒜茸各1茶匙，米酒½茶匙

醃料
> 鹽¼茶匙，糖¼茶匙，麻油、胡椒粉各適量

調味料
> 蒜茸辣椒醬½茶匙，鮮露1茶匙

做法
1. 豬瘦肉粒下醃料拌勻。
2. 大豆芽菜洗淨，瀝乾水分。
3. 燒熱油鑊，爆香薑茸、蒜茸、鹹魚粒，下豬瘦肉粒炒香，加入大豆芽菜，灒米酒，下調味料快炒，即可。

鹹蛋黃炒粟米

材料
> 鹹蛋黃3隻，粟米粒250克，香蒜炸粉2茶匙

調味料
> 牛油1湯匙

做法
1. 鹹蛋黃蒸熟，壓爛。
2. 粟米粒洗淨，瀝乾水分，撲上香蒜炸粉，放入熱油鑊中炸至香脆，盛起，瀝油。
3. 燒熱鑊，下牛油，將鹹蛋黃和粟米粒炒勻，即可。

五色炒粟米

材料

粟米粒150克，青豆、冬菇（浸軟）、紅椒、冬筍各40克，上湯2湯匙，葱茸、薑茸各1茶匙，米酒1茶匙

調味料

鹽¼茶匙

做法

1. 冬菇、紅椒、冬筍洗淨，切幼粒；粟米粒、青豆洗淨；一同汆水，瀝乾水分。

2. 燒熱油鑊，爆香葱茸、薑茸，灒米酒，注入上湯，下所有材料炒勻，加調味料，煮滾，即可。

蠔皇竹笙

材料

竹笙160克，大白菜膽1個，蝦米1湯匙，上湯2杯，薑片、蒜茸各1茶匙

調味料

鹽¼茶匙，蠔油2茶匙，老抽½茶匙，上湯2湯匙

芡汁料

生粉1茶匙，水2湯匙

做法

1. 白菜膽加1杯上湯，下鹽、蝦米、薑片、蒜茸，用慢火煮透，上碟。

2. 竹笙浸軟，切去頭尾，洗淨，用餘下的上湯煨好，排上碟。

3. 煮滾調味料，勾芡，澆在竹笙上即可。

西芹木耳炒魔芋

材料

西芹200克，木耳100克，魔芋片400克，薑茸1茶匙

調味料

鹽½茶匙，糖¼茶匙，蠔油1茶匙，麻油、胡椒粉各適量，水½杯

作法：

1. 西芹洗淨，撕去老筋，切條。

2. 木耳洗淨，去蒂，切條；魔芋洗淨，切條。

3. 西芹、木耳、魔芋片同汆水，浸泡冷水中待涼。

4. 鑊中下油，爆香薑茸，加調味料煮滾，下西芹、木耳、魔芋片回鑊炒勻即可。

炒

蘆筍炒百合

材　　料： 鮮蘆筍200克，鮮百合180克，紅蘿蔔片2湯匙，上湯¼杯

調味料： 鹽¼茶匙，糖¼茶匙，蠔油½茶匙，麻油、胡椒粉各少許

芡汁料： 生粉½茶匙，水3湯匙

做　　法：
1. 鮮蘆筍切去老硬部分，切段；鮮百合洗淨，切小瓣。
2. 燒熱油鑊，下蘆筍炒至半熟，加入鮮百合、紅蘿蔔片再炒至半熟，注入上湯、調味料，勾芡即成。灑上炸蒜茸即成。

☆☆☆☆☆ 餐桌指數　★★★★☆ 烹飪難度　★★★★☆ 營養搭配

蒜茸炒鮮蘆筍

材料
　　鮮蘆筍300克，蒜茸1湯匙，薑茸1茶匙

調味料
　　鹽½茶匙，糖¼茶匙，麻油、胡椒粉各少許，上湯2湯匙

芡汁料
　　生粉½茶匙，水2湯匙

做法
1. 鮮蘆筍洗淨，切去老硬部分，切段，汆水，瀝乾水分。
2. 燒熱油鑊，爆香蒜茸、薑茸，下蘆筍炒勻，下調味料煮滾，勾薄芡，即可。

豆瓣醬炒冬瓜

材料
　　冬瓜300克，豆瓣醬1湯匙，嫩薑絲2湯匙

調味料
　　鹽½茶匙，糖¼茶匙，麻油、胡椒粉各少許，水1杯

做法
1. 冬瓜去皮和籽，切塊。
2. 燒熱油鑊，爆香薑絲、豆醬，再加入冬瓜，下調味料，加蓋煮至冬瓜腍軟，即可。

豆豉鯪魚炒油麥菜

材料
　　油麥菜500克，豆豉鯪魚1罐，紅甜椒1隻，蒜茸1湯匙

調味料
　　蠔油½茶匙，生抽½茶匙，米酒1茶匙，麻油少許

芡汁料
　　生粉½茶匙，水2湯匙

做法
1. 油麥菜洗淨，切段，瀝乾水分。
2. 紅甜椒洗淨，去籽切件。
3. 燒鑊下油，爆香蒜茸，下豆豉鯪魚、油麥菜炒勻，加調味料，勾芡，即可。

冬菜蝦米炒絲瓜

材料
　　絲瓜2條，冬菜、蝦米各1湯匙，葱粒、蒜茸各1湯匙

調味料
　　鹽½茶匙，糖¼茶匙，麻油少許，水½杯

芡汁料
　　生粉½茶匙，水2湯匙

做法
1. 絲瓜去皮，切滾刀塊。
2. 冬菜、蝦米分別用水浸泡，瀝乾水分。
3. 起油鑊，爆香葱粒、蒜茸，下絲瓜略炒，加入蝦米、冬菜炒一會，加調味料，勾芡，即成。

炒

虎皮青椒

材料
青椒200克，熟油1茶匙

調味料
香醋¼茶匙，糖¼茶匙，生抽½茶匙，米酒1茶匙

做法
1. 青椒洗淨，去蒂和籽，切成兩瓣。
2. 燒熱油鑊，加入青椒，用慢火燒至表皮出現斑點時，再放入熟油翻炒，下調味料，拌勻即可。

雪菜炒紅蘿蔔

材料
雪菜100克，紅蘿蔔250克，蒜茸1茶匙

調味料
鹽½茶匙，生抽½茶匙，糖¼茶匙，麻油、胡椒粉各少許

做法
1. 紅蘿蔔洗淨，去皮，切幼絲。
2. 雪菜以水浸泡，再用水沖去鹹味，切茸。
3. 燒熱油鑊，爆香蒜茸，放入紅蘿蔔絲略炒，加入雪菜茸炒勻，下調味料炒至紅蘿蔔、雪菜熟軟，即成。

雪菜炒豆腐乾

材料
雪菜100克，豆腐乾3片，紅辣椒茸1茶匙，蒜茸1茶匙

調味料
鹽½茶匙，生抽½茶匙，老抽½茶匙，糖¼茶匙，麻油、胡椒粉各少許

做法
1. 雪菜以水浸泡，再用水沖去鹹味，切小段；豆腐乾洗淨，切粒。
2. 起油鑊，爆香蒜茸，下豆腐乾，放入紅辣椒茸和雪菜炒透，下調味料炒至入味即可。

芝麻炒牛蒡絲

材料
牛蒡320克，紅蘿蔔絲100克，紅辣椒粒1茶匙，炒香芝麻1茶匙

調味料
紹酒2茶匙，米酒1茶匙，生抽½茶匙，糖、醋各¼茶匙

做法
1. 牛蒡洗淨，去皮，切幼絲，浸泡在醋水中，沖洗乾淨，瀝乾水分。
2. 燒熱油鑊，下牛蒡絲和紅蘿蔔絲炒勻，加入辣椒粒，下調味料炒勻，直到湯汁收乾，灑上炒香芝麻即可。

金菇扒芥菜膽

材料

芥菜膽400克，金菇200克，薑3片

汁料

上湯200毫升，生抽½湯匙，老抽1茶匙，糖¼茶匙，生粉2茶匙，胡椒粉和麻油少許

做法

1. 洗淨芥菜膽，放滾水中焯熟，上碟。
2. 金菇切去根部，洗淨。
3. 燒熱油鑊，爆香薑片，下金菇略炒，下汁料煮滾，將金菇淋在芥菜膽上，即可。

XO醬爆白靈菇

材料

鮮白靈菇160克，紅、青、黃甜椒各½個，蒜茸1茶匙

調味料

米酒½茶匙，生抽1湯匙，糖¼茶匙，XO醬2湯匙，水2湯匙

芡汁料

生粉½茶匙，水2湯匙

做法

1. 白靈菇洗淨，用鹽水汆水，過冷河，切片。
2. 紅、青、黃甜椒各去籽，洗淨，切條。
3. 起油鑊，爆香蒜茸，放入白靈菇和椒條，下調味料炒勻，勾芡，上碟。

菇粒彩炒

材料

蘑菇160克，西芹80克，辣椒粒1隻量，薑茸½茶匙，蒜茸½茶匙，米酒1茶匙

調味料

鹽¼茶匙，糖¼茶匙，魚露½茶匙，生粉½茶匙，水2湯匙

做法

1. 蘑菇洗淨，切粒；西芹洗淨，切粒。
2. 起油鑊，爆香薑茸、蒜茸和辣椒粒，下蘑菇炒勻，放入西芹，炒至熟透，潷酒，倒入調味料，炒勻，上碟。

紅蘿蔔炒蘑菇

材料

紅蘿蔔250克，蘑菇100克，西蘭花80克，水¼杯

調味料

鹽½茶匙，糖¼茶匙，胡椒粉和麻油少許

做法

1. 紅蘿蔔洗淨，去皮，切成小塊。
2. 蘑菇切片；西蘭花洗淨，切成小粒。
3. 燒熱油鑊，放入蘑菇、紅蘿蔔略炒，加入清水，用中火煮至紅蘿蔔塊軟時，下西蘭花和調味料，煮透即可。

菇粒生菜包

材料

冬菇10朵（浸軟），蘑菇100克，金菇50克，青、紅甜椒各1隻，唐芹1棵，豆瓣醬1茶匙，生菜12片

芡汁料

水50毫升，老抽½湯匙，糖½茶匙，生粉½茶匙

做法

1. 生菜修剪成圓形；冬菇去蒂，切粒。
2. 蘑菇洗淨，切粒；金菇洗淨，切去根部，切短段。
3. 青、紅甜椒和唐芹洗淨，切粒。
4. 燒熱油，爆香豆瓣醬、青紅甜椒和唐芹，加入冬菇、蘑菇，下芡汁，加蓋煮滾，加入金菇炒勻，伴在生菜上，即可。

炒

蒜茸炒雙冬

材料

冬筍240克，冬菇6朵（浸軟），葱2條，生粉1茶匙，上湯2湯匙，米酒1湯匙，蒜茸1茶匙

調味料

鹽、糖各½茶匙，麻油少許

做法

1. 冬菇洗淨，去蒂。
2. 冬筍洗淨，切塊，汆水，瀝乾；葱切段。
3. 燒熱油鑊，爆香葱段、冬菇，灒米酒，加入冬筍，注入上湯和調味料煮滾，勾芡，即可。

菠蘿炒雙菇

材料

鮮草菇160克，鮮蘑菇160克，罐裝菠蘿粒160克，青甜椒½隻，紅甜椒½隻，米酒2茶匙

芡汁料

生抽2茶匙，鹽¼茶匙，糖¼茶匙，白醋2茶匙，生粉1茶匙，水2湯匙

做法

1. 草菇和蘑菇洗淨，用鹽水汆水，過冷河。
2. 青甜椒和紅甜椒洗淨，去籽，切小塊。
3. 起油鑊，爆香青紅甜椒，放入草菇、蘑菇和菠蘿粒炒勻，灒酒，下芡汁料炒勻，即成。

斤兩換算（約數）：1斤＝600克　15兩＝570克　14兩＝530克　13兩＝490克　12兩＝450克　11兩＝420克　10兩＝380克　9兩＝340克

紅燒直菇

材料
鮮直菇160克，火腩（燒腩）160克，紅蘿蔔40克，蒜茸1茶匙，薑2片，葱段2條，水½杯

調味料
生抽1茶匙，生粉½茶匙，水2湯匙，胡椒粉、麻油各少許

做法
1. 直菇洗淨，用鹽水汆水，過冷河，切片。
2. 火腩切件；紅蘿蔔去皮，洗淨，切片。
3. 起油鑊，爆香蒜茸和薑片，放入直菇和紅蘿蔔炒勻，加入火腩和水，加蓋煮滾，下調味料，放入葱段，上碟。

香蒜炒野菌

材料
雞髀菇200克，蠔菇200克，蒜片80克，葱碎50克，乾葱碎50克，黑胡椒碎¼茶匙，牛油40克，白酒30毫升，拔蘭地30毫升

調味料
鹽¼茶匙，糖⅛茶匙

做法
1. 蠔菇、雞髀菇洗淨，瀝乾水分。
2. 燒熱油鑊，下牛油將葱碎、乾葱碎、蒜片和黑胡椒碎炒香，下蠔菇和雞髀菇炒至軟身，灒入白酒和拔蘭地，加入調味料，待湯汁濃稠，即成。

黃金雞樅菌

材料
乾雞樅菌80克，免治豬肉160克，鹹蛋黃2隻，生菜葉4塊，薑茸½茶匙，葱粒1湯匙，薑1片，葱1條，酒少許，生粉水2½湯匙

醃料
鹽¼茶匙，糖¼茶匙，生粉½茶匙，水1湯匙，胡椒粉、麻油各少許

調味料
蠔油½茶匙，鹽¼茶匙，糖¼茶匙，上湯2湯匙

做法
1. 雞樅菌浸泡約1小時，用薑、葱和酒汆水，過冷河。
2. 免治豬肉加入醃料；鹹蛋黃蒸熟，搓成茸；生菜洗淨，放在碟上。
3. 起油鑊，爆香薑茸，放入雞樅菌和調味料炒勻，加入免治豬肉炒至熟透，灒酒，勾芡。
4. 灑上鹹蛋黃茸和葱粒，放在生菜面即成。

XO醬炒雜菌

材料
娃娃菜2棵，雞髀菇、本菇、鮑魚菇、金菇、鮮冬菇各100克，煙肉碎1湯匙，粉絲1小包，蒜茸、薑粒、紅辣椒茸各1茶匙，水½杯

調味料
鹽1茶匙，蠔油1湯匙，XO醬2湯匙

做法
1. 娃娃菜洗淨，切絲；粉絲以水浸軟，瀝乾水分。
2. 起油鑊，爆香蒜茸、薑粒、紅辣椒茸、煙肉碎，下所有材料（粉絲除外）炒勻後加入粉絲，再加入調味料和水一起炒勻，炒至水分收乾即可。

蒸

蒸 是以水蒸氣加熱的烹調方法。具體操作是把經過調味後的食品原料放在器皿中，再置入蒸籠或其他密閉容器內，加熱以產生水蒸氣，利用其熱力使原料成熟的過程。由於原料性質各異，體積大小不同，蒸氣的強度和蒸製時間也有差別，從而形成了蒸法的不同類型和風味質感迥然不同的特色。成品能保持原料形態的完好，有原汁原味，汁清滋潤的特色。按現代營養觀點，蒸屬於最健康的烹飪方法之一。

雲耳金針蒸肉絲

材　　料：金針40克，雲耳20克，豬肉240克，葱2條

醃　　料：鹽、糖各¼茶匙，生抽1茶匙，生粉½茶匙

調味料：鹽、糖各¼茶匙，麻油½茶匙，米酒1茶匙

做　　法：
1. 豬肉洗淨，切粗絲，用醃料拌醃約10分鐘。
2. 金針菜、雲耳分別浸發，切去硬蒂。葱洗淨，切段。
3. 將雲耳、金針、肉絲加調味料撈勻，放碟中，鋪上葱段，隔水蒸約10分鐘，即成。

美味指數　　烹飪難度　　營養搭配

梅菜扣肉

材料

甜梅菜160克，有皮五花腩600克，生菜160
克，蒜茸1湯匙，八角2粒，老抽1湯匙，蠔
油1茶匙，糖1茶匙，生粉水2½湯匙

調味料

柱侯醬2湯匙，蠔油1湯匙，老抽1茶匙，紹
酒2茶匙

做法

1. 甜梅菜浸洗乾淨，切碎，白鑊炒乾，用
   蠔油、糖調味。
2. 有皮五花腩洗乾淨，原件煮熟，在皮
   上擦上老抽後入油鑊，炸至表皮酥
   脆，切厚片。
3. 熱鑊下油，爆香蒜茸、柱侯醬，下八
   角、五花腩片爆炒，濺酒，用糖、蠔
   油、老抽調味，勾芡，再將五花腩片排
   好放在深碗中，鋪上梅菜，猛火蒸約40
   分鐘。
4. 將扣肉扣於深碟中，將生菜焯熟拌於碟
   邊即可。

鹹肉蒸腐皮

材料

腐皮8張，鹹肉（預先醃製的五花腩片）
480克，葱粒1茶匙，麻油少許

醃料

鹽、糖各¼茶匙，米酒½茶匙，薑茸1茶匙

做法

1. 鹹肉洗乾淨，起肉後切片，蒸約1小時
   至熟。
2. 腐皮沖淨，浸軟，剪塊。
3. 腐皮和醃料拌勻放碗底，面放鹹肉片，
   蒸約15分鐘，淋上麻油，撒上葱粒即
   成。

鹹蛋蒸肉餅

材料

鹹蛋2隻，梅柳豬肉320克，冬菜、冷開水
各1湯匙，蒜茸、生粉各1茶匙，葱粒1茶匙

調味料

糖½茶匙，胡椒粉、麻油各少許

做法

1. 梅柳豬肉洗淨，剁碎。
2. 鹹蛋洗淨，取出，加入冷開水、冬菜，
   與肉碎、生粉拌勻，放碟中鋪平成肉
   餅。
3. 燒滾水，將肉餅隔水蒸約10分鐘，撒上
   葱粒，即可。

蒸炸五花腩

材料

去皮五花腩600克，芫荽碎1湯匙，雞蛋1隻
（打勻）

醃料

生粉2湯匙，鹽½茶匙，生抽½茶匙，花椒粉
¼茶匙，葱汁1茶匙，薑汁1茶匙

調味料

鹽½茶匙，生抽½茶匙，花椒¼茶匙，上湯
2湯匙，熟油½茶匙，麻油少許，葱段1湯
匙，薑片1湯匙

做法

1. 五花腩洗淨，切片，放碗內，拌入蛋
   液，加入醃料拌勻，下油鑊中炸至金黃
   且熟透，盛起，瀝油。
2. 五花腩片盛在大碗內，煮滾調味料，
   淋在五花腩片上，用猛火蒸約2小時至
   肉酥爛時取出，扣在碟上，撒上芫荽
   碎即成。

香芋扣肉

材料
芋頭400克，連皮五花腩600克，生菜160克，老抽1茶匙

調味料
蒜茸1湯匙，南乳1湯匙，八角2粒，蠔油½湯匙，生抽½茶匙，米酒1茶匙，糖½茶匙，油½茶匙

芡汁料
生粉1茶匙，水2湯匙

做法
1. 芋頭刨皮，切件，下油鑊炸熟。
2. 五花腩洗淨，整件隔水蒸熟，在皮上擦上老抽着色，下油鑊中炸至五花腩皮香脆後切成厚片。
3. 熱鑊下油，爆香蒜茸、南乳，加入五花腩，下其他調味料，勾芡。
4. 將五花腩、芋頭件相間排列於深碗中，猛火蒸約40分鐘至五花腩腍熟，取出扣於深碟中，生菜焯熟拌於碟邊即可。

清蒸珍珠丸

材料
五花腩250克，馬蹄50克，糯米150克

醃料
雞蛋2隻，生粉1湯匙，鹽½茶匙，米酒1茶匙，葱汁1茶匙，薑汁1茶匙，胡椒粉、麻油適量

做法
1. 糯米揀去雜質，用清水浸泡一夜，瀝乾。
2. 五花腩洗淨，剁爛成肉碎；馬蹄拍鬆，去皮，剁成茸。
3. 豬肉碎加馬蹄茸和醃料順一個方向拌成肉餡。
4. 肉餡做成肉丸，逐個滾上糯米，排在碟中，用中火蒸約15分鐘至熟透，即可。

南乳五花腩

材料
五花腩300克

調味料
南乳1湯匙，生抽½茶匙，糖¼茶匙，葱段、薑片各1湯匙

做法
1. 五花腩洗淨，下沸水中煮至六成熟時盛起，待涼，切厚片。
2. 五花腩片皮朝下，整齊地排在碗內，淋上調味料。
3. 隔水蒸五花腩片約1小時，濾出湯汁留用，肉反扣在碟上。
4. 燒熱油鑊，將湯汁煮滾收濃時，淋在五花腩上即可。

原個南瓜蒸肉

材料
南瓜1個（約550克），半肥瘦豬肉480克，糯米80克（已浸泡），上湯2湯匙，花椒½茶匙

調味料
生抽1½湯匙，南乳汁½湯匙，紅糖½湯匙，米酒2茶匙，葱茸2茶匙，薑茸1茶匙

做法
1. 南瓜�… 出頂部約1厘米作南瓜蓋，挖去瓤。
2. 豬肉洗淨，切片。
3. 糯米和花椒拌勻，下白鑊炒黃，磨成粗粉。
4. 豬肉片用調味料拌勻，加糯米粉再拌勻，釀入南瓜中，蓋上瓜蓋，蒸約1小時，即成。

荷香蒸臘肉

材料

臘肉200克，荷葉1張，薑茸、葱茸各1茶匙

調味料

生抽½茶匙，糖¼茶匙，麻油少許

做法

1. 臘肉洗淨，切片。
2. 荷葉洗淨，鋪在碟上，將臘肉放在荷葉上。
3. 蒸鑊燒滾水，放入臘肉用中火蒸20分鐘，取出，撒上薑茸、葱茸，煮滾調味料，淋在臘肉上即成。

冬菇扣肉

材料

連皮五花腩1塊（約600克），冬菇15朵（浸軟），野山椒40克，豆豉40克，薑茸1茶匙，葱段1湯匙，老抽½茶匙

調味料

鹽½茶匙，花椒¼茶匙，上湯1湯匙，油¼茶匙，麻油適量

做法

1. 五花腩洗淨，用薑、葱水煮至八成熟，瀝乾，趁熱擦上老抽着色，下油鑊中炸脆，再用熱水泡至皮軟，取出，切厚片。
2. 冬菇去蒂，汆水，瀝乾；野山椒去蒂，切碎；豆豉剁細。
3. 燒熱油鑊，下薑茸、葱段、野山椒茸和豆豉炒香，加調味料煮成味汁。
4. 將五花腩、冬菇相間排列於深碗中，倒入味汁，用中火蒸約1½小時，反扣在碟上即成。

蛋黃蒸肉

材料

半肥瘦豬肉150克，鹹蛋黃10個，冬瓜50克，醬青瓜1湯匙

醃料

糖⅛茶匙，生抽½茶匙，胡椒粉少許

做法

1. 冬瓜去皮，去籽。豬肉、醬青瓜和冬瓜一起剁碎，與醃料拌勻。
2. 鹹蛋黃蒸熟，切半。
3. 牛油紙兩面抹油後放進鐵杯或碗中，先放進鹹蛋黃，再填入肉餡，用猛火蒸半小時後取出，反扣碟上即可。

筍粒蒸肉

材料

竹筍150克，免治豬肉200克，醬青瓜40克，冬菇5朵（浸軟），葱粒1湯匙

醃料

雞蛋1隻，鹽½茶匙，米酒1茶匙，生抽½茶匙，麻油、胡椒粉各適量

做法

1. 竹筍去殼，汆水，切成小粒；醬青瓜、冬菇切小粒。
2. 免治豬肉加醃料、竹筍、醬青瓜、冬菇拌勻，放碟中鋪平成肉餅。
3. 燒滾水，肉餅隔水蒸約15分鐘，撒上葱粒，即可。

蒸臘味淮山卷

材料

鮮嫩淮山300克，熟糯米飯200克，臘肉100克，薑絲、葱絲各1湯匙，熟油½茶匙

調味料

鹽½茶匙，葱茸、薑茸各1茶匙，麻油適量

做法

1. 臘肉洗淨，切成小粒，加入糯米飯中，加調味料拌勻成臘味糯米飯。
2. 淮山刮皮洗淨，斜刀切成大薄片，洗淨，瀝乾，放碗內，撒入適量鹽拌勻醃至軟，瀝乾。
3. 淮山片平鋪，鋪上適量臘味糯米飯，捲起，用牙籤插穩，直至所有糯米飯用完。
4. 將淮山卷整齊地排在碟上，用猛火蒸約15分鐘，撒上葱絲、薑絲，澆上熟油即成。

奇味花肉白菜包

材料

五花腩750克，大白菜葉10塊，蒜茸1茶匙，葱段、薑片、米酒各1湯匙

奇味汁

皮蛋¼隻（切茸），榨菜茸1茶匙，腐乳2塊（連汁2茶匙），芝麻、鹽各½茶匙，紅辣椒茸、糖各¼茶匙，上湯4湯匙（所有材料拌勻、煮滾、待涼）

芡汁料

上湯1湯匙，鹽½茶匙，蒜茸、生粉各1茶匙，水2湯匙，麻油適量

做法

1. 豬五花腩洗淨，放入有葱段、薑片、米酒的水中煮至七成熟，切成大薄片，與奇味汁和蒜茸拌勻，醃約20分鐘。
2. 大白菜葉剪成方塊，汆水瀝乾。
3. 白菜葉平鋪，放上3片五花腩，包成長方形。
4. 逐一包完，排在碟上蒸約1小時，取出。煮滾芡汁料，淋在上即成。

蒸釀口蘑肉餡番茄

材料

番茄8個，豬肉150克，鮮口蘑75克，熟火腿50克，葱茸、薑茸各1茶匙，米酒½茶匙

調味料

鹽¼茶匙，麻油少許

汁料

鹽¼茶匙，生粉1茶匙，水2湯匙，上湯1湯匙，熟油½茶匙，麻油少許

做法

1. 豬肉剁成茸；鮮口蘑切小粒，汆水；熟火腿切小粒。
2. 番茄洗淨，用小刀橫切小圓塊，取下作蓋，再用小匙挖出內瓤。
3. 燒熱油鑊，爆香葱茸、薑茸，入肉茸炒香，潷米酒，加入口蘑粒、加火腿粒、調味料炒勻，盛起，分成8份肉餡。
4. 把肉餡逐一釀在番茄裏，蓋上蒂蓋，整齊排在碟上，用猛火蒸約5分鐘，濾去湯汁，煮滾汁料澆在釀番茄上即成。

斤兩換算（約數）：1斤＝600克　15兩＝570克　14兩＝530克　13兩＝490克　12兩＝450克　11兩＝420克　10兩＝380克　9兩＝340克

薑葱蒸豬蹄筋

材料

豬蹄筋300克，火腿50克，蘑菇25克，薑片、葱段各2湯匙

調味料

米酒½茶匙，鹽¼茶匙，胡椒粉少許

做法

1. 豬蹄筋洗淨，隔水蒸3小時至酥軟，取出，用冷水浸2小時，剝去外層筋膜，洗淨。
2. 火腿、蘑菇洗淨後切絲。
3. 豬蹄筋切成長節，放入碗中，將薑片、葱段、火腿絲和蘑菇絲撒在周圍，蒸約1小時，棄去薑葱，以調味料拌勻即成。

茶香豬手

材料

鮮豬手2隻，鐵觀音茶葉40克，薑片、葱段各1湯匙，炒香芝麻1茶匙，米酒½茶匙

滷水料

八角、甘草、香葉、草果、花椒各10克

調味料

上湯1湯匙，鹽、生抽、油各¼茶匙，魚露½茶匙，冰糖1小塊，麻油少許

做法

1. 豬手刮淨毛，汆水，過冷河。
2. 茶葉以沸水略泡，白鑊炒乾炒香。
3. 滷水料洗淨，略炒。
4. 熱鑊下油，爆香薑、葱，灒酒，倒入適量上湯和滷水料，下調味料、茶葉、芝麻，用慢火煮10分鐘，加入豬手再浸1小時，盛起，待涼後斬件即可。

魚露雙椒排骨

材料

豬肋骨750克，青椒茸、紅椒茸各1湯匙，葱段、薑片各1湯匙，葱粒、芫荽碎各1湯匙，熟油½茶匙

醃料

魚露1湯匙，米酒、鹽各½茶匙，糖、老抽¼茶匙，胡椒粉少許，生粉2湯匙，上湯100毫升

做法

1. 豬肋骨順縫斬成長段，洗淨，與葱段、薑片、米酒放入水中煮約1小時至離骨，盛起，瀝乾水分。
2. 豬肋骨加醃料拌勻，排在碟上，用猛火蒸約25分鐘至腍，取出，撒上葱粒、芫荽碎，澆上熟油，即可。

竹香蒸豬寸骨

材料

豬寸骨8條，熟油½茶匙，葱茸1湯匙

調味料

A：鹽、米酒各½茶匙，胡椒粉少許，唐芹茸、紅蘿蔔茸各1茶匙，薑茸、葱茸、蒜茸各½茶匙

B：排骨醬、叉燒醬各1湯匙，生粉1茶匙，水2湯匙

做法

1. 豬寸骨洗淨，瀝乾，用刀略𠝹，放碗內，先加調味料A拌勻醃約25分鐘，再加入調味料B拌勻，最後下熟油拌勻。
2. 豬寸骨排在碟上，蒸約25分鐘至熟透，取出，將汁液倒入鑊中，加葱茸拌勻，澆在豬寸骨上即成。

香辣豬肋骨

材料
豬肋骨600克,辣椒醬4湯匙

調味料
蔥段、薑片各1湯匙,花椒、香葉各5克,米酒½湯匙

做法
1. 豬肋骨洗淨,順骨縫劃開,斬成長段(約10段)。
2. 豬肋骨與調味料同放清水中,燒滾後,改中火煮約2小時至肉離骨時離火,原湯浸泡1小時,盛起,瀝乾。
3. 豬肋骨排在碟上,澆上辣椒醬,蒸½小時取出,即可。

荷葉蒸豬扒骨

材料
豬扒骨600克,荷葉10小張,熟油1茶匙

醃料
炸薑茸、炸蒜茸、炸蔥茸各1茶匙,海鮮醬1湯匙,蠔油½湯匙,生粉3湯匙,米酒½湯匙,鹽、生抽各½茶匙,糖¼茶匙,麻油少許

做法
1. 豬扒骨洗淨,瀝乾水分,斬成長段(約10段)。
2. 豬扒骨下醃料拌勻醃20分鐘。
3. 荷葉用溫水洗淨,抹乾水分,攤平,每張荷葉上放一段排骨,包裹好,整齊地排在碟上,用中火蒸2小時至排骨軟熟,淋上熟油即可。

蒸炸香辣骨

材料
豬肋骨750克,辣椒乾粒1茶匙,薑茸、蔥粒、芫荽段各1湯匙

醃料
鹽、生抽、米酒各½茶匙,生粉½湯匙,麻油、胡椒粉各少許

汁料
香辣醬2湯匙,上湯1湯匙,生抽、鹽各½茶匙,胡椒粉少許

做法
1. 豬肋骨洗淨,瀝乾水分,順骨縫斬段,下醃料拌勻醃半小時。
2. 燒熱油鑊,下豬肋骨炸成金紅色,瀝乾油分。
3. 再起油鑊,炸香薑茸、蔥粒和辣椒乾粒,下香辣醬略炒,加入其他汁料煮滾。
4. 豬肋骨排在大碗中,注入汁料,用猛火蒸約1小時至腍時,取出反扣在碟上,撒上蔥粒、芫荽段,即可。

竹筒香芋豬肋排

材料
豬肋排300克,芋頭300克

豬肋排醃料
鹽、米酒各½茶匙,胡椒粉少許

芋頭醃料
鹽、米酒各½茶匙

做法
1. 豬肋排洗淨,瀝乾水分,順骨縫斬長塊,以醃料拌勻醃1小時。
2. 芋頭去皮,切成菱形塊,以醃料醃½小時。
3. 將排骨、芋頭裝入竹筒,蓋上竹筒蓋,猛火蒸約1小時即可。

斤兩換算(約數):1斤=600克　15兩=570克　14兩=530克　13兩=490克　12兩=450克　11兩=420克　10兩=380克　9兩=340克

梅子蒸排骨

材料

排骨300克

醃料

紅辣椒茸、薑茸、葱茸各1茶匙，梅子醬1湯匙，鹽、糖各½茶匙，油¼茶匙，麻油、胡椒粉各少許

做法

1. 排骨洗淨，斬成小件，洗淨，瀝乾水分。
2. 排骨與醃料拌勻，排在碟上，蒸約12分鐘至熟，即可。

榨菜蒸豬尾

材料

豬尾中段500克，榨菜150克，花椒¼茶匙，辣椒乾3隻，葱段、薑片各5克

汁料

甜麵醬1湯匙，鹽、米酒各½茶匙，糖¼茶匙，生粉1茶匙，水2湯匙，上湯1湯匙，胡椒粉、麻油各適量

做法

1. 豬尾刮洗淨，斬段，汆水5分鐘，過冷河，瀝乾水分。
2. 辣椒乾切碎；榨菜切絲。
3. 燒熱油鑊，下花椒、葱段、薑片、乾椒碎炸香，加入甜麵醬炒香，注入上湯，下其他汁料煮成味汁。
4. 將豬尾豎立排在碟上，上放榨菜絲鋪平，倒入味汁，用中火蒸約2小時至腍，濾出湯汁，反扣在碟上，即成。

軟酥豉香豬仔骨

材料

豬仔骨750克，豆豉½湯匙，辣椒粉1茶匙，葱粒1湯匙，鹽少許

醃料

雞蛋1隻，鹽、蒜香粉各¼茶匙，生粉、薑汁、葱汁、酒各1茶匙，麻油適量

做法

1. 豬仔骨洗淨，斬長段。以醃料拌勻醃1小時。
2. 豆豉洗淨，剁碎。
3. 燒熱油鑊，下豬仔骨炸至金黃，盛起。
4. 原鑊爆香豆豉、辣椒粉，加鹽拌勻，與豬仔骨拌勻，排在碟上，以猛火蒸半小時至腍，反扣碟上，撒上葱粒即成。

陳皮牛肉球

材　　料：免治牛肉300克，馬蹄肉40克，陳皮⅓角，芫荽1棵

醃　　料：生抽1茶匙，鹽½茶匙，油、糖各¼茶匙，生粉1湯匙，胡椒粉、麻油、水各少許

做　　法：
1. 陳皮浸軟，刮去瓤，剁成茸。
2. 馬蹄肉切幼粒，芫荽切碎。
3. 牛肉加醃料、陳皮茸、馬蹄粒及芫荽碎拌勻。
4. 牛肉搓成球形，排在碟上，猛火蒸約8分鐘即成。

美味指數　烹飪難度　營養搭配

沙茶醬蒸牛仔骨

材料
牛仔骨350克，蒜茸1湯匙，紅辣椒絲1茶匙

醃料
沙茶醬1湯匙，生抽、老抽各½茶匙，糖、鹽各¼茶匙，生粉1湯匙，胡椒粉適量

做法
1. 牛仔骨洗淨，瀝乾水分，以醃料拌勻醃15分鐘。
2. 牛仔骨排在碟上，撒上蒜茸和紅辣椒絲，猛火蒸約8分鐘即成。

蝦醬蒸牛肉

材料
牛肉薄片200克，芥蘭2棵，薑絲1湯匙，生粉½湯匙

醃料
鹽½茶匙，蝦醬½湯匙，糖¼茶匙，胡椒粉少許，水1湯匙

做法
1. 牛肉薄片洗淨，切長段，再撒上生粉，以醃料拌勻。
2. 芥蘭洗淨，切段，汆水至熟，瀝乾水分，上碟。
3. 牛肉薄片排在碟上，鋪上薑絲，猛火蒸約8分鐘，取出放在芥蘭上，即可。

榨菜蒸牛肉

材料
牛裏脊肉240克，榨菜80克，蒜茸1茶匙，蔥1條

醃料
生抽、米酒各1茶匙，糖¼茶匙，生粉½茶匙，麻油少許

做法
1. 牛肉洗淨，切片，用醃料醃15分鐘。
2. 榨菜洗淨，切片，用水略浸片刻；蔥切粒。
3. 將牛肉片和榨菜片、蒜茸拌勻，排在碟上，蒸約8分鐘，撒上蔥粒，即成。

花椒牛肉片

材料
牛肉600克，紅蘿蔔1條

調味料
花椒½湯匙，蔥段1湯匙，薑2片，酒1湯匙，生抽3湯匙，糖½茶匙

汁料
薑茸、蒜茸、辣豆瓣醬各1湯匙，糖、醋各½湯匙，蔥粒2湯匙，生粉水2湯匙

做法
1. 牛肉洗淨，整塊加水和薑蔥煮1小時，取出待冷後切片排在碗中，汁留用。
2. 紅蘿蔔洗淨，去皮，切薄片，下油鑊炸1分鐘，排在牛肉上。
3. 起油鑊，爆香花椒、蔥段、薑片，加入餘下的調味料和（1）的湯汁1杯，煮滾後隔渣，倒在牛肉碗內，用中火蒸至牛肉軟腍，反扣在碟上，汁留用。
4. 另起油鑊，炒香薑茸、蒜茸、辣豆瓣醬，倒下（3）的湯汁，放糖、醋，煮滾，勾芡，撒蔥粒，淋在牛肉上即成。

蘿蔔羊肉丸

材料
羊肉200克，蘿蔔250克，芫荽碎1湯匙

醃料
雞蛋1隻，生粉1½湯匙，生抽、薑茸、葱茸各1茶匙，鹽、小茴香粉、紅辣椒粉各¼茶匙，胡椒粉少許

汁料
上湯150毫克，生抽、鹽各½茶匙，胡椒粉、麻油各少許

做法
1. 蘿蔔洗淨，去皮，刨幼絲。
2. 羊肉洗淨，剔去筋膜，剁成茸，以醃料拌匀，下蘿蔔絲順一個方向拌成肉餡，搓成肉丸。
3. 燒熱油鑊，下肉丸炸至金黃色，瀝乾油分，裝在蒸碗內，注入汁料，用猛火蒸約1小時至軟，取出，反扣在碟上，撒上芫荽碎即成。

荷香香辣羊肉

材料
羊肉500克，鮮荷葉1張，葱白段10條

醃料
海鮮醬、柱侯醬、香辣牛肉醬各1湯匙，炸葱茸3湯匙，炸蒜茸1湯匙，米酒½茶匙，油¼茶匙，麻油少許，生粉1湯匙，水1湯匙

做法
1. 羊肉洗淨，剔淨筋膜，切粗條（約20條）。
2. 荷葉洗淨，汆水，修剪成約8厘米方塊（共10塊）。
3. 羊肉條以醃料拌匀。
4. 取一塊荷葉，放2條羊肉和1條葱白段，包成長方形，逐一完成後，排在碟上，用猛火蒸約1小時，即成。

酸辣羊肋條

材料
羊肋條600克

調味料
八角2克，陳皮、桂皮各3克，辣椒乾1隻，米酒½湯匙，生抽¼茶匙，鹽⅛茶匙，胡椒粉、麻油各少許，葱段、薑片各1湯匙

汁料
紅辣椒茸、蒜茸各1茶匙，蠔油1茶匙，鹽¼茶匙，胡椒粉、麻油各少許

做法
1. 羊肋條洗淨，下水中以猛火煮滾後再煮20分鐘，用清水洗淨。
2. 羊肋條放入砂鍋內，加入調味料和適量水，加蓋用猛火煮滾，改小火煮40分鐘至七成熟，原湯留用。
3. 取出羊肉，切條，放入碗中，加入汁料和原湯，以猛火蒸½小時取出，反扣在碟上即成。

醬香蒸羊排

材料
羊排300克，葱粒1湯匙

醃料
南乳、甜麵醬、豆瓣醬各½湯匙，鹽、米酒、生抽各½茶匙，糖¼茶匙，麻油少許，生粉4湯匙，薑茸、葱茸各1湯匙

做法
1. 羊排洗淨，斬件，用醃料醃½小時。
2. 羊排排在碟上，以猛火蒸1小時取出，撒上葱粒，即可。

冬菜蒸鱈魚

材料
銀鱈魚250克，冬菜2湯匙，葱茸1湯匙

醃料
鹽¼茶匙，胡椒粉少許

調味料
鹽¼茶匙，葱茸、麻油、生粉各1茶匙、胡椒粉少許

做法
1. 銀鱈魚解凍，洗淨，切厚片。
2. 冬菜洗淨，剁碎，加入調味料拌勻。
3. 銀鱈魚片以醃料醃10分鐘，放在抹過少許油的碟上，放上冬菜，以猛火蒸約8分鐘至熟，上碟，再撒上葱茸即可。

清蒸鰣魚

材料
鰣魚600克，火腿、冬筍、冬菇（浸軟）各40克，薑6片，葱段、芫荽碎各1湯匙

調味料
鹽1½茶匙，糖¼茶匙，米酒½茶匙

蘸汁料
香醋2湯匙，嫩薑茸2茶匙

做法
1. 鰣魚劏淨，保留魚鱗。
2. 冬菇去蒂，冬筍、火腿切片。
3. 鰣魚放在抹過少許油的碟上，將火腿片、冬筍片、冬菇、薑片、葱段鋪在魚身上，加上調味料。
4. 用猛火蒸約15分鐘，除去薑、葱，撒上芫荽碎與蘸汁料進食。

豆豉蒸鯇魚

材料
鯇魚450克，豆豉1½湯匙，薑茸、紅辣椒茸、葱粒各1湯匙，熟油1湯匙

調味料
葱段1湯匙，薑2片，鹽⅓茶匙，酒1湯匙

汁料
油1湯匙，生抽2茶匙，糖½茶匙，水2湯匙

做法
1. 鯇魚劏淨，抹乾水分，在兩邊魚身劖數刀，用調味料塗勻，醃10分鐘，棄去葱薑，將魚放在抹過少許油的碟上。
2. 豆豉以水略浸，瀝乾，與薑茸、紅椒茸和汁料拌勻，淋在魚身上，以猛火蒸約12分鐘至熟。
3. 撒下葱粒，淋下熟油，即可。

山椒蒸鯇魚

材料
鯇魚600克，京葱茸、薑茸各2湯匙，熟油1湯匙

調味料
鹽、米酒各½茶匙，葱汁、薑汁各½茶匙，胡椒粉適量

汁料
野山椒茸、紅辣椒茸、薑茸各1湯匙，鹽½茶匙，野山椒水、油各1湯匙，糖¼茶匙，胡椒粉適量

做法
1. 鯇魚劏洗淨，在魚身兩側各劖數刀，用調味料略醃。
2. 鯇魚放在抹過少許油的碟上，鋪上京葱茸和薑茸，淋上汁料，用猛火蒸12分鐘至剛熟，取出，淋上熟油即成。

牛肝菌瑤柱鯰魚

材料

鯰魚300克，乾牛肝菌80克，豆腐1件，瑤柱2粒（浸軟），韭菜花80克，紅辣椒1隻（切絲），薑
1片，薑茸1茶匙，蒜茸1茶匙，葱1條，酒½茶匙，鹽2茶匙

調味料

蠔油2茶匙，生抽2茶匙，胡椒粉、麻油各少許，生粉½茶匙，水2湯匙

做法

1. 牛肝菌浸泡約1小時，洗淨，加薑、葱和酒汆水，過冷河。
2. 瑤柱用水浸過面蒸約½小時，弄散；韭菜花洗淨，切段。
3. 鯰魚和豆腐洗淨，用鹽略醃，放在抹過少許油的碟上蒸約10分鐘，倒去水分。
4. 起油鑊，爆香薑茸和蒜茸，下牛肝菌、瑤柱和韭菜花炒勻，灒酒，倒入調味料炒勻，淋在魚面，即成。

大頭菜蒸鯰魚腩

材料

鯰魚腩600克，大頭菜1小個，黃糖½茶匙，鹽¼茶匙，生抽2茶匙，薑絲、葱絲各3湯匙，紅辣椒絲2湯匙，熟油1湯匙

做法

1. 大頭菜切去菜葉，削皮後切絲，用水沖去鹽味，擠乾水分，加糖拌勻。
2. 鯰魚腩洗淨，刮去肚內黑色薄膜，抹乾水分，用鹽擦勻內外，放在抹過少許油的碟上，鋪上薑絲、大頭菜絲。
3. 用猛火蒸約12分鐘，取出，倒去魚汁，淋上生抽，放葱絲和紅辣椒絲在魚腩上即成。

檸檬蒸鱸魚

材料

鱸魚1條，薑茸、蒜茸各1湯匙，辣椒茸1茶匙，芫荽碎1湯匙，檸檬½個，葱粒1湯匙

調味料

魚露2湯匙，檸檬汁2湯匙，鹽½茶匙，糖¼茶匙，胡椒粉少許，油1茶匙，酒½湯匙

做法

1. 檸檬切薄片。
2. 鱸魚劏洗淨，在較厚處斜剔兩刀，放在抹過少許油的碟上。
3. 將薑茸、蒜茸、葱粒、辣椒茸和調味料調勻，淋在魚身上，鋪上檸檬片，以中火蒸10分鐘。
4. 待魚蒸好時，撒上芫荽碎即可。

斤兩換算（約數）：1斤＝600克　15兩＝570克　14兩＝530克　13兩＝490克　12兩＝450克　11兩＝420克　10兩＝380克　9兩＝340克

香片蒸桂花魚

材料

桂花魚1條，香片茶葉½碗，鹽、油各½茶匙

調味料

黃椒絲、紅椒絲各1湯匙

做法

1. 桂花魚劏洗淨，擦乾，以鹽抹遍魚身和腹內，醃½小時。
2. 碟抹少許油，鋪上少許茶葉；魚身抹油，鋪上少許茶葉，魚腹內塞入少許茶葉，用猛火蒸約15分鐘。
3. 起油鑊，爆香黃椒絲和紅椒絲，淋在魚身上即成。

酒釀蒸黃花

材料

黃花魚1條，酒釀1湯匙，辣椒絲、葱絲各1湯匙，麻油1茶匙

做法

1. 黃花魚劏洗淨，擦乾，放在抹過少許油的碟上。
2. 酒釀淋在黃花魚上，以猛火蒸約12分鐘後取出。
3. 撒上辣椒絲與葱絲，淋上麻油，即可。

水晶蒸鱠魚

材料

鱠魚760克，蝦膠160克，火腿10小片，芫荽葉1湯匙

醃料

鹽1茶匙，薑汁40克，葱3條，胡椒粉少許

調味料

上湯1杯，魚露1茶匙，麻油少許

芡汁料

生粉1茶匙，水1湯匙

做法

1. 鱠魚劏洗淨，魚頭魚尾切起留用，魚身起肉切成魚片約10件，用醃料醃10分鐘，抹乾水分。
2. 蝦膠分成10份，釀在魚片上，蝦膠面放上火腿片、芫荽葉。
3. 排放在抹過少許油的碟上，魚頭魚尾放在兩邊成魚形，隔水蒸12分鐘；煮滾調味料，勾芡，淋在魚肉上即成。

豉椒香辣鱠魚

材料

小鱠魚1條，葱段1湯匙，薑3片，熟油適量，芫荽葉1湯匙

醃料

葱汁、薑汁各1茶匙，鹽、米酒各½茶匙，胡椒粉適量

汁料

豉椒茸、紅辣椒茸各1湯匙，辣椒豉油、生抽各1湯匙

做法

1. 鱠魚劏洗淨，在魚身兩側分別剔上3刀，用醃料醃½小時，抹乾水分。
2. 將汁料均勻地塗在鱠魚上，放入墊有葱段、薑片、抹過少許油的碟上，用猛火蒸約8分鐘至剛熟時，取出，棄去葱段、薑片，澆上燒熱的熟油，撒上芫荽葉即成。

紅辣椒蒜茸蒸鱠魚

材料

鱠魚1條（約500克）

汁料

紅辣椒茸1湯匙，蒜茸2湯匙，鹽、米酒各½茶匙，薑汁、葱汁各1茶匙，胡椒粉適量，油適量

做法

1. 燒熱油鑊，爆香蒜茸，下其他汁料煮滾，待涼。
2. 鱠魚劏洗淨，在兩側剠上十字花紋，放在抹過少許油的碟上，下汁料抹勻魚身，醃約10分鐘，用猛火蒸約15分鐘至剛熟，取出，即可。

蒸炸冬菇鯇魚腩

材料

鯇魚腩650克，冬菇10朵（浸軟），葱段、薑片各1湯匙，芫荽碎1湯匙，花椒10粒，麻油、胡椒粉各少許，米酒1湯匙

醃料

鹽、米酒、生抽各½茶匙，生粉1茶匙

調味料

上湯150毫升，鹽、生抽各½茶匙，胡椒粉少許

做法

1. 鯇魚腩切塊，加醃料醃約5分鐘。
2. 冬菇去蒂，切粒，汆水。
3. 燒熱油鑊，下魚塊炸至金黃，瀝油，放大碗中。
4. 燒熱油，下薑片、葱段、花椒爆香，加入冬菇粒略炒，灒米酒，加調味料，倒在魚塊上，用猛火蒸約10分鐘，取出，淋上麻油，撒上胡椒粉及芫荽碎，即可。

清蒸泥鰍

材料

泥鰍4條，陳皮1角，薑絲、葱絲各1湯匙，生抽1湯匙，熟油1茶匙

醃料

鹽1茶匙

做法

1. 泥鰍劏洗淨，抹乾水分，以少許鹽塗抹魚肚。
2. 陳皮浸軟，刮去瓤，切絲。
3. 泥鰍放在抹過少許油的碟上，鋪上陳皮、薑絲、葱絲，以猛火蒸5分鐘，倒去汁水，淋上生抽、熟油即成。

清蒸石斑

材料

石斑1條，葱段1湯匙，薑絲2湯匙，葱絲½杯，芫荽段½杯

調味料

生抽2湯匙，糖½茶匙，水3湯匙，胡椒粉少許

做法

1. 石斑洗淨，擦乾水分，兩面均剠上3刀。
2. 碟抹少許油，墊上葱段，放上石斑後鋪上薑絲，猛火蒸約10分鐘，倒出蒸魚汁，棄掉葱段，撒上胡椒粉。
3. 鑊中燒熱2湯匙油，下調味料煮滾，撒下葱絲及芫荽段，淋在魚身上即成。

斤兩換算（約數）：1斤＝600克　15兩＝570克　14兩＝530克　13兩＝490克　12兩＝450克　11兩＝420克　10兩＝380克　9兩＝340克

芙蓉蒸魚球

材料

鱈魚300克，雞蛋4隻，唐芹粒1湯匙，芫荽茸1湯匙

醃料

鹽¼茶匙，生粉½湯匙

調味料

鹽½茶匙，水1½杯

汁料

上湯¾杯，生抽2茶匙，胡椒粉、麻油各少許

做法

1. 鱈魚去骨，切塊，加醃料拌勻，汆水。
2. 雞蛋加調味料打勻，盛在碟中，以猛火蒸3分鐘，改小火再蒸約5分鐘，放上魚塊後，再蒸5分鐘。
3. 煮滾汁料，加入唐芹粒，淋在魚球上，撒上芫荽茸即成。

涼瓜蒸黃鱔

材料

黃鱔600克，涼瓜300克，薑絲、葱絲、辣椒絲各1湯匙

調味料

生抽½茶匙，芥辣½茶匙，鹽½茶匙，糖¼茶匙

做法

1. 黃鱔劏洗淨，去中骨，切片，瀝乾。
2. 涼瓜開邊，去瓜瓤，切成薄片。
3. 涼瓜用少許鹽、糖略醃，汆水，上碟。
4. 黃鱔片撒上薑、葱、辣椒絲，隔水蒸10分鐘，放於涼瓜片上，用生抽、芥辣伴食。

陳皮蒸白鱔

材料

白鱔960克，陳皮1角，豆豉1湯匙，蒜茸、紅辣椒絲、芫荽碎各1湯匙，生抽1湯匙，熟油1茶匙

醃料

生粉2茶匙，鹽½茶匙，胡椒粉少許

做法

1. 白鱔劏洗淨，下鹽水中汆水，過冷河，抹乾水分，切厚件。
2. 蒜茸、豆豉用刀背略拍碎。
3. 陳皮浸軟，刮去瓤，切絲、紅辣椒切絲，再與醃料拌勻。
4. 白鱔厚件排放碟上，把做法（3）的材料鋪在鱔魚身上，猛火蒸12分鐘，取出，倒去碟上多餘水分，灑上芫荽碎，澆上生抽，煮滾熟油，淋在魚上即成。

核桃松子三文魚卷

材　　料：三文魚120克，松子仁10克，核桃10克，韭菜花20克，雲耳10克（浸軟），蛋白1隻

醃　　料：鹽¼茶匙，生粉½茶匙，蛋白½茶匙，油少許

做　　法：
1. 三文魚切薄片，加入醃料醃20分鐘。
2. 松子仁、核桃分別炸至金黃香脆。
3. 韭菜花洗淨，汆水至軟身，過冷河。雲耳以猛火蒸10分鐘。
4. 將松子仁、核桃、雲耳捲入魚片中，用韭菜花紮實，排放碟中，即成。

美味指數　　烹飪難度　　營養搭配

蒜辣檸汁鱸魚

材料
　　鱸魚1條，檸檬1個，芫荽葉1湯匙

調味料
　　芫荽梗1湯匙，紅辣椒茸、蒜茸各1茶匙，糖½茶匙，魚露3湯匙

做法
　　1. 鱸魚劏洗淨，放在抹過少許油的碟上。
　　2. 檸檬洗淨，對半切開，擠出檸檬汁，與其他調味料拌勻，均勻地淋在鱸魚上，以猛火蒸12分鐘至熟，取出，撒上芫荽葉即可。

清蒸鱸魚

材料
　　鱸魚1條（約600克），熟火腿25克，冬菇3朵（浸軟），冬筍30克，薑絲、葱絲各1湯匙，熟油1湯匙

醃料
　　米酒、鹽各½茶匙，油½湯匙，胡椒粉適量，葱段、薑片各1湯匙

做法
　　1. 熟火腿、冬菇、冬筍分別切成長薄片。
　　2. 鱸魚劏洗淨，剁下頭尾，魚身順脊骨一切成兩半，切成長方塊。
　　3. 魚頭、魚尾和魚塊汆水，盛起，用清水洗去黑膜，瀝乾，加入醃料、冬菇片和筍片拌勻醃約10分鐘。
　　4. 將魚塊、筍片、冬菇片和火腿片間隔在碟上擺成兩排，放上魚頭、魚尾，用猛火蒸約15分鐘至剛熟，取出，撒上葱絲、薑絲，澆上燒熱的熟油即成。

麒麟鱸魚

材料
　　鱸魚1條，冬菇4朵（浸軟），竹筍½條，葱絲各1湯匙

調味料
　　酒1湯匙，魚露2湯匙，糖½茶匙，油½湯匙，胡椒粉少許，葱段、薑片各1湯匙

做法
　　1. 鱸魚洗淨，將頭、尾切下，再切開兩片魚肉，去除中間大骨，魚肉切厚片。
　　2. 冬菇去蒂、切片；竹筍先汆熟再切片。
　　3. 在每兩片魚肉中間插入冬菇和筍片，排在抹過油的碟上，並擺上魚頭、魚尾成魚形。
　　4. 調味料拌勻，淋在魚身上，再鋪上葱段、薑片，用猛火蒸12分鐘，取出，棄去葱段、薑片，再撒上葱絲，即可。

清蒸八寶水魚

材料
　　水魚450克，豬肉、雞肉各30克，海參（浸軟）、冬菇（浸軟）、帶子、蓮子各20克，糯米（浸軟）、冬筍各15克，薑絲4湯匙，生粉水2½湯匙

調味料
　　鹽¼茶匙，花椒、米酒½茶匙，上湯150毫升，薑2片，葱段2湯匙

做法
　　1. 水魚劏淨，汆水，過冷河，刮淨黑皮，去內臟，剁去尖爪，洗淨，放在鑊內。
　　2. 海參、豬肉、雞肉、冬筍、冬菇均切粒，連同帶子、蓮子、糯米放在水魚胸腔內，澆入鹽、米酒、上湯，薑絲分上、中、下三層擺在八寶餡上，蓋上水魚蓋。雞肉放在水魚上面，薑片和花椒放在一起，連同葱段擺在水魚蓋上。
　　3. 將水魚以猛火蒸2小時取出，拿掉雞肉，揀去葱段和薑片。湯汁濾入鑊裏，猛火煮滾，勾芡淋在水魚上即成。

扣蒸水魚

材料

水魚1隻（約750克），冬菇3朵（浸軟），冬筍100克，熟瘦火腿75克，薑片、葱段、芫荽葉各1湯匙

調味料

米酒、鹽各½茶匙，胡椒粉、麻油各適量，油½湯匙，上湯150毫升

做法

1. 水魚劏淨，汆水，過冷河，刮淨黑皮，揭蓋掏去內臟，剁去尖爪，洗淨，斬成方塊，汆水，洗淨。
2. 熟瘦火腿、冬筍、冬菇分別切成骨牌片。
3. 火腿片、冬菇、冬筍片排放在蒸碗內，排上水魚塊，注入調味料，上放葱段、薑片，用猛火蒸約½小時，取出，反扣在碟上，撒上芫荽葉即成。

麒麟蒸桂魚

材料

桂花魚600克，罐頭筍肉1段，熟火腿片1小塊，冬菇5朵（浸軟），紅蘿蔔花數片，薑絲、葱段、紅椒絲各1湯匙，葱2條，薑汁、酒各½茶匙，糖、鹽各¼茶匙，胡椒粉少許

調味料

上湯¼杯，生抽1湯匙，老抽½湯匙，糖½茶匙，麻油、胡椒粉各少許

做法

1. 冬菇洗淨，去蒂，切件，加少許薑汁、酒和糖拌勻；筍肉汆水，沖淨，切薄片。
2. 桂花魚劏淨，抹乾，起出一邊魚肉，翻轉，魚肉和另一邊魚身分別斜切數刀，灑上少許鹽和胡椒粉。
3. 葱放碟上，將兩邊魚排放葱面，再將火腿片、冬菇、筍片和紅蘿蔔花各1片斜插入切口內，灑上薑絲，以猛火蒸至魚熟，盛起，濾出蒸汁，棄葱段。
4. 將葱絲和紅椒絲鋪放魚面，調味料煮滾，淋上魚面即可。

三椒蒸桂魚

材料

桂花魚1條（約600克），薑片、葱條各1湯匙

醃料

鹽、米酒、薑汁、葱汁各½茶匙，胡椒粉少許

調味料

野山椒茸3湯匙，紅辣椒茸、葱茸、薑茸各1湯匙，鹽、米酒、油各½茶匙，野山椒水75毫升，麻油適量

做法

1. 桂花魚劏洗淨，在兩側肉厚處剻上花刀，汆水，盛起，洗淨，瀝乾，用醃料醃約5分鐘。
2. 調味料拌勻，均勻地塗在魚身上。
3. 將薑片、葱條排在抹過油的碟上，放上桂花魚，用猛火蒸約12分鐘至剛熟，取出，即可。

桂花魚糕

材料

淨桂花魚肉150克，稍肥豬肉40克，鹹蛋黃3隻

醃料

生粉、薑茸1茶匙，米酒、鹽各¼茶匙，雞蛋1隻，胡椒粉少許

芡汁料

鹽¼茶匙，上湯1湯匙，生粉½茶匙，水2湯匙，麻油、胡椒粉少許

做法

1. 將淨魚肉和豬肉分別切成小粒，剁成茸。
2. 鹹蛋黃壓成茸。
3. 魚茸入盆，加入醃料拌勻，做成圓餅狀，蘸上鹹蛋黃茸，按實。
4. 將圓餅放在抹過油的碟上，用中火蒸約10分鐘至剛熟取出，煮滾芡汁料淋上，即可。

香葱咖喱魚

材料

淨魚肉300克，葱絲、紅辣椒絲各1湯匙，咖喱油1湯匙

醃料

鹽¼茶匙，米酒½茶匙，胡椒粉少許

調味料

鹽¼茶匙，上湯1湯匙，生粉1茶匙，咖喱醬1湯匙，葱茸、薑茸、蒜茸各1湯匙

做法

1. 將魚肉切條，洗淨，瀝乾，以醃料醃約10分鐘。
2. 魚條加入調味料拌勻。
3. 將魚條放在抹過油的碟上，用猛火蒸約15分鐘至剛熟，取出，撒上葱絲和紅辣椒絲，澆上燒熱的咖喱油，即可。

碧螺春蒸秋刀魚

材料

秋刀魚3條（約750克），特級碧螺春茶葉10克，肥豬肉15克，葱段、薑片各1湯匙

醃料

鹽、米酒各½茶匙，胡椒粉、麻油各少許

做法

1. 碧螺春茶葉放碗中，注入滾水泡約15分鐘，茶葉和茶留用。
2. 肥豬肉切大薄片。
3. 秋刀魚劏洗淨，汆水，過冷河，瀝乾，以醃料醃約10分鐘。
4. 把葱段、薑片放在抹過油的碟上，放上秋刀魚，澆上茶汁和茶葉，並蓋上肥豬肉片，用猛火蒸約15分鐘至剛熟，取出，棄去葱段、薑片、茶葉和肥豬肉，即可。

豉香蒸鯇魚

材料

鯇魚1條（約750克），芥蘭40克，蒜茸½茶匙，熟油½湯匙，鹽⅓茶匙

醃料

葱薑汁1茶匙，米酒、鹽各½茶匙，豆豉茸、生粉½湯匙

做法

1. 芥蘭洗淨，切段，汆水。
2. 鯇魚劏洗淨，切下兩側淨魚肉，洗淨，瀝乾，以醃料醃約10分鐘。
3. 魚骨汆水，瀝乾，放在抹過油的碟上，其兩側鋪上魚片，用中火蒸約10分鐘至剛熟，取出，淋上熟油。
4. 燒熱油鑊，爆香蒜茸，倒入芥蘭，加鹽炒至入味，放在魚側即成。

菜包豉汁白鱔

材料

白鱔1條（約600克），大白菜葉150克，罐裝豆豉鯪魚½罐（切碎），鹽、油、米酒各½茶匙

醃料

麻油適量，熟油1茶匙，生抽1湯匙，薑茸、蒜茸、葱茸各1茶匙

做法

1. 白鱔劏洗淨，剁成長段，在每段的兩面各剠上一字刀紋。
2. 白鱔段中加入豆豉鯪魚茸、鹽、米酒略醃；再將薑茸、蒜茸、葱茸用熟油和生抽炸香，倒在白鱔段上。
3. 大白菜葉剪成8厘米方塊，用滾水略燙，每張菜葉包上一段鰻魚，放在碟上，用猛火蒸約½小時至熟透，取出，即可。

豉汁鹹酸菜蒸白鱔

材料
　　白鱔1條，鹹酸菜150克，油2茶匙，米酒適量

調味料
　　鹽½茶匙，糖¼茶匙，胡椒粉、麻油各少許

豉汁料
　　豆豉1湯匙，乾葱茸、蒜茸各1茶匙，鹽、糖、米酒
　　各¼茶匙，清水¼杯，生粉、生抽、老抽各¼茶
　　匙，紅辣椒茸1茶匙

做法
1. 白鱔劏淨，氽水，加入凍水，切
　　件。
2. 鹹酸菜用清水略浸約5分鐘，切
　　條狀後氽水。豉汁料拌勻，煮
　　滾。
3. 起油鑊，灒酒，倒入鹹酸菜，
　　加調味料略炒，盛起墊於碟底。
4. 將白鱔放於鹹酸菜上面，淋上豉
　　汁，猛火蒸約10分鐘即成。

玉子豆腐蒸白鱔

材料
　　鱔魚600克，玉子豆腐1包，雞蛋1隻，葱粒
　　1湯匙

調味料
　　鹽½茶匙，糖¼茶匙，胡椒粉、麻油各少許

做法
1. 白鱔劏好，洗淨，抹乾水分，切件。
2. 玉子豆腐挖成球形，餘下的切碎。
3. 雞蛋打勻，拌入玉子豆腐碎，下調味
　　料。
4. 將白鱔和玉子豆腐球放在蛋液和豆腐碎
　　上，慢火蒸10分鐘，灑上葱粒即成。

紫菜鯪魚卷

材料
　　鯪魚肉300克，即食紫菜2張，紅蘿蔔、西
　　芹各1條

醃料
　　鹽、米酒各½茶匙，薑葱水、生粉各1茶
　　匙，蛋白1隻，胡椒粉適量

做法
1. 鯪魚肉加醃料拌勻。
2. 紅蘿蔔、西芹洗淨，切成筷子條。
3. 將紫菜平鋪，上面均勻地塗上一層鯪魚
　　肉，紅蘿蔔、西芹各一條放於一端，由
　　外向內捲起來，排放在抹過油的碟上，
　　猛火蒸8分鐘，取出，切段即成。

蒜香帶魚

材料

帶魚600克，熟油1湯匙，炸蒜茸1湯匙，芫荽碎1湯匙

醃料

鹽、米酒1湯匙，蒜茸1湯匙，葱粒、薑茸1湯匙，胡椒粉適量

做法

1. 帶魚刮去潺，洗淨，切段，放入加了米酒的滾水中汆水，盛起，瀝乾，加醃料醃約10分鐘。
2. 帶魚放在抹過油的碟上，用猛火蒸約7分鐘至剛熟取出，撒上芫荽碎和炸蒜茸，淋上熟油即可。

欖角蒸鯪魚

材料

鯪魚1條，欖角40克，薑茸、葱粒各1湯匙，生抽、熟油各1湯匙

調味料

生抽、蠔油、油各½茶匙，糖¼茶匙，麻油、胡椒粉少許

做法

1. 鯪魚劏淨，在每邊魚身剠兩刀，放在抹過油的碟上。
2. 欖角切碎，與調味拌勻，鋪在鯪魚上，以猛火蒸8分鐘至剛熟，取出加上葱粒，澆上熟油和生抽即可。

蒜茸豆豉金菇蒸鯪魚

材料

鯪魚1條（約600克），金菇100克，葱粒、熟油各1湯匙，胡椒粉少許

調味料

豆豉茸、蒜茸、辣椒粒各1湯匙，蠔油、老抽、油各½茶匙，麻油少許

做法

1. 鯪魚劏洗淨，在每邊魚剠兩刀，放在抹過油的碟上。
2. 金菇切去根部，汆水，瀝乾水分。
3. 將胡椒粉撒在魚身，放上金菇，再將調味料均勻地撒在魚身和金菇上，以猛火蒸8分鐘至熟，撒上葱粒，澆上熟油即可。

古法蒸左口魚

材料

左口魚1條，瘦肉80克，冬菇4朵（浸軟），陳皮1角，熟油1湯匙

醃料

生抽、生粉各1茶匙，糖¼茶匙，油1茶匙

做法

1. 瘦肉切絲，以醃料拌勻。
2. 冬菇，切絲；陳皮浸軟，刮去瓤，切絲。
3. 左口魚洗淨，抹乾水分，放在抹過油的碟上，加入肉絲、冬菇絲和陳皮絲，以猛火蒸8分鐘至熟，澆上熟油即可。

荷香老鼠斑

材料

老鼠斑1條，冬菇200克（浸軟），火腿片60克，荷葉1片，熟油1湯匙

做法

1. 冬菇洗淨，去蒂；火腿片切塊。
2. 荷葉洗淨，汆水，修剪好。
3. 老鼠斑起肉，留頭、腩、骨、尾備用。
4. 斑肉切骨牌形，與火腿片、冬菇片相隔排好。
5. 把老鼠斑頭、腩、尾放在鋪有荷葉的碟上，以猛火蒸約8分鐘，再加入排好的斑肉蒸至熟，澆上熟油即可。

豉汁蒸烏頭

材料

烏頭1條，豆豉茸、蒜茸各½湯匙，葱絲、薑絲各1湯匙，熟油、生抽各1湯匙

醃料

生抽、生粉各1茶匙，糖¼茶匙，胡椒粉少許

做法

1. 烏頭劏洗淨，抹乾水分，用醃料塗勻。
2. 燒熱油鑊，爆香蒜茸，下豆豉茸略炒，盛起。
3. 把薑絲鋪在抹過油的碟上，放上烏頭，將部分爆香的蒜茸和豆豉鋪在魚身上。
4. 猛火蒸約9分鐘，取出，倒去蒸水，把餘下的蒜茸、豆豉、葱絲鋪在魚面，淋入煮滾的熟油和生抽，即可。

麵豉醬蒸石蚌

材料

石蚌500克，麵豉醬2湯匙，葱粒、紅辣椒絲各1湯匙，熟油1湯匙

調味料

生抽2茶匙，糖¼茶匙，生粉½茶匙

做法

1. 麵豉醬與調味料拌勻。
2. 石蚌劏淨，瀝乾，放在抹過油的碟上，將調味料和紅椒絲放在魚身上，以猛火蒸12分鐘，撒上葱粒，淋上熟油，即可。

冬菇粉絲蒸龍脷柳

材料

龍脷柳200克，粉絲1碗（浸軟），大冬菇5朵（浸軟），薑絲、葱段各1湯匙，熟油1湯匙

醃料

鹽½茶匙，麻油2茶匙，胡椒粉少許

做法

1. 龍脷柳洗淨，切厚片，以醃料醃15分鐘。
2. 冬菇切一半。
3. 粉絲放碟上，再在上面放上一片魚柳和一片冬菇，重複排好，鋪上葱段和薑絲，以猛火蒸12分鐘，淋上熟油，即可。

斤兩換算（約數）：1斤＝600克　15兩＝570克　14兩＝530克　13兩＝490克　12兩＝450克　11兩＝420克　10兩＝380克　9兩＝340克

魚茸雪耳

材料
雪耳80克，黃花魚500克，上湯2杯，青豆¼杯，紅蘿蔔花5片，蛋白2隻，熟油1湯匙

醃料
鹽⅓茶匙，胡椒粉少許，薑2片，葱2條，米酒2湯匙，生粉2茶匙

做法

1. 雪耳浸透，洗淨，用滾水煮5分鐘，瀝乾水分，加入上湯煮15分鐘，隔水盛起。
2. 黃花魚用醃料搽勻魚身，以猛火蒸10分鐘，去皮拆肉留用。
3. 將雪耳倒於鑊內，加入魚肉、青豆和紅蘿蔔花，勾芡，加入蛋白和熟油1湯匙拌勻，即可。

剁椒魚頭

材料
大魚頭480克，紅辣椒碎80克，蒜茸、薑絲、葱絲各1湯匙，熟油1湯匙

醃料
薑汁酒1湯匙，鹽½茶匙，生粉1茶匙

調味料
生抽1湯匙

做法

1. 大魚頭切塊，洗淨，瀝乾，加醃料拌勻。
2. 魚頭放在抹過油的碟上，鋪上紅辣椒碎、蒜茸、薑絲，以猛火蒸約10分鐘，瀝去魚汁，灑上葱絲，淋上熟油和生抽，即成。

清蒸榨菜魚頭

材料
鯇魚頭1個，榨菜75克，肥豬肉絲1湯匙，芫荽葉、青、紅椒絲各1湯匙，熟油1湯匙

醃料
鹽、米酒各½茶匙，葱絲、薑絲各1湯匙，胡椒粉適量

調味料
麻油適量

做法

1. 鯇魚頭洗淨，切成兩半，剁花，汆水，洗淨，瀝乾，加醃料醃約15分鐘。
2. 榨菜洗淨，切成幼絲。
3. 魚頭放在抹過油的碟上，先撒上榨菜絲和肥豬肉絲，用猛火蒸約20分鐘至熟透，取出，棄去肥豬肉絲，撒上青、紅椒絲和芫荽葉，淋上熟油，即成。

蒸

清蒸花蟹

材　　料：花蟹1隻

調味料：花椒數粒

蘸　　料：薑茸1茶匙，香醋2湯匙

做　　法：
1. 薑洗淨，切成茸，倒入香醋拌勻成薑醋汁。
2. 蟹洗淨，連捆紮草繩，翻轉放入碟中，加花椒，以猛火蒸8分鐘（可熱食或待冷），蘸薑醋汁即可。

美味指數　　烹飪難度　　營養搭配

香辣蒸蟹

材料
肉蟹600克，花椒碎1茶匙，辣椒油1茶匙，薑1塊，芫荽1棵，紅辣椒3隻

調味料
炒香芝麻、鹽、米酒各½茶匙，糖¼茶匙

芡汁料
生粉½茶匙，水1湯匙

做法
1. 肉蟹劏洗淨，每隻切成四件，將蟹鉗略拍，放碟上。
2. 紅辣椒切圈，芫荽切段，薑切茸。
3. 將芫荽段、薑茸、一半紅辣椒圈和米酒、鹽一起撒在肉蟹上，以猛火蒸8分鐘。
4. 另起油鑊，放入辣椒油，將花椒碎、辣椒圈倒入，以慢火炒出香味，將蒸出的湯水全倒入鑊中，拌炒勻，勾芡，撒上芝麻，淋在蟹上即可。

酒香肉蟹

材料
肉蟹1隻，薑茸1湯匙

調味料
米酒1茶匙

做法
1. 肉蟹劏淨，斬件，蟹鉗略拍，平鋪碟上，均勻地撒上薑茸。
2. 在蟹蓋上淋上一半份量米酒，放入鑊中以猛火蒸8分鐘，上桌前淋上餘下的米酒即成。

上湯花雕紅蟹烏冬

材料
大紅蟹600克，烏冬麵1包，花雕酒½杯

調味料
上湯2杯，鹽½茶匙，糖¼茶匙，蛋白2隻，蛋黃¼隻

做法
1. 大紅蟹劏淨，斬件，蟹鉗略拍。烏冬浸散，隔去水分，放在碟上。
2. 紅蟹放在烏冬麵上，以猛火蒸8分鐘，取出蒸蟹水與調味料拌勻，倒回蟹上，再蒸4分鐘。
3. 花雕酒蒸熱，待紅蟹熟時，淋上即成。

清蒸蟹鉗

材料
蟹鉗200克

調味料
米酒½茶匙，薑汁½茶匙，油½茶匙

蘸汁料
薑茸1茶匙，香醋2湯匙

做法
1. 蟹鉗洗淨，略拍，整齊地排在碟上，加入調味料。
2. 以猛火蒸6分鐘，拌勻薑茸和香醋蘸食即成。

玉蘭蒸蟹球

材料

蟹肉100克，蝦膠180克，芥蘭梗8條，芫荽葉、冬菇絲、紅椒絲各1湯匙

調味料

魚露1茶匙，胡椒粉少許

做法

1. 蝦膠、蟹肉和調味料拌勻，唧成8個橄欖形蟹球，排放碟上。
2. 將芫荽葉、冬菇絲、紅椒絲放蟹球上，以猛火蒸8分鐘。
3. 芥蘭梗洗淨，氽水，伴碟邊，即可。

涼瓜釀蟹肉

材料

蟹肉150克，紅蘿蔔粒、冬菇粒各1湯匙，涼瓜½條，薑2片，葱粒、芫荽碎各1茶匙，麻油2茶匙，鹽少許，水適量

調味料

生抽1茶匙，生粉1茶匙，胡椒粉少許，麻油1茶匙，鹽½茶匙

做法

1. 涼瓜洗淨，去籽，橫切圈狀。
2. 蟹肉、紅蘿蔔粒、冬菇粒和葱粒拌勻成餡料，加調味料拌勻，醃½小時。
3. 餡料釀入涼瓜內，置碟上，下麻油，爆香薑片及葱粒，加入少量水和鹽煮滾，淋在涼瓜上，蒸15分鐘，灑上芫荽碎即成。

百花釀蟹蓋

材料

蟹4隻，蝦肉100克，馬蹄肉1湯匙，上湯100毫升，麻油適量，生粉適量

調味料

鹽、米酒各½茶匙，麻油、胡椒粉各適量，薑葱汁½茶匙，生粉½茶匙，水1湯匙

芡汁料

生粉½茶匙，水1湯匙

做法

1. 蟹劏洗淨，放碟上，蒸熟後拆取蟹肉，切碎；蝦肉剁成茸；馬蹄剁成茸。
2. 蟹肉、蝦茸和馬蹄茸放在碗內，加入調味料拌勻，即成餡料。
3. 蟹蓋洗淨，擦乾，在其內壁撲上生粉，釀入餡料，逐一完成，放碟上，用猛火蒸約10分鐘至剛熟，濾去汁水。
4. 煮滾上湯，勾芡，拌入麻油，澆在蟹蓋上即成。

蒜茸蒸鮮鮑魚

材料

鮮鮑魚仔320克，葱粒1湯匙，生抽2茶匙

調味料

蒜茸、熟油各2湯匙，鹽、糖各½茶匙

做法

1. 鮮鮑魚仔刷洗淨，抹乾水分。
2. 燒熱油，將蒜茸放碗內，潷入熟滾油，再拌入鹽和糖。
3. 將蒜茸油淋於每隻鮑魚上，用猛火蒸8分鐘。
4. 取出後，淋上生抽和撒上葱粒，即成。

斤兩換算（約數）：1斤＝600克　15兩＝570克　14兩＝530克　13兩＝490克　12兩＝450克　11兩＝420克　10兩＝380克　9兩＝340克

豬肚菇釀魷魚

材料

鮮豬肚菇80克，鮮魷魚300克，馬蹄肉2湯匙，煙肉40克，唐芹粒1湯匙，蒜茸½茶匙

調味料

鹽⅛茶匙，糖¼茶匙，胡椒粉、麻油少許，生粉1茶匙，水1湯匙

蘸汁料（拌勻）

蝦醬1茶匙，糖¼茶匙，辣椒絲1茶匙，滾油1湯匙，滾水1茶匙

做法

1. 豬肚菇洗淨，用鹽水汆水，過冷河，切粒；魷魚去衣和腸，洗淨；煙肉略洗，切粒。
2. 起油鑊，爆香蒜茸，放入豬肚菇、馬蹄、煙肉、唐芹和調味料炒勻，成餡料。
3. 將餡料釀入魷魚內，約八成滿，用牙籤封口，用猛火蒸約10分鐘至熟透，切件，以蘸汁伴食即成。

生抽魷魚筒

材料

鮮魷魚400克，葱粒、芫荽葉各1湯匙

醃料

生抽2茶匙

汁料

生抽、糖各½茶匙，油1茶匙，水1湯匙，生粉1茶匙，水1湯匙

做法

1. 魷魚去除內臟，撕去外衣，洗淨，汆水，瀝乾水分，用醃料拌勻。
2. 將魷魚筒用猛火蒸約10分鐘，取出，切圈上碟。
3. 煮滾汁料，勾芡淋在魷魚上，加上葱粒、芫荽葉即可。

白汁百花鮮魷

材料

鮮魷魚300克，熟瘦火腿50克，青豆8粒

醃料

上湯50毫升，蛋白2隻，鹽、米酒、薑葱汁各1茶匙，胡椒粉、麻油各適量，生粉1茶匙

汁料

上湯130毫升，鹽½茶匙，胡椒粉、麻油各適量，生粉1茶匙，水1湯匙

做法

1. 魷魚去除內臟，撕去外衣，洗淨，切塊，放入攪拌機中絞成茸，加醃料順一個方向拌勻；熟瘦火腿切菱形小片；青豆汆水。
2. 取湯匙8隻，上抹一層油，填入魷魚茸，抹平，中間放1粒青豆，插上火腿片，逐一完成，用中火蒸約12分鐘至熟，取出，脫離湯匙，整齊放在碟上。
3. 煮滾汁料，澆在鮮魷上即成。

蒜茸蒸蝦

材料

大蝦400克，蒜茸2湯匙，葱粒、紅辣椒絲1湯匙，米酒1茶匙

汁料

魚露½茶匙，生抽1茶匙，糖¼茶匙

做法

1. 燒熱油鑊，下蒜茸炒至微黃色，盛起。
2. 大蝦剪去蝦鬚，洗淨，瀝乾，放碟上，加入適量米酒，用猛火蒸約8分鐘至熟。
3. 另起油鑊，加入汁料煮滾，與蒜茸一起淋在蝦上即可。

荷葉蒸蝦

材料

青蝦600克，乾荷葉1張

蘸汁料 （拌勻）

薑茸1茶匙，香醋2湯匙

做法

1. 青蝦剪去蝦鬚，洗淨，瀝乾水分。
2. 乾荷葉洗淨，放入滾水中汆燙，盛起，放入冷水中浸泡至冷卻，再鋪入蒸籠內，放入青蝦包好，用大火蒸10分鐘。
3. 食用時伴以薑醋汁即可。

滑蒸冬菇蝦

材料

鮮大蝦肉400克，冬菇150克（浸軟），熟油1湯匙，麻油少許

調味料

蔥茸、薑茸各1茶匙，鹽、米酒各1茶匙，生粉1茶匙，水1湯匙

做法

1. 蝦肉洗淨，瀝乾，挑去蝦腸，切厚片。
2. 冬菇去蒂，切片，汆水，擠乾水分。
3. 蝦肉、冬菇加入調味料拌勻，再加熟油拌勻，排在碟上，用猛火蒸約8分鐘至熟，澆上麻油即成。

清蒸大龍蝦

材料

活紅龍蝦（已放尿）750克，熟油25湯匙，薑絲、蔥絲、紅椒絲各1湯匙

醃料

鹽、米酒各1茶匙，薑片、蔥段各1湯匙，胡椒粉少許

蘸料

薑醋汁、辣椒油各1小碟

做法

1. 活龍蝦劏淨，剁去頭、尾，再去殼，起肉，切塊，同頭、尾放在碗內，加入醃料醃約10分鐘。
2. 龍蝦肉、頭、尾排放碟上，淋上熟油，用猛火蒸約8分鐘至熟，取出，撒上薑絲、蔥絲和紅椒絲，澆上熟油，食用時伴以薑醋汁或辣椒油。

蒜茸蒸帶子

材料

鮮帶子8隻，粉絲1紮，葱粒1湯匙

調味料

薑茸、蒜茸各1湯匙，鹽、生抽各1茶匙

做法

1. 帶子洗淨，排放碟上。
2. 粉絲以清水浸開，剪碎。
3. 粉絲與調味料拌勻，放在每個帶子上，用猛火蒸約10分鐘，瀝去多餘水分，撒上葱粒即可。

海龍皇帶子

材料

急凍帶子12粒，中蝦300克，淡鹽水適量，芫荽碎1湯匙，蛋白½隻，生粉3湯匙，生粉水1½湯匙

帶子醃料

薑汁、米酒各½湯匙，蛋白1隻，生粉1湯匙，麻油少許

蝦肉醃料

鹽½茶匙，蛋白½隻，生粉½湯匙

做法

1. 帶子解凍，瀝乾水分，加醃料醃½小時。
2. 蝦去殼，用鹽水沖洗多次，抹乾，拍成蝦膠，加入醃料，大力攪至有膠性，置雪櫃冷藏1小時。
3. 帶子面蘸上少許生粉，釀上蝦膠，用蛋白抹在蝦面和帶子邊，撲上生粉，蝦面放一片芫荽碎，逐一完成。
4. 帶子排放碟上，用猛火蒸約15分鐘，勾芡，淋在帶子上，即成。

豉汁蒸花蛤

材料

花蛤250克，紅椒粒、葱粒各1湯匙

調味料

薑粒、豆豉1湯匙，油、鹽各½茶匙，糖¼茶匙，生粉各適量

做法

1. 花蛤用淡鹽水浸數小時，洗淨，用滾水焯至蛤殼張開，排放碟上。
2. 調味料拌勻，撒在花蛤上，用猛火蒸6分鐘取出，撒上紅椒粒、葱粒即成。

蝦膠釀鮮蛤

材料

蝦仁160克，花蛤12隻，蒜茸½湯匙，辣椒茸1茶匙，芫荽茸2湯匙

醃料

蛋白2湯匙，鹽¼茶匙，生粉1茶匙

調味料

酒1湯匙，生抽2湯匙，胡椒粉少許，糖¼茶匙，水4湯匙，生粉水½湯匙

做法

1. 蝦去殼，用鹽水沖洗多次，抹乾水分，用刀拍成蝦膠，加鹽，大力攪至有膠性，再用力撻數次，加入其他醃料再拌勻，放入雪櫃冷藏1小時。
2. 花蛤用淡鹽水浸數小時，洗淨，用滾水焯至殼打開、肉剝下，取出，於每片殼填少許蝦膠抹平，蒸5分鐘。
3. 熱油鑊，炒香蒜茸、辣椒茸和花蛤肉，加入調味料炒勻，拌入芫荽茸，淋在釀花蛤上即成。

紅油蒸花蛤

材料

花蛤400克，免治牛肉60克，雞蛋2隻，松子、紫菜絲、辣椒乾絲各1湯匙

調味料

麻油、辣椒油各½湯匙，鹽½茶匙，葱、薑、蒜茸各1茶匙，熟芝麻粉¼茶匙

做法

1. 花蛤用淡鹽水浸數小時，洗淨，用滾水焯至殼打開，取出花蛤肉，洗淨，切成小塊。
2. 免治牛肉剁成茸，放碗內，加調味料拌勻成餡。
3. 雞蛋打勻。
4. 將每個花蛤殼內放入一塊花蛤肉，再加入牛肉餡，澆上少許蛋液，撒上松子、紫菜絲、辣椒乾絲，蓋上殼，用猛火蒸15分鐘，即可。

鮮蝦墨魚蒸豆腐

材料

豆腐1塊，墨魚肉30克，鮮蝦仁50克，芫荽段1湯匙，花椒油½茶匙，鮮露1茶匙

墨魚醃料

鹽、生粉各½茶匙，蛋白½個

蝦仁醃料

鹽、生粉各½茶匙，蛋白½個

做法

1. 豆腐切塊，每塊挖小洞。
2. 墨魚肉剁成茸，加醃料拌勻，釀在豆腐小洞中。
3. 鮮蝦仁挑去蝦腸，洗淨，加醃料拌勻，放在墨魚肉上。
4. 把釀好的豆腐用猛火蒸15分鐘，淋上花椒油、鮮露，撒上芫荽段即可。

瑤柱蝦膠釀絲瓜

材料

蝦膠80克，絲瓜200克，金菇40克，瑤柱2粒（浸軟），葱茸、薑茸各1湯匙

醃料

鹽、生粉各½茶匙，蛋白½個

芡汁料

生抽、鹽各1茶匙，水1湯匙

做法

1. 絲瓜洗淨，去皮，切大片；瑤柱洗淨，蒸軟，瀝乾水分，以手撕成絲。
2. 金菇切去根部，洗淨，汆水，盛起，泡冷水中，瀝乾水分，切段。
3. 蝦膠加醃料拌勻，釀在絲瓜片上，放上金菇段和瑤柱絲，用猛火蒸8分鐘。
4. 燒熱油鑊，爆香葱茸、薑茸，下芡汁料煮滾，淋在釀絲瓜上即可。

冬菇蒸帶子

材料

冬菇10朵（浸軟），帶子肉10粒，瑤柱2粒（浸軟），葱粒1湯匙

汁料

鹽、米酒各1茶匙，薑茸、蒜茸各1湯匙，生抽½茶匙，麻油適量，生粉1茶匙，上湯150毫升

做法

1. 瑤柱洗淨，蒸軟，瀝乾水分，以手撕成絲。
2. 冬菇去蒂，洗淨，瀝乾水分，黑色部分向下，在面撲上生粉。
3. 帶子肉洗淨，瀝乾，釀在冬菇上，鋪上瑤柱絲，排在碟上，用猛火蒸8分鐘。
4. 煮滾汁料，撒上葱粒，淋在帶子上即成。

斤兩換算（約數）：1斤＝600克　15兩＝570克　14兩＝530克　13兩＝490克　12兩＝450克　11兩＝420克　10兩＝380克　9兩＝340克

蒜茸青口

材料

青口300克，熟油½湯匙

調味料

蒜茸3湯匙，鹽¼茶匙，胡椒粉少許，生粉1茶匙

做法

1. 青口洗淨，瀝乾水分，排在碟上。
2. 調味料拌勻，製成蒜茸汁，淋在青口上，用猛火蒸6分鐘，淋上熟油，即可。

蒜香蒸蟶子

材料

蟶子8隻，粉絲1紮，蒜茸2湯匙，鹽½茶匙

調味料

鹽½茶匙，糖¼茶匙，胡椒粉少許，熟油½湯匙

做法

1. 蟶子開邊，剷洗淨，放入原殼內，排在碟上。
2. 粉絲用清水泡軟，瀝乾水分，剪斷，以鹽拌勻，鋪在蟶子上。
3. 燒熱油鑊，下蒜茸1湯匙炸至金黃。
4. 另一半蒜茸與調味料拌勻，撒在蟶子上，用猛火蒸8分鐘，即可。

包蒸墨魚仔

材料

急凍墨魚仔10隻，大白菜葉10片，海帶絲10條，麻油適量

汁料

豆瓣醬、紅辣椒茸、葱茸、薑茸、蒜茸各1湯匙，鹽、米酒各½茶匙

做法

1. 墨魚仔解凍後，洗淨，瀝乾，在表面剞花紋，汆水，瀝乾水分。
2. 白菜葉用滾水略燙。
3. 燒熱油鑊，爆香葱茸、薑茸、蒜茸，下紅辣椒茸和豆瓣醬煮出紅油，加餘下的調味料拌勻，盛起倒在碗中，盛入墨魚仔拌勻略醃。
4. 取一片白菜葉鋪平，放上一隻墨魚仔和適量汁料，用海帶絲紮好，逐一包完，排在碟上，用猛火蒸約10分鐘至熟，淋上麻油，即可。

蒜油蒸扇貝

材　　料： 扇貝10隻，芫荽葉1湯匙，熟油1湯匙
醃　　料： 葱薑汁、米酒各1茶匙
汁　　料： 紅辣椒茸、蒜茸各1湯匙，鹽1茶匙，胡椒粉適量
做　　法：
1. 扇貝殼刷洗淨，用刀從開口處輕輕拍開，去內臟，洗淨，再在扇貝肉上剠十字花刀，加醃料醃約5分鐘。
2. 調味料放碗中拌勻，注入煮熱的熟油，拌成汁料。
3. 扇貝抹乾水分，整齊地排在碟上，淋上汁料，用猛火蒸約5分鐘至熟，撒上芫荽葉，即可。

美味指數　烹飪難度　營養搭配

蘑菇冬菇蒸扇貝

材料

急凍扇貝10隻，蘑菇10隻，冬菇3朵（浸軟），紅辣椒茸1湯匙，薑茸、葱粒、蒜茸各1茶匙

調味料

鹽、糖、米酒各½茶匙，生抽和生粉各1茶匙，熟油1湯匙

做法

1. 扇貝解凍後，洗淨，瀝乾水分，在扇貝肉上剒十字花紋。
2. 蘑菇切片，冬菇去蒂，切塊，氽水，瀝乾水分。
3. 紅椒茸、薑茸、蒜茸、葱粒放在碗內，注入燒熱的熟油後，放入扇貝、蘑菇和冬菇，加調味料拌勻。
4. 碟上抹一層薄油，排上扇貝，用猛火蒸約8分鐘至熟，撒上葱粒即成。

清蒸北寄貝

材料

北寄貝12隻，葱絲、紅椒絲各1湯匙，熟油1湯匙

醃料

鹽、薑葱汁、蠔油各1茶匙，麻油適量

做法

1. 北寄貝解凍，擠乾水分，加入醃料醃約15分鐘。
2. 北寄貝整齊地排在碟上，用猛火蒸約8分鐘至熟，取出，撒上葱絲、紅椒絲，澆上熟油即成。

釀蒸海參

材料

迷你烏參4條（浸軟），蝦膠100克，蛋白½個，熟鹹蛋黃2隻，鹽、米酒各½茶匙，葱薑汁1茶匙，生粉適量

醃料

蛋白½個，鹽、米酒、葱薑汁各½茶匙

汁液料

生粉、油各1茶匙，上湯3湯匙，胡椒粉、麻油各適量，生粉1茶匙，水1湯匙

做法

1. 烏參洗淨，放在加有上湯的水中，加入鹽、米酒、葱薑汁氽水，瀝乾。
2. 蝦膠加入醃料拌勻，鹹蛋黃切半。
3. 烏參內壁撲一層生粉，釀入蝦膠，抹平，逐一完成，每個放上半個鹹蛋黃，整齊地排在碟上，用猛火蒸約10分鐘至熟。
4. 燒熱油，煮滾汁料，澆在烏參上即成。

薑茸蒸魚嘴

材料

鮮魚嘴3個（約150克），紅辣椒茸1茶匙，薑茸、葱粒1湯匙

調味料

油1湯匙，鹽1茶匙，胡椒粉少許

做法

1. 魚嘴以粗鹽擦淨，洗淨，瀝乾，排在碟上。
2. 紅辣椒茸、薑茸加鹽拌勻，灑在魚嘴上，用猛火蒸12分鐘。
3. 燒滾油，撒入胡椒粉、葱粒，淋在魚嘴上即成。

鮮蝦碗仔翅

材料

蝦仁40克，粉絲1紮，瘦肉75克，冬菇5朵（浸軟），筍絲、木耳絲各1湯匙

調味料

鹽、生抽、老抽各1茶匙，糖½茶匙，麻油少許

做法

1. 蝦仁洗淨，用鹽抓洗幾次，瀝乾。
2. 瘦肉洗淨，焙熟，切幼絲；冬菇去蒂，切絲。
3. 粉絲浸軟，剪碎，瀝乾，與肉絲、冬菇絲、筍絲和木耳絲及調味料拌勻。
4. 加入蝦仁，用大火蒸約8分鐘至熟，即可進食。

蝦仁魚肚鮮竹紮

材料

鮮腐竹4塊，蝦仁40克，蟹柳8條，冬菇4朵（浸軟），魚肚8件（浸軟），珍珠筍8條

汁料

上湯5湯匙，鹽、生抽各1茶匙，糖½茶匙，麻油少許

做法

1. 用熱水把鮮腐竹焯至軟身，切成8條長條。
2. 冬菇去蒂，切絲；魚肚洗淨，汆水，瀝乾。
3. 將冬菇、魚肚、蝦仁和珍珠筍放汁料內煨約15分鐘，瀝乾。
4. 每塊鮮腐竹包入材料及1條蟹柳，捲好，排放碟上，隔水蒸5分鐘便成。

海鮮冬瓜盅

材料

冬瓜640克，雪耳20克，蝦仁80克，魚肉80克，火腿80克，鮮蓮子80克，芫荽碎1茶匙，上湯1杯

醃料

胡椒粉、麻油各少許，生粉½茶匙

做法

1. 冬瓜去瓤，挖去中央部分瓜肉。
2. 蓮子洗淨，用少許糖蒸熟。
3. 雪耳浸泡約1小時，撕成小朵，用上湯煨熟。
4. 蝦仁和魚肉洗淨，加入醃料拌勻；火腿略洗，切粒。
5. 上湯煮滾，加入所有材料略煮，放入冬瓜盅內，蒸1小時，灑上芫荽碎，即成。

玉環瑤柱脯

材料

冬瓜200克，蝦仁40克，瑤柱10粒（浸軟），西蘭花80克

調味料

鹽¼茶匙，上湯100毫升

芡汁料

生粉1茶匙，水1湯匙

做法

1. 瑤柱洗淨，隔水蒸20分鐘至軟。
2. 西蘭花洗淨，汆水。
3. 冬瓜洗淨，去皮，切成圓柱體，中間挖空成環狀，將瑤柱和蝦仁填入中間，加入調味料，猛火蒸7分鐘取出，伴以西蘭花，湯汁留用。
4. 將湯汁放入鑊中煮滾，勾芡，澆在冬瓜環上即可。

斤兩換算（約數）：1斤＝600克　15兩＝570克　14兩＝530克　13兩＝490克　12兩＝450克　11兩＝420克　10兩＝380克　9兩＝340克

椒絲南乳蒸滑雞

材料

光雞480克，雲耳10克，紅辣椒½隻，薑絲1湯匙，葱1條

醃料

鹽½茶匙，糖½茶匙，生粉1湯匙，生抽2茶匙，薑汁酒1湯匙，麻油少許

調味料

南乳4件，南乳汁1湯匙，糖1茶匙，薑茸1茶匙，麻油少許

做法

1. 光雞洗淨，抹乾，斬細件，拌入醃料醃10分鐘。
2. 雲耳浸透，去蒂，汆水，瀝乾；紅椒和葱切幼絲。
3. 雞件與雲耳、薑絲、紅椒絲和調味料拌勻，放碟上蒸20分鐘至熟，撒上葱絲，即可。

北菇蒸滑雞

材料

光雞½隻，冬菇8朵（浸軟），冬筍40克，薑3片，葱2條，紅辣椒1隻

醃料

鹽、米酒、生粉各1茶匙，糖¼茶匙，胡椒粉、麻油各少許

做法

1. 光雞洗淨，切塊，用醃料醃10分鐘。
2. 冬菇去蒂，汆水；冬筍洗淨，切片，汆水。
3. 葱切段，紅辣椒切圈。
4. 將雞塊、冬菇、冬筍、薑、葱、紅椒排在碟上，蒸20分鐘至熟，即可。

鮮椰子蒸雞

材料

光雞½隻，椰子肉240克，紅蘿蔔80克，薑3片，葱2條

醃料

鹽、糖各½茶匙，米酒、生粉各1茶匙，胡椒粉、麻油各少許

做法

1. 光雞洗淨，斬件，用醃料醃15分鐘。
2. 椰子肉、紅蘿蔔分別切片，葱切長段。
3. 將雞件、椰子、紅蘿蔔、薑、葱排在碟上，蒸20分鐘至熟，即可。

荷葉富貴雞

材料

光雞600克，荷葉1塊，冬菇6朵（浸軟），豬肉80克，鮮蓮子½杯，薑絲、蒜茸、葱絲各1湯匙

醃料

老抽½湯匙，薑汁酒1湯匙

調味料

糖、油、生粉各1茶匙，米酒1湯匙，水1湯匙，生粉1茶匙，麻油少許

做法

1. 冬菇、豬肉分別切絲；鮮蓮子汆水。
2. 荷葉汆水至軟，掃上麻油。
3. 光雞洗淨，以醃料醃10分鐘，斬件，排在荷葉上。
4. 燒熱油鑊，爆炒薑蒜和全部材料（雞件除外），下調味料拌勻，鋪在於雞件上，用荷葉裹好。放碟上蒸½小時即成。

蒸醉雞

材料

　　光雞1隻，米酒1½杯，魚露1湯匙

醃料

　　鹽1湯匙

做法

1. 光雞洗淨，以粗鹽擦勻內外，以鹽醃15分鐘，用猛火蒸20分鐘，汁留用，待雞涼後斬件。
2. 米酒煮滾，熄火，盛起待涼。
3. 米酒、蒸雞汁和魚露拌勻，淋在雞上，即成。

冬瓜雞肉卷

材料

　　雞胸肉200克，西芹25克，紅蘿蔔25克，馬蹄2粒，冬瓜薄片10片

調味料

　　鹽½茶匙，糖¼茶匙，蛋白1湯匙，生粉2茶匙，胡椒粉少許

芡汁料

　　水和蒸雞肉卷之汁液150毫升，鹽½茶匙，生粉1茶匙，麻油少許。蛋白1隻（後下）

做法

1. 將雞胸肉剁成茸。
2. 其他材料洗淨，切碎，與調味料拌勻，盛起。
3. 冬瓜薄片略汆水至軟身。
4. 鋪平1片冬瓜薄片，捲入一份餡料，逐一完成，上碟，隔水蒸10分鐘，隔去汁液，將芡汁燒滾，拌入蛋白，淋在白肉卷上。

雞肉椰菜卷

材料

　　雞肉200克，冬菇4朵（浸軟），紅蘿蔔25克，椰菜葉8片

調味料

　　鹽、糖各½茶匙，蛋白1茶匙，胡椒粉少許

做法

1. 將雞肉剁成茸，冬菇切幼粒，紅蘿蔔刨成茸。
2. 椰菜葉洗淨，汆水。
3. 雞肉和其他材料（椰菜葉除外）拌勻，下調味料拌勻。
4. 取出一片椰菜葉，捲入一份餡料，逐一完成，上碟，隔水蒸15分鐘即成。

雞茸火腿卷

材料
> 雞胸肉400克，火腿6大片，馬蹄肉80克，葱粒1湯匙

醃料
> 鹽1茶匙，麻油½湯匙，葱茸、生粉各1湯匙，胡椒粉少許

做法
1. 馬蹄肉、雞胸肉剁茸，加入醃料拌勻。
2. 火腿對切成三角形，將雞肉餡鋪在火腿片上，捲成柱狀，逐一完成，排在碟上，隔水蒸10分鐘，撒上葱粒即成。

薯仔蒸雞肉

材料
> 光雞1隻，薯仔300克

醃料
> 葱段、薑片各1湯匙，米酒1茶匙，生粉1湯匙

調味料
> 鹽、米酒、生抽各1茶匙，上湯2湯匙，花椒數粒，糖¼茶匙，胡椒粉少許

做法
1. 光雞洗淨，切塊，加醃料醃約½小時。
2. 薯仔削皮，洗淨，切滾刀塊，下油鑊炸成金黃，盛起，再下雞塊炸至金黃，瀝油。
3. 雞塊和薯仔塊裝入蒸碗內，加入調味料拌勻，用猛火蒸約1小時至軟爛，取出，反扣在碟上即成。

瑤柱核桃扣滑雞

材料
> 光雞1隻，瑤柱40克（浸軟），核桃肉100克，葱段、薑片、米酒各1湯匙

調味料
> 鹽、蠔油、生抽各1茶匙，上湯2湯匙，老抽、糖各½茶匙，麻油少許

芡汁料
> 生粉1茶匙，水2湯匙

做法
1. 光雞劏淨，洗淨，汆水10分鐘，瀝乾水分。
2. 瑤柱洗淨；核桃肉汆水，瀝乾水分。
3. 光雞放碟上，放入瑤柱、核桃肉、葱段和薑片，注入調味料，用中火蒸約2小時至軟腍，取出，濾去湯汁。
4. 煮滾湯汁，勾芡，澆在雞上即成。

香辣雙椒雞

材料
> 雞中翼10隻，葱粒1湯匙，熟油、麻油各1茶匙

醃料
> 香辣醬4湯匙，生粉1茶匙，水2湯匙，鹽、米酒、老抽、薑茸、熟油各1茶匙，糖¼茶匙，麻油適量

做法
1. 雞中翼洗淨，瀝乾水分，加醃料醃約5分鐘。
2. 雞中翼排在碟上，用猛火蒸20分鐘，撒上葱粒，澆上熱的熟油和麻油即成。

茄汁舞茸菇蒸雞扒

材料
雞扒300克，鮮舞茸菇160克，鹹魚1茶匙，洋葱碎½杯，蒜茸2茶匙

醃料
檸檬汁1湯匙

調味料
混合香草1茶匙，茄汁2湯匙，上湯1杯

做法
1. 舞茸菇洗淨，瀝乾水分。
2. 雞扒洗淨，切塊，用檸檬汁醃約10分鐘，鋪上舞茸菇，用猛火蒸約20分鐘。
3. 起油鑊，爆香蒜茸和洋葱碎，放入鹹魚拌勻，倒入調味料煮滾後，淋在雞上即成。

鹽蒸雞

材料
光雞1隻，葱段、薑片各1湯匙，鹽、米酒各1茶匙

調味料
沙薑粉1茶匙，上湯1湯匙，胡椒粉、麻油各適量

做法
1. 光雞洗淨後瀝水，用鹽擦遍雞身，再灑上米酒，葱段，薑片放入雞腹內，放碟上，用猛火蒸20分鐘，待涼。
2. 雞起肉，切塊。
3. 煮滾調味料，淋於雞塊上即成。

水晶雞

材料
光雞1隻，熟火腿40克，芫茜葉少許，大菜10克

調味料
鹽½茶匙，酒1湯匙

做法
1. 光雞洗淨，於滾水中煮20分鐘取出，雞待涼後去皮，起肉，切長方塊。煮雞湯留用。
2. 大菜用溫水泡軟後擠乾水分，加入1½杯煮雞湯，以小火煮8分鐘，倒在深碟上，再放入雞肉，並加鹽、酒，蒸½小時。
3. 熟火腿切成三角形薄片，整齊排入碗內，再排上芫茜葉，將雞肉排在火腿上，倒入蒸雞汁，待涼後置雪櫃內冷藏，吃時反扣在碟上即可。

竹葉雞翼紮

材料
雞翼10隻，蒜茸、葱茸、薑茸各1湯匙，竹葉10片

醃料
老抽、辣椒醬、海鮮醬各½湯匙，米酒、鹽各½茶匙，糖¼茶匙，胡椒粉適量，生粉½茶匙，水2湯匙

調味料
鹽½茶匙，糖¼茶匙，熟油1茶匙，胡椒粉適量

做法
1. 雞翼洗淨，每隻雞翼斬成三塊，加入醃料拌勻。
2. 竹葉洗淨，待用。
3. 燒熱油鑊，爆香蒜茸、葱茸、薑茸，倒入雞翼內，拌勻。
4. 每片竹葉放上三隻雞翼，包好，用細線繩捆紮好，猛火蒸20分鐘至熟，即成。

腰果蒸雞翼

材料

雞翼600克,腰果100克,冬菇40克(浸軟),葱絲、薑絲各1湯匙,辣椒絲¼杯,上湯100毫升,熟油½湯匙

醃料

葱白段、薑片各1湯匙,蠔油½湯匙,熟油、生粉、鹽、米酒各1茶匙,糖¼茶匙

做法

1. 雞翼洗淨,瀝乾水分,斬段。
2. 腰果洗淨,瀝乾水分,注入燒滾的上湯浸泡;冬菇去蒂,切片。
3. 雞翼、腰果、冬菇與醃料拌勻,猛火蒸約15分鐘取出,揀去葱段、薑片,撒上葱絲、薑絲、辣椒絲,澆上燒熱的熟油,即可。

海鮮醬滑蒸鳳爪

材料

雞腳400克,葱粒1湯匙,熟油½湯匙,麻油1茶匙

醃料

海鮮醬2湯匙,紫金醬1½湯匙,薑片、葱段各1湯匙,鹽、米酒、麻油各½茶匙,糖¼茶匙,熟油1茶匙,生粉½湯匙,水2湯匙,胡椒粉少許

做法

1. 雞腳以粗鹽擦洗淨,切半,汆水,過冷河,瀝乾水分。
2. 雞腳放在碗內,加入醃料拌勻。
3. 碟上抹上一層薄油,排上雞腳,用猛火蒸約15分鐘至熟透,撒上葱粒,澆上燒熱的熟油和麻油即成。

頭椒蒸鳳爪

材料

雞腳12隻,薑3片,葱1條,花椒、鹽各1茶匙,糖½茶匙,八角1粒

醃料

麥芽糖½湯匙,白醋1湯匙,清水適量

調味料

豆豉茸1湯匙,蒜茸、紅辣碎各1茶匙,鹽、糖各½茶匙,蠔油1湯匙,胡椒粉、麻油各少許,生粉½湯匙,水1湯匙

做法

1. 雞腳以粗鹽擦洗淨,斬去腳趾,用醃料醃約2小時。
2. 燒熱油鑊,下雞腳炸至金黃。
3. 燒滾水,放入薑、葱煮出味,加入花椒、鹽、糖、八角,放入炸過的雞腳煲約1小時至腍,切半,排在碟上。
4. 燒熱油鑊,爆香蒜茸、辣椒和豆豉,加入餘下的調味料拌勻,淋於雞腳上,用猛火蒸約10分鐘即可。

荷香蒸鴨

材　　料：帶骨鴨胸500克，荷葉2張，葱粒、芫荽段各1湯匙，熟油½湯匙

醃　　料：生抽、生粉、熟油、鹽、米酒、薑茸各1茶匙，上湯1湯匙

做　　法：
1. 鴨胸洗淨，切塊，放碗內，加醃料拌勻。
2. 荷葉用熱水泡軟，洗淨，瀝乾水分，取一張鋪於碟上，抹一層油，排上鴨塊，蓋上另一張荷葉，用猛火蒸約40分鐘，取出，揭去荷葉，撒上葱粒、芫荽，澆上燒熱的熟油即成。

☆☆　　☆☆☆☆　　☆☆☆☆
美味指數　　烹飪難度　　營養搭配

扣蒸芽菜鴨

材料

帶骨鴨胸1塊（約500克），芽菜160克，薑片、葱段各5克，花椒數粒

調味料

豆豉茸25克，鹽、米酒、老抽各1茶匙，糖各¼茶匙，上湯100毫升，胡椒粉、麻油各適量

做法

1. 芽菜洗淨，切碎。
2. 鴨胸洗淨，氽水約5分鐘，瀝乾水分，趁熱在皮面均勻地抹上一層老抽，待乾。
3. 燒熱油鑊，下鴨胸炸成金紅色，瀝乾油分，切條。
4. 取一蒸碗，先放入鴨條，再放上芽菜，注入煮滾的調味料，上面放薑片、葱段、花椒，用猛火蒸約1小時，取出，反扣在碟上即成。

香味糯米鴨

材料

光鴨½隻（約750克），熟糯米飯250克，熟火腿粒1湯匙、鹽、薑茸、蒜茸各1茶匙

調味料

葱段、薑片、米酒各1湯匙，花椒數粒

醃料

海鮮醬、沙茶醬、磨豉醬各1湯匙，鹽、薑茸、蒜茸各1茶匙，糖¼茶匙，生抽1湯匙

做法

1. 光鴨洗淨，氽水，冷水入鑊，加調味料，煮滾後去浮沫，用中火煮熟，切塊。
2. 熟火腿切成小粒。
3. 鴨塊放碗內，加入醃料醃約½小時。
4. 熟糯米飯與火腿粒、薑茸、蒜茸、鹽拌勻。
5. 取一半鴨塊放在蒸碗底，中間放上糯米飯，再加入剩餘的鴨塊，用中火蒸約1½小時至腍，反扣在碟上即成。

芋泥鴨

材料

光鴨½隻，芋頭1個，生粉2茶匙

醃料

鹽2茶匙，胡椒粉少許

調味料

鹽、生粉各1茶匙，糖¼茶匙，油½湯匙，胡椒粉少許

做法

1. 光鴨洗淨，用鹽和胡椒粉醃2小時。用猛火蒸約½小時後，去骨，切塊，將鴨肉鋪平在碟上，撒上生粉。
2. 芋頭去皮，切片，蒸熟後壓成茸，趁熱加入調味料拌勻，鋪在鴨肉上，壓扁平，再用猛火蒸約½小時，即可。

芥末鴨掌

材料

鴨掌250克，葱段、薑片各1湯匙，上湯4湯匙

汁料

鹽、米酒、醋、蒜茸各1茶匙，芥末醬2茶匙，麻油少許

做法

1. 鴨掌用粗鹽擦淨，洗淨，瀝乾水分。用中小火煮至八成熟，用刀從鴨掌背部劃開，去骨。
2. 燒熱油鑊，放入上湯、葱段、薑片，燒滾後下入鴨掌稍氽燙一下，氽至鴨掌熟透，盛起，待涼。
3. 汁料拌勻，過篩去渣，即成香辣芥末汁，淋在鴨掌上即成。

百花釀鵝掌

材料

鵝掌10隻，大蝦肉100克，免治豬肉20克，熟鴿蛋10隻，瘦火腿絲10條，上湯100毫升，胡椒粉、麻油各少許

醃料

蛋白1個，鹽½茶匙，葱薑汁1茶匙，生粉½湯匙，水1湯匙

調味料

鹽½茶匙，上湯2湯匙，胡椒粉、麻油各少許

做法

1. 鵝掌用粗鹽擦淨，洗淨，瀝乾水分，汆水，煮滾調味料，下鵝掌煮½小時，盛起，瀝乾汁液。
2. 蝦肉、免治豬肉加入醃料拌勻成餡料。
3. 鵝掌的一面先沾上生粉，釀上一層餡料，抹平，放上熟鴿蛋和一條火腿絲，逐一排在碟上，用中火蒸約5分鐘即成。

冬菇蒸鵝掌

材料

鵝掌10隻，冬菇50克（浸軟），熟火腿絲15克，紅蘿蔔30克

芡汁

上湯250毫升，鹽、麻油、胡椒粉各適量，生粉½湯匙，水1湯匙

做法

1. 鵝掌用粗鹽擦淨，洗淨，瀝乾，汆水，過冷河，取出去骨，每隻切成2塊。
2. 燒熱油鑊，將鵝掌炸2分鐘，盛起。
3. 冬菇去蒂，洗淨；紅蘿蔔切片。
4. 鵝掌、冬菇、紅蘿蔔排放碟上，用猛火蒸約20分鐘，煮滾芡汁，澆在冬菇鵝掌上即成。

芥末西芹蒸鵝肉

材料

淨鵝肉500克，西芹160克

醃料

鹽、米酒、生粉各1茶匙，糖½茶匙，胡椒粉少許

調味料

芥末2茶匙，鹽、米酒、薑茸、紅辣椒茸各1茶匙，胡椒粉少許，生粉½湯匙，水1湯匙

做法

1. 鵝肉洗淨，瀝乾水分，切長片，以醃料拌勻。
2. 西芹洗淨，撕去老筋，切長片。
3. 鵝肉和西芹相間地排在碟上，用猛火蒸約15分鐘至熟透，煮滾調味料，澆在西芹鵝掌上即成。

梅子蒸鵝

材料

光鵝1隻（約2500克），酸梅40克

醃料

糖、白醋各1湯匙，鹽、生粉、油各½湯匙

芡汁

生粉½湯匙，水1湯匙

做法

1. 光鵝用粗鹽擦淨，洗淨，瀝乾水分。
2. 梅子去核、壓爛，以醃料拌勻，灌入鵝腔內，用鐵針封口，放碟上，用猛火蒸約30分鐘至熟透。
3. 把熟鵝腔內梅汁倒出（留起½杯汁），斬件上碟，煮滾芡汁及梅汁，澆在鵝肉上即成。

斤兩換算（約數）：1斤＝600克　15兩＝570克　14兩＝530克　13兩＝490克　12兩＝450克　11兩＝420克　10兩＝380克　9兩＝340克

豉香蒸鵝肉

材料
鵝肉600克，葱粒、紅辣椒茸各1茶匙，熟油1½茶匙

醃料
豆豉2湯匙，米酒、蠔油、薑茸、葱茸各1茶匙，鹽½茶匙，胡椒粉少許，生粉1茶匙，水1湯匙

做法
1. 鵝肉洗淨，瀝乾，切長片，以醃料拌勻。
2. 鵝肉排在碟上，用猛火蒸約15分鐘至熟透，撒上葱粒和紅辣椒茸，澆上燒熱的熟油即成。

瑤柱雞粒蒸滑蛋

材料
雞蛋4隻，雞肉120克，瑤柱3粒（浸軟），葱粒、蒜茸各1湯匙

調味料
鹽½茶匙，胡椒粉少許，水½杯

醃料
鹽、糖各¼茶匙，生抽、生粉各1茶匙，水、油各½湯匙，麻油少許

芡汁料
水¾杯，生抽、生粉各2茶匙，蠔油1茶匙，糖¼茶匙

做法
1. 瑤柱洗淨，蒸至軟，撕碎，浸瑤柱水留用。
2. 雞肉洗淨，抹乾，切粒，醃10分鐘。
3. 雞蛋打勻，加調味料、浸瑤柱水拌勻，蒸熟。
4. 燒熱油，爆炒蒜茸，炒熟雞粒，勾芡，加瑤柱絲煮滾，淋於蛋上，撒葱粒即成。

白果蒸蛋

材料
雞蛋6隻，白果（去殼）10粒，瑤柱2粒（浸軟）

調味料
上湯3杯，鹽1茶匙

做法
1. 瑤柱洗淨，蒸10分鐘至軟，撕碎。
2. 雞蛋打勻，加入上湯和鹽調味後拌勻。
3. 將白果加入蛋液中隔水蒸約10分鐘，鋪上瑤柱絲即成。

三色蒸蛋

材料
雞蛋4隻，皮蛋1隻，鹹蛋1隻

調味料
米酒、鹽各½茶匙，糖、生粉各¼茶匙，水約½杯

做法
1. 鹹蛋焓熟，去殼切粒；皮蛋去殼，切粒。
2. 雞蛋打勻，加調味料拌勻，倒入深碟中，加入鹹蛋和皮蛋，以小火蒸約10分鐘至凝固即可。

豆腐番茄蒸蛋

材料

豆腐1塊，雞蛋3隻，番茄1個，水¼杯

調味料

鹽½茶匙，胡椒粉適量

做法

1. 番茄和豆腐洗淨，瀝乾，切小片，放碟上。
2. 雞蛋打勻，加入水和調味料拌勻，將蛋液倒入番茄和豆腐上，舀去泡沫，用猛火蒸約5分鐘，改用慢火蒸約5分鐘即成。

蜆肉蒸蛋

材料

沙蜆350克，雞蛋4隻，上湯120毫升

調味料

生抽、葱粒各1湯匙，熟油½湯匙

做法

1. 沙蜆浸泡在淡鹽水中數小時，讓其吐沙，用小刀剥開蜆殼，取肉，洗淨。
2. 雞蛋打勻，加入上湯。
3. 蜆肉鋪在淺碟上，注入蛋液，除去泡沫，以中火蒸約15分鐘，淋上熟油、生抽和葱粒即可。

鹹蛋黃蒸南瓜

材料

南瓜250克，鹹蛋黃50克，葱茸少許

調味料

鹽、胡椒粉各¼茶匙，上湯1湯匙

做法

1. 南瓜去皮，去瓤，切薄片，洗淨。
2. 鹹蛋黃蒸熟，壓成茸。
3. 南瓜片與調味料拌勻，排在碟上，鋪上鹹蛋黃茸，以中火蒸約15分鐘，撒上葱粒即可。

雪菜肉碎拌蒸豆腐

材料
豆腐2塊，免治豬肉160克，雪菜40克，紅辣椒粒1湯匙，蒜茸1湯匙

調味料
生抽1湯匙，鹽½茶匙，糖¼茶匙，胡椒粉少許

做法
1. 豆腐洗淨，用布吸乾水分，放入深碟中。
2. 下油爆香蒜茸，放入免治豬肉炒香，加入雪菜、紅辣椒粒和調味料炒勻，淋在豆腐上，以中火蒸15分鐘即可。

菇粒絲瓜蒸麵筋

材料
絲瓜1條，麵筋260克，冬菇3朵（浸軟），蒜茸、葱粒、芫荽碎各1湯匙

調味料
鹽、胡椒粉各¼茶匙，上湯1湯匙，麻油適量，生粉1茶匙

做法
1. 絲瓜削皮，切片；冬菇切粒。
2. 麵筋洗淨，瀝乾，切片。
3. 絲瓜片與麵筋片排在碟上，以中火蒸10分鐘。
4. 燒熱油鑊，下油爆香蒜茸，加入冬菇粒和調味料煮滾，放上絲瓜和麵筋，撒上葱粒、芫荽碎即成。

檸汁素魚片

材料
鮮腐竹20克，紫菜1張，腐皮½張，榨菜50克，麵粉、水各1湯匙

調味料
薑茸2茶匙，鹽½茶匙，老抽½茶匙，胡椒粉少許

汁料
檸檬汁2湯匙，糖1茶匙，鹽¼茶匙，生粉½茶匙，水3湯匙

做法
1. 鮮腐竹與榨菜略為沖洗，切開，以攪拌機攪碎，加調味拌勻成餡料。
2. 麵粉和水調成麵糊。
3. 腐皮鋪平，掃上一層麵糊，鋪上紫菜，放上餡料，兩邊腐皮往內摺好，掃一層麵糊，捲成圓柱狀，以麵糊封口，以猛火蒸15分鐘，取出待涼，切厚片，汁料煮滾，淋在素魚片上便成。

麒麟蒸豆腐

材料
布包豆腐2件，大冬菇4朵（浸軟），火腿½片，冬筍8片，紅蘿蔔8片

豆腐醃料
鹽¼茶匙，胡椒粉適量

冬菇醃料
油、鹽、糖各¼茶匙

芡汁料
上湯½杯，生抽、鹽、糖各¼茶匙，生粉1茶匙，胡椒粉、麻油適量

做法
1. 布包豆腐沖洗淨，用醃料醃10分鐘，吸乾水分，切件。
2. 冬菇去蒂，蒸熟，切片，用醃料拌勻。
3. 火腿切片，冬筍和紅蘿蔔汆水。
4. 將全部材料如梅花間竹般排放於碟上，以猛火蒸8分鐘，將芡汁煮滾，淋在食材上即成。

素絲嫩豆腐

材料

嫩豆腐1盒，榨菜絲、冬菇絲、紅蘿蔔絲各2湯匙，芫荽½湯匙，葱粒1湯匙

調味料

生抽、老抽各½湯匙，糖½茶匙

芡汁料

蠔油1湯匙，老抽½湯匙，麻油、糖各½茶匙，水1湯匙

做法

1. 豆腐用溫水沖洗過，瀝乾後切件，排放碟上。
2. 榨菜絲、冬菇絲和紅蘿蔔絲拌入調味料，放豆腐上，以猛火蒸8分鐘。
3. 煮滾芡汁料，淋於豆腐上，灑上芫荽碎和葱粒，即可。

豉椒蒸帶子豆腐

材料

滑豆腐4件，急凍帶子8粒，蒜茸、豆豉茸各2茶匙，磨豉醬、豆瓣醬各½茶匙，葱粒1湯匙，鹽少許

醃料

生粉½茶匙，蛋白½隻，胡椒粉少許

芡汁料

水⅓杯，生抽1湯匙，油1茶匙，糖¼茶匙，生粉½茶匙，麻油少許

做法

1. 帶子解凍，沖洗淨，抹乾，切雙飛，拌入醃料待5分鐘。
2. 豆腐沖洗淨，開邊，灑上鹽。
3. 燒熱油，爆香蒜茸、豆豉茸和醬料。
4. 豆腐排放碟上，放上帶子，鋪上做法（3）的豉醬料，以猛火蒸6分鐘，隔去水分，芡汁煮滾，淋於豆腐上，撒上葱粒即成。

羅漢滑豆腐

材料

豆腐2塊，小冬菇6朵（浸軟），草菇80克，蜜豆80克，紅蘿蔔40克，冬筍40克，雲耳40克（浸軟），銀芽80克，薑2片，米酒1茶匙

調味料

蠔油1湯匙，生抽1茶匙，糖¼茶匙，麻油、胡椒粉各少許，生粉2茶匙，水¼杯

做法

1. 冬菇去蒂，瀝乾水分；草菇開邊，汆水，過冷河，瀝乾水分。
2. 蜜豆洗淨；紅蘿蔔和冬筍切塊。
3. 豆腐切大塊，排在碟上以猛火蒸5分鐘。
4. 燒熱油，爆香薑片，加入所有材料（米酒除外）同炒透，潷米酒，下調味料煮滾，淋在豆腐旁即成。

瑤柱帶子蒸豆腐

材料

豆腐2件，帶子240克，瑤柱2粒（浸軟），葱粒1湯匙

醃料

蛋白1隻，鹽½茶匙，生粉1茶匙，麻油少許

汁料（拌勻）

水1湯匙，鹽、糖、生粉各½茶匙，豆瓣醬2湯匙

做法

1. 瑤柱洗淨，蒸10分鐘至軟，撕碎。
2. 帶子橫切兩半，用醃料拌勻。
3. 豆腐沖洗淨，吸乾水分，切件，帶子放在豆腐上，鋪上瑤柱絲，淋上汁料，猛火蒸約5分鐘，撒上葱粒即成。

斤兩換算（約數）：1斤＝600克　15兩＝570克　14兩＝530克　13兩＝490克　12兩＝450克　11兩＝420克　10兩＝380克　9兩＝340克

蝦皇豆腐

材料

玉子豆腐2條，蝦膠120克，熟鹹蛋黃2隻，雞蛋1隻，菜心6條

醃料

蛋白1湯匙，鹽¼茶匙，生粉1茶匙，胡椒粉少許

汁料

鹽、糖各⅗茶匙，蠔油1湯匙，胡椒粉、麻油各適量，生粉1茶匙，上湯適量

做法

1. 菜心洗淨，下鹽水焯熟。
2. 每個熟鹹蛋黃切為6粒。
3. 玉子豆腐切件，中間挖空。
4. 蝦膠與醃料拌勻，攪至起膠，釀入挖空的玉子豆腐裏，上放一粒鹹蛋黃。
5. 雞蛋打勻，淋在釀豆腐上，隔水蒸約6分鐘。汁料煮滾，淋上豆腐，伴以菜心進食即成。

津白豆腐卷

材料

布包豆腐1塊，雞胸肉120克，津白4片，冬菇3朵（浸軟），紅蘿蔔粒1湯匙

醃料

鹽、生粉各½茶匙，糖、酒各¼茶匙，蛋白1個，麻油、胡椒粉各少許

芡汁料

鹽、糖各¼茶匙，生粉½茶匙，水3湯匙，生抽1茶匙

做法

1. 豆腐沖洗淨，余水後搗爛；雞胸肉剁成茸；冬菇去蒂，切粒。
2. 全部材料和拌勻成餡料。
3. 津白取葉部分，修剪成長方塊，放入有油、鹽的滾水中燙軟，抹乾水分；每片菜葉上塗少許生粉，放入適量餡料，捲成卷，隔水蒸20分鐘，切件，上碟。
4. 燒熱油，煮滾芡汁料，淋在津白卷上即成。

蛋白鮮冬菇蒸豆腐

材料

豆腐150克，鮮冬菇碎100克

餡料

蛋白2隻，鹽½茶匙，糖¼茶匙，水40毫升，生粉½湯匙

做法

1. 餡料拌勻。
2. 豆腐切成薄片，放入圓形杯內，鋪上一層鮮冬菇碎，再鋪上一層餡料，重複2次，共做成3層，以慢火蒸約15分鐘，即成。

杞子黑豆蒸豆腐

材　　料：豆腐1塊，杞子½湯匙，黑豆75克，芫荽碎½湯匙

調味料：生抽1湯匙，熟油1茶匙

做　　法：1. 豆腐、杞子洗淨。
　　　　　2. 黑豆洗淨，放入大碗中，泡水6小時，蒸至軟熟，瀝乾水分。
　　　　　3. 豆腐放碟上，撒上杞子、黑豆，以猛火蒸約10分鐘，撒上芫荽碎，淋上調味料，即可。

☆☆　　☆☆☆　　☆☆☆☆
美味指數　烹飪難度　營養搭配

清蒸蓮子豆腐

材料

滷水豆腐1塊，蓮子20粒（浸泡），杞子20粒

汁料

鹽、米酒、油、生抽各½茶匙，上湯1湯匙，麻油、胡椒粉各適量，生粉1茶匙，水1湯匙

做法

1. 蓮子、杞子分別洗淨，瀝乾水分。
2. 豆腐放水中煮約5分鐘，瀝乾水分，中間挖空，釀入蓮子和杞子，排在碟上，用中火蒸約15分鐘。
3. 煮滾汁料，淋在豆腐上即成。

千層豆腐

材料

老豆腐500克，免治豬肉160克

醃料

雞蛋1隻，鹽½茶匙，薑汁1茶匙，生粉½茶匙，水1湯匙

汁料

上湯2湯匙，鹽½茶匙，生粉½茶匙，水1湯匙

做法

1. 豆腐切成大薄片；免治豬肉加醃料拌勻。
2. 每層豆腐上抹一層免治豬肉，再蓋上豆腐，重複此步驟直至用完所有材料，放在碟上，蒸12分鐘至熟，取出。
3. 煮滾汁料，淋在豆腐上即成。

肉茸扒玉子豆腐

材料

免治豬肉120克，韭菜40克，玉子豆腐2條

醃料

鹽½茶匙，生抽2茶匙，胡椒粉少許

芡汁料

蠔油1茶匙，鹽、糖各¼茶匙，麻油少許，生粉2茶匙，水1湯匙

做法

1. 韭菜洗淨，切小段，用油、鹽炒熟。
2. 免治豬肉以醃料拌勻，下油炒熟。
3. 玉子豆腐切片，用猛火蒸約8分鐘。
4. 煮滾芡汁，與免治豬肉、韭菜拌勻，淋在玉子豆腐上即成。

蒸雞絲腐皮卷

材料

腐皮10張，雞肉160克，紅蘿蔔絲、榨菜絲各1湯匙，薑2片

醃料

生抽1茶匙，生粉½茶匙，胡椒粉、麻油各少許，水1湯匙

芡汁料

蠔油1湯匙，生抽1茶匙，糖¼茶匙，生粉½茶匙，水½杯

做法

1. 雞肉切絲，加醃料拌勻。
2. 腐皮用暖水洗淨，抹乾。
3. 將腐皮鋪平，上放適量雞絲、紅蘿蔔絲和榨菜絲，捲成卷狀，排放碟上，隔水猛火蒸15分鐘，取出。
4. 燒熱油，爆香薑片，倒下芡汁料煮滾，淋在腐皮卷上，即成。

蒸

百花豆腐蒸水蛋

材料
嫩豆腐1塊，雞蛋4隻，冬菇粒2湯匙，帶子粒2湯匙，粟米粒2湯匙

調味料
鹽½茶匙，上湯1杯

汁料
鹽½茶匙，生粉1茶匙，胡椒粉、麻油各少許

做法
1. 雞蛋打勻，加入調味料拌勻，以小火蒸15分鐘至凝固。
2. 豆腐切小粒，汆水；帶子粒汆水。
3. 起油鑊，炒香冬菇粒，再加入其他材料炒勻，加入汁料煮滾，淋於蒸蛋上即可。

原豉醬蒸豆腐鯇魚

材料
軟豆腐1塊，鯇魚塊280克，鹽3茶匙，熟油1湯匙，葱粒1湯匙

調味料
原豉醬2湯匙，生抽2茶匙，糖½茶匙，蒜頭2粒（拍碎），生粉½茶匙，油1茶匙

做法
1. 豆腐沖洗淨，切成小長塊，下鹽水中浸約20分鐘後瀝乾水分。
2. 鯇魚塊洗淨，抹乾，切片。
3. 調味料拌勻，搗成茸。
4. 豆腐排在深碟上，放上魚片，抹勻調味料，猛火蒸約10分鐘，淋上熟油，撒上葱粒，即成。

蒸皮蛋豆腐丸

材料
豆腐300克，皮蛋3隻，芫荽段1湯匙

調味料
雞蛋1隻，生抽、鹽、米酒、葱薑汁各1茶匙，生粉1湯匙，胡椒粉少許

汁料
花椒數粒，葱段、薑片各1湯匙，上湯150毫升，生抽、鹽各1茶匙，麻油、胡椒粉各少許

做法
1. 皮蛋剝去殼，洗淨，切幼粒。
2. 豆腐洗淨，壓成茸，以調味料拌勻，再加入皮蛋粒拌勻成餡料。
3. 燒熱油鑊，將餡料做成丸子，下油鑊中炸成金黃色，瀝油，排在碟上。
4. 燒熱油，爆香花椒、葱段、薑片，注入上湯，加入其他汁料，煮滾後倒在丸子上，用猛火蒸約20分鐘，取出，撒芫荽即成。

布袋豆腐

材料
油揚（日本豆腐皮袋）8個，蝦仁200克，粟米粒、醬瓜粒各2湯匙，韭黃6條

調味料
蠔油1湯匙，鹽½茶匙

汁料
鮑魚汁2湯匙

做法
1. 蝦仁與粟米粒、醬瓜粒加調味料拌勻，釀入油揚中，用韭黃紮好開口處。
2. 用猛火蒸5分鐘，取出，煮滾鮑魚汁，淋在油揚上即可。

斤兩換算（約數）：1斤＝600克　15兩＝570克　14兩＝530克　13兩＝490克　12兩＝450克　11兩＝420克　10兩＝380克　9兩＝340克

清蒸蘿蔔豬肉卷

材料

蘿蔔250克，免治豬肉200克，薑絲、葱絲、紅辣椒絲各1湯匙

醃料

雞蛋1隻，鹽、米酒、生粉、葱薑汁各1茶匙，胡椒粉、麻油各少許

做法

1. 免治豬肉加醃料拌勻成肉餡。
2. 蘿蔔洗淨，去皮，切成大薄片，加少許鹽醃至軟身，瀝乾，平鋪，放上適量肉餡，捲起成筒狀，逐一完成，收口向下排在碟上，用中火蒸約15分鐘，取出，撒上薑絲、葱絲和紅辣椒絲，即可。

鮮蝦本菇蘿蔔杯

材料

蘿蔔1條，本菇80克，中蝦3隻，豆腐1件

調味料

蛋白½隻，鹽⅛茶匙，胡椒粉、麻油少許

汁料

生抽1湯匙，味醂½茶匙，清酒½茶匙，水2湯匙

做法

1. 本菇洗淨，用鹽水浸一會，洗淨。
2. 蘿蔔去皮，洗淨，切成3段，兩頭為平切口，豎直，挖空中央成杯狀。
3. 中蝦去頭、殼和挑去腸，洗淨。
4. 豆腐氽水，抹乾水分，搓成茸，下調味料拌勻。
5. 將豆腐釀入蘿蔔杯中，上放本菇和中蝦，用猛火蒸約15分鐘，煮滾汁料，淋在其上即成。

蒸釀青椒

材料

青椒5隻，免治豬肉160克，芫荽葉、火腿片各1湯匙，生粉適量

醃料

葱茸、薑茸、鹽、生粉各1茶匙，麻油適量，上湯100毫升，雞蛋1隻

汁料

鹽½茶匙，麻油少許，生粉1茶匙，水1湯匙

做法

1. 免治豬肉加醃料拌均勻成肉餡。
2. 青椒洗淨，瀝乾，切半，去籽，內壁撲一薄層生粉，釀入肉餡，掃平，點綴上芫荽葉和火腿片，逐一完成，擺在碟上，用中火蒸約15分鐘至剛熟，取出。
3. 煮滾汁料，淋在釀青椒上即成。

七彩釀竹笙

材料

竹笙10條，木耳10克，西芹40克，紅蘿蔔40克，韭菜花20條，火腿茸1湯匙，薑1片，葱1條，酒少許

芡汁料

生抽2茶匙，糖½茶匙，胡椒粉、麻油各少許，生粉½茶匙，水2湯匙

做法

1. 竹笙浸泡約1小時，剪去兩端，用薑、葱和酒氽水，過冷河，切成兩段。
2. 木耳浸發，洗淨；韭菜花洗淨，氽水。
3. 西芹、木耳和紅蘿蔔洗淨，切幼條，用鹽水氽水，過冷河。
4. 將西芹、木耳和紅蘿蔔釀入竹笙內，再紮上韭菜花，蒸約10分鐘至熟。
5. 將芡汁料煮滾，加入火腿茸，淋在竹笙上，即成。

蒸釀竹笙

材料

竹笙200克，鯪魚肉200克，芫荽葉少許

醃料

鹽、米酒、葱茸、薑茸、生粉各1茶匙，蛋白½隻，胡椒粉少許

汁料

油、生粉½茶匙，上湯2湯匙，麻油少許

做法

1. 鯪魚肉加醃料，順一個方向用力攪拌。
2. 竹笙浸泡約1小時，剪去兩端，汆水，過冷河，切段，在其內壁撒少許生粉，釀入魚茸成圓筒狀，重複至全部材料用完，整齊地排在碟上，用中火蒸約8分鐘至剛熟，取出，隔去汁液。
3. 將芡汁料煮滾，淋在釀竹笙上，撒上芫荽葉即成。

紫菜醬蘑菇蒸茄子

材料

茄子3條，鮮蘑菇6粒，紫菜醬2湯匙，芝麻2茶匙，糖¼茶匙

做法

1. 茄子洗淨，開邊，泡油。
2. 蘑菇洗淨，切片。
3. 芝麻以白鑊炒香。
4. 茄子灑上少許糖，塗上紫菜醬，蘑菇片，以猛火蒸12分鐘，灑上芝麻即成。

生抽金蒜蒸茄子

材料

茄子500克，蒜茸2湯匙，葱粒1湯匙，熟油1茶匙，麻油少許

汁料

生抽½茶匙，糖¼茶匙，胡椒粉少許

做法

1. 茄子刨皮，切成長條，整齊地排在碟上。
2. 起油鑊，下蒜茸炸至金黃色。
3. 炸蒜茸用麻油拌勻，均勻地撒在茄子上，以猛火蒸約8分鐘。
4. 煮滾汁料，淋在茄子上，撒上葱粒，澆上熟油即可。

鮮雜菌野菜卷

材料

津白8片，鮮蘑菇160克，鮮冬菇160克，草菇160克，洋蔥碎80克，西芹碎80克，蒜茸2湯匙，米酒2茶匙

調味料

鹽½茶匙，糖¼茶匙，黑胡椒碎⅛茶匙

做法

1. 鮮蘑菇、鮮冬菇和草菇洗淨，切碎。
2. 津白汆水至軟身，取出揸乾水分。
3. 起油鑊，爆香蒜茸，炒香洋蔥和西芹碎，再加入雜菌同炒，下調味料，待炒香後，灒米酒。
4. 將雜菌放在津白上，捲成筒狀，以猛火蒸約6分鐘即成。

麻醬芥末蒸茭筍

材料

茭筍450克

汁料（拌勻）

麻醬1湯匙，麻油1茶匙，芥末2茶匙，凍開水2茶匙，生抽1湯匙，鹽½茶匙，糖¼茶匙

做法

1. 茭筍修去硬皮，洗淨，切條，以猛火蒸約15分鐘。
2. 茭筍放在碟上，淋上汁料，熱食或冷食均可。

晶瑩椰菜卷

材料

椰菜葉6塊，豆腐乾2件，冬菇6朵（浸軟），紅蘿蔔絲¼杯，木耳絲½杯，薑1片，生粉水適量

調味料

鹽½茶匙，蠔油1湯匙，生抽2茶匙，生粉2茶匙，水4湯匙，胡椒粉、麻油適量

茭汁料

蠔油1湯匙，糖¼茶匙，鹽½茶匙，生粉1茶匙，水½杯，麻油適量

做法

1. 椰菜葉洗淨，用油鹽水汆水，瀝乾。
2. 豆腐乾切絲；冬菇去蒂，切絲；紅蘿蔔絲、木耳絲分別汆水。
3. 起油鑊，爆香薑片，棄去，放菜絲炒勻，調味料，炒透，加豆腐乾絲拌勻，成餡料。
4. 餡料放椰菜中央，包成卷，用生粉水封口，排碟上，猛火蒸6分鐘。
5. 將茭汁料煮滾，淋在椰菜卷上即成。

百合蒸南瓜

材料

南瓜640克，鮮百合160克

汁料

蒜茸1茶匙，鹽½茶匙，胡椒粉、麻油適量，生粉1茶匙，水2湯匙

做法

1. 南瓜洗淨，削去表皮，切長條。
2. 百合洗淨，切成小瓣，放在南瓜條上，以猛火蒸15分鐘。
3. 起油鑊，爆香蒜茸，下汁料煮滾，淋在南瓜條上即成。

素菜南瓜盅

材料

南瓜750克，西芹70克，南瓜肉50克，草菇⅓杯，鮮蓮子30克，鮮百合20克，馬蹄6粒，紅蘿蔔1/4條，蒜茸、薑茸各1茶匙

調味料

上湯¼杯，蠔油2湯匙，米酒1茶匙，麻油1茶匙

汁料

鹽½茶匙，胡椒粉、麻油適量，生粉1茶匙，上湯2湯匙

做法

1. 西芹洗淨，切斜片；南瓜肉、馬蹄、紅蘿蔔分別洗淨，切片。
2. 從南瓜頂端¼處橫切開，挖出籽和少許瓤。
3. 燒熱油，爆香蒜茸、薑茸，加入其餘材料略炒，下調味料炒勻，將材料倒入南瓜盅內以猛火蒸10分鐘，取出。
4. 汁料煮滾，淋入南瓜盅內即成。

冬瓜夾

材料

冬瓜600克，紅蘿蔔160克，冬菇4朵（浸軟），免治豬肉160克

醃料

生抽2湯匙，糖½茶匙，生粉1湯匙，蛋白1個

芡汁料

生粉1湯匙，水2湯匙

做法

1. 冬瓜、紅蘿蔔削皮，切薄片；冬菇去蒂，每朵切為4塊。
2. 免治豬肉加醃料略醃，順一個方向拌勻。
3. 每兩片冬瓜中放紅蘿蔔、冬菇、免治豬肉，以猛火蒸15分鐘，倒出湯汁，勾芡，淋於冬瓜夾上。

清蒸冬瓜球

材料

冬瓜600克，紅蘿蔔數片，薑絲1½湯匙

汁料

鹽½茶匙，上湯1杯，麻油適量

芡汁料

生粉1湯匙，水2湯匙

做法

1. 冬瓜洗淨，用挖球器挖出球狀。
2. 冬瓜球、薑絲、紅蘿蔔片排在碟上，加入汁料拌勻，以猛火蒸15分鐘，將湯汁倒出，勾芡，即可。

蒸糯米釀蓮藕

材料

大蓮藕2節，糯米20克

汁料

鹽、糖各½茶匙，上湯1杯，生粉1茶匙，麻油適量

做法

1. 糯米用水浸泡至發脹，瀝乾水分。
2. 蓮藕洗淨，去兩頭，將糯米填塞進藕孔。
3. 蓮藕放在碟上，以猛火蒸20分鐘。取出，切片。
4. 汁料煮滾，淋在藕片上即可。

金銀蒜蝦乾蒸勝瓜

材料
　　勝瓜350克，蝦乾2湯匙，粉絲80克，蒜頭10粒，火腿茸1湯匙，薑1片，米酒1湯匙

煨料
　　鹽½茶匙，胡椒粉、麻油各少許，上湯1杯

調味料
　　鹽½茶匙，糖¼茶匙，上湯2湯匙

做法
1. 勝瓜去皮，切成骨牌狀；蝦乾略泡浸，瀝乾水分。
2. 粉絲浸軟，瀝乾，剪段。
3. 蒜頭剁茸，一半下油鑊炸成金黃，與生蒜茸調勻，加入調味料拌勻。
4. 燒熱油，爆香薑片，灒酒，下煨料，煮滾後放入粉絲和蝦乾，煮至汁液收乾，排放碟上。
5. 勝瓜排放粉絲上，再放上做法（3）的蒜茸，猛火蒸約10分鐘，面灑火腿茸，即成。

蒜茸粉絲蒸節瓜

材料
　　節瓜2個，蒜茸4湯匙，粉絲½包，上湯1杯

調味料
　　生抽2湯匙，糖½茶匙，熟油1茶匙

做法
1. 節瓜洗淨，去皮，橫切件；粉絲浸軟，瀝乾水分，切段。
2. 燒熱上湯，放入粉絲煮一會，盛起。
3. 節瓜排放碟上，鋪上粉絲，再撒上蒜茸，隔水蒸約10分鐘，淋上煮滾的調味料即可。

蒸芽菜番薯片

材料
　　番薯400克，芽菜100克，雞蛋2隻，生粉2湯匙，熟油500克，花椒數粒

汁料
　　鹽、老抽½茶匙，薑茸、葱粒各1茶匙，上湯100毫升，胡椒粉、麻油各少許

做法
1. 番薯洗淨，去皮，切厚片，加鹽拌勻醃約5分鐘，再打入雞蛋，並加入生粉拌勻。
2. 燒熱油鑊，下番薯片炸成金黃，瀝乾油分。
3. 芽菜洗淨，切茸。
4. 將番薯片一層層排放碟上，注入汁料，放上芽菜茸、花椒，用猛火蒸約25分鐘取出，即成。

冬菇紮

材　　料： 蠔菇120克，冬菇6朵（浸軟），素鴨1條，珍珠筍3條，紅蘿蔔½個，西芹1條，腐皮6塊

調味料： 水、蠔油、鹽、生粉、生抽各1茶匙，糖½茶匙，胡椒粉、麻油各少許

做　　法：
1. 蠔菇、冬菇、素鴨、紅蘿蔔、西芹分別洗淨，切粗條。
2. 腐皮浸軟，剪成長條，瀝乾水分。
3. 煮滾調味料，下所有材料（腐皮除外）略煮。
4. 鋪平腐皮，加入每種材料一條，捲成紮，逐一完成，排放碟上，用猛火蒸約10分鐘取出，即可。

美味指數　　烹飪難度　　營養搭配

扣蒸冬瓜紅蘿蔔

材料

冬瓜600克，紅蘿蔔150克，老抽少許

調味料

鹽、老抽、薑茸、葱粒各1茶匙，上湯1湯
匙，胡椒粉、麻油各少許

芡汁料

生粉1茶匙，水1湯匙

做法

1. 冬瓜刨皮，去瓤，切片，加入老抽
   拌勻。
2. 紅蘿蔔刨皮，洗淨，切片。
3. 取大碗，碗底塗少許油，按1片冬瓜、
   1片紅蘿蔔的順序整齊排在碗內，注入
   調好的調味料，用猛火蒸約20分鐘，
   取出，隔去湯汁（湯汁留用），反扣在
   碟上。
4. 煮滾湯汁，勾芡，淋在冬瓜上即成。

彩粒豆腐釀冬菇

材料

冬菇12朵（浸軟），豆腐1件，馬蹄粒、
蘑菇粒、紅蘿蔔粒、唐芹粒各1湯匙，生粉
適量

醃料

鹽½茶匙，糖¼茶匙，蠔油1茶匙，胡椒粉
少許

做法

1. 冬菇洗淨，去蒂，擠去水分。
2. 豆腐洗淨，瀝乾水分，壓成茸，與粒
   料、醃料拌勻，釀入冬菇，抹平，撲上
   生粉，用猛火蒸約20分鐘，取出即成。

冬菇醬汁絲瓜排

材料

冬菇8朵（浸軟），絲瓜320克，薑茸2湯匙

調味料（拌勻）

糖½茶匙，生粉1茶匙，沙茶醬1湯匙，蠔
油、生抽各½湯匙

做法

1. 絲瓜去皮，切片；冬菇去蒂。
2. 絲瓜排放在碟上，放上冬菇，淋上調味
   料，撒上薑茸，用猛火蒸6分鐘即可。

番薯竹筍包

皮材料

番薯300克，糯米粉250克，糖、油各½湯
匙，生粉1湯匙

餡料

筍絲300克，豬肉絲300克，蝦米80克

調味料

胡椒粉1茶匙，葱2湯匙，生抽3湯匙，鹽1
茶匙，糖1湯匙

做法

1. 番薯去皮，切薄片，以猛火蒸約20分
   鐘，趁熱壓成茸，與糯米粉、糖、油和
   生粉充分揉勻，並均分為10等份。
2. 筍絲泡水約2小時後，瀝乾水分；蝦米
   洗淨，瀝乾水分。
3. 起油鑊，下所餡料和調味料炒勻，
   待涼。
4. 每份番薯糯壓扁，包入餡料放在碟上，
   以猛火蒸約8分鐘即可。

煮

煮是最古老的一種烹飪技法，是以水作為導熱介質。操作過程是將生或經過初步加工過的半製成品的原料放於多量的湯汁或清水中，先用旺火煮沸，再以溫火煮至原料成熟的過程。煮的特點，在於不勾芡、湯汁多、口味清鮮。採用煮的方法除了是為了製出菜餚外，有時還為了提取鮮湯，以之作為烹製某些菜餚的配料或調味品。在本書中這一章的食譜，還包括了同屬水烹法的燒、燉、燜等技法的菜餚舉例。

東坡肉

材　　料： 五花腩340克（整塊、連皮），竹筍條1杯（已發透），水3杯，薑4片

調味料： 蒜頭2粒，磨豉2茶匙，南乳2湯匙，糖1茶匙，米酒2茶匙

做　　法：
1. 竹筍條汆水，過冷河。
2. 五花腩切成約10厘米立方；蒜頭洗淨，拍扁。
3. 磨豉、南乳和蒜頭搗爛。
4. 燒熱油鑊，爆香薑片，加入調味料，下五花腩炒拌勻，下筍片同炒約5分鐘，加水3杯，煮滾，燜約45分鐘至酥軟，即可。

☆☆☆☆☆　☆☆☆☆☆　☆☆☆☆☆
美味指數　　烹飪難度　　營養搭配

雞髀菇蜜餞肉

材料
雞髀菇160克,豬肉320克,檸檬1個(切片)

調味料
生抽1湯匙,紅糖1湯匙

醃料
生抽2茶匙,糖¼茶匙,生粉1茶匙,胡椒粉、麻油各少許

做法
1. 雞髀菇洗淨,切片,下油鹽糖水中煮熟,上碟。
2. 豬肉洗淨,切片,加醃料,下油鑊泡油至熟。
3. 起油鑊,放入檸檬片,加入紅糖及生抽煮至汁液漸收,放入豬肉拌勻,淋在雞髀菇上即成。

紅燜五花腩

材料
五花腩600克(整塊),津白600克,上湯½杯,油、鹽各少許

調味料
生抽½杯,米酒¼杯,糖½湯匙,水1½杯,油1湯匙,鹽1茶匙,乾葱頭6粒(去皮、拍扁),陳皮1角(浸軟)

做法
1. 五花腩洗淨,汆水。
2. 起油鑊,加入調味料煮滾,下五花腩,再燒滾後轉小火,加蓋燜½小時,盛起,待涼。
3. 五花腩切厚件,放回鑊中,加蓋,以小火再煮20分鐘至酥軟。
4. 津白洗淨,切段,放另一鑊中,加上湯、油和鹽煮軟,瀝乾,墊在碟底。
5. 五花腩排在津白上,淋上肉汁即成。

乾筍燜豬肉

材料
腩肉160克,乾筍100克,南乳1塊,蒜茸、酒各1茶匙

調味料
鹽¼茶匙,生抽1茶匙,糖½茶匙,麻油少許

芡汁料
生粉½茶匙,水2湯匙

做法
1. 乾筍用清水浸泡約4小時,切段,放入滾水中煮約10分鐘,取出,過冷河,瀝乾水分。
2. 腩肉洗淨,切塊。
3. 油鑊燒熱,爆香蒜茸、南乳,灒酒,加入腩肉、乾筍,加入水1½杯。
4. 煮滾後,用慢火燜約1小時,勾芡,上碟。

墨魚紅燜豬肉

材料
半肥瘦豬肉300克,墨魚1隻,薑3片,葱段1條

醃料
薑汁、米酒各½茶匙,生粉1茶匙,胡椒粉少許

調味料
上湯½杯,生抽1湯匙,蠔油1½湯匙,老抽½湯匙,糖1茶匙,鹽½茶匙,麻油、胡椒粉各少許

做法
1. 豬肉汆水,洗淨,瀝乾水分,切成骨排狀。
2. 黑魚撕去外衣,洗淨,抹乾,切件,加入醃料醃勻。
3. 燒熱油,爆香薑片和葱段,放入墨魚件炒透,加入豬肉略炒,灒酒,注入調味料煮滾,以慢火燜約1小時即可。

紅穀米煮肋排

材料
> 肋排640克，紅穀米1湯匙，薑3片，葱2條，芫茜碎1湯匙，八角1粒，桂皮1塊，水4杯

醃料
> 鹽1茶匙，糖¼茶匙

調味料
> 生抽2湯匙，老抽、米酒各1湯匙，冰糖½湯匙

做法
1. 肋排洗淨，斬成條形，用醃料醃約1小時。
2. 燒滾水，放入肋排，煮約½小時，盛起，過冷河。
3. 煮滾水，放入薑、葱、桂皮、八角和紅穀米，加入調味料煮滾，放入肋排再煮滾，轉慢火煲約1小時，撒上芫茜碎即成。

紅蘿蔔薯仔燜排骨

材料
> 排骨200克，紅蘿蔔½個，薯仔1個，洋葱1個

醃料
> 鹽½茶匙，糖¼茶匙，生粉½茶匙

芡汁料
> 糖½茶匙，蠔油2湯匙，水60毫升

做法
1. 紅蘿蔔和薯仔洗淨，切塊；洋葱切絲。
2. 排骨洗淨，抹乾，加入醃料醃15分鐘。
3. 燒熱油，將排骨炒至半熟，加入紅蘿蔔塊、薯仔塊和洋葱絲，略炒後加入芡汁料，用慢火燜約1小時即成。

鮑汁燜豬手

材料
> 豬手500克

調味料
> 上湯200毫升，葱粒2湯匙，薑2片，米酒½杯，生抽1茶匙，鹽、糖、蠔油各½茶匙

汁料
> 生抽1茶匙，糖½茶匙，鮑汁100毫升，雞汁150毫升，生粉½茶匙，水2湯匙

做法
1. 豬手刮洗乾淨，瀝乾水分。
2. 煮滾調味料，下豬手煮約1小時，上碟。
3. 另起油鑊，汁料煮滾，勾芡，淋在豬手上即成。

醋香豬腳薑

材料
> 豬腳1隻，雞蛋8隻，老薑640克，甜醋1200毫升

做法
1. 豬腳洗淨，瀝乾，斬件，放入油鑊炸5分鐘，盛起。
2. 薑去皮，切大塊，用刀拍鬆，用白鑊炒乾水分。
3. 雞蛋放入冷水中，煮滾水將雞蛋焓熟，去殼，備用。
4. 用瓦鍋盛載甜醋、豬腳、雞蛋、老薑，煲滾後改慢火煲約2小時，熄火，焗1日即可進食。

五香燻蹄

材料
> 豬蹄膀1隻，海蜇絲160克，麻油1茶匙

白滷水材料
> 八角4粒，草果2個，香葉2片，甘草3片，桂皮、陳皮、沙薑各1塊，水12杯

調味料
> 鹽、冰糖各1湯匙，米酒½杯

燻蹄汁料
> 白醋、滾水各1湯匙，生抽、浙醋、糖各¾湯匙，蒜茸½湯匙，紅辣椒茸1茶匙

做法
1. 豬蹄膀洗淨，瀝乾，放入滾水中焓約10分鐘，再用慢火煮45分鐘，取出沖冷水，放入雪櫃冷藏。
2. 白滷水材料煲約½小時，隔去渣，加入調味料，待涼。
3. 燻蹄汁料煮滾，加麻油拌勻，待涼。
4. 豬蹄膀切半，去骨，洗淨，待乾後放入滷水中浸約5小時，取出切片，伴海蜇絲，蘸燻蹄汁進食。

花生栗子燜豬蹄

材料
> 豬手480克，花生、栗子各160克，薑3片，葱2條，八角2粒，水4杯

調味料
> 生抽2湯匙，老抽、米酒各1湯匙，鹽½茶匙，冰糖1湯匙

做法
1. 豬手洗淨，斬件，汆水，盛起。
2. 栗子去殼，去衣，與花生放入滾水中略燙，取出；葱切段。
3. 鑊中注入水，加入全部材料，煮滾後，用慢火燜煮1小時，加入調味料，再燜約½小時，即可。

燜牛肋條

材料
> 牛肋條600克

調味料
> 葱段3湯匙，薑5片，八角3粒，生抽⅔杯，酒2湯匙，冰糖1湯匙

做法
1. 牛肋條洗淨，瀝乾水分，切塊，下滾水中煮3分鐘後，盛起，下冰糖拌至溶化，待10分鐘，汁料留用。
2. 熱鑊下油，爆香葱段和薑片，加入生抽、酒、八角和牛肉塊拌炒，再將汁料倒入，煮滾，改用慢火燜約1小時便可。

番茄燜牛肋條

材料
> 牛肋條350克，番茄150克，水12杯

調味料
> 生抽½湯匙，鹽、米酒各1茶匙，薑茸、葱段各1湯匙，草果1個

做法
1. 牛肋條洗淨，切小方塊。
2. 番茄洗淨，放入滾水中略汆，盛起，剝皮，切塊。
3. 燒熱油鑊，下牛肋條炸至金黃，瀝乾油分。
4. 燒熱水，下牛肋條，加入調味料煮滾，再下番茄，轉小火煮1小時即可。

水煮牛肉

材料

牛肉240克，萵筍160克，唐芹、葱各80克，薑茸、蒜茸各1湯匙，辣椒乾2湯匙，上湯3杯，花椒粉、辣椒油各少許，豆瓣醬1湯匙

醃料

生抽1湯匙，糖、米酒、麻油各1茶匙，胡椒粉少許，生粉2湯匙

調味料

鹽、糖各¼茶匙，麻油少許

做法

1. 牛肉洗淨，切薄片，用醃料醃15分鐘。萵筍洗淨，摘好；唐芹、葱切段。
2. 起鑊下油，爆香辣椒乾，盛起留用。
3. 再下油爆香唐芹、葱段，放入萵筍，加調味料，注入上湯2湯匙炒熟，盛起墊碟底。
4. 再起鑊，下油，爆香薑茸、蒜茸、豆瓣醬，注入上湯，下辣椒乾煮至出味，加入牛肉片煮至熟透，連湯淋於菜上，撒上花椒粉，淋上辣椒油，上碟。

蘿蔔燜牛腩

材料

蘿蔔400克，牛腩500克，葱1條，八角1粒，水8杯

調味料

酒1茶匙，生抽2茶匙，鹽¼茶匙，糖½茶匙

芡汁料

生粉1茶匙，水1湯匙

做法

1. 牛腩洗淨，切小塊，汆水，沖淨泡沫，瀝乾。
2. 蘿蔔去皮，洗淨後切小塊；葱洗淨，切段。
3. 牛腩加水和八角煮滾，改慢火煮½小時，加入蘿蔔同煮，加調味料煮至湯汁收乾，勾芡，撒上葱段，即可。

五香牛脤

材料

急凍牛脤450克，滷水汁1½杯，冰糖1湯匙，紅辣椒1隻，薑3片，蒜頭6粒，水2½杯

做法

1. 牛脤洗淨，解凍，汆水5分鐘，過冷河。
2. 滷水汁加水、冰糖、紅辣椒、薑和蒜頭，煮滾。
3. 放入牛脤，轉慢火煮1小時，待涼後切片，上碟。

啤酒燉牛肉

材料
牛肉300克,紅蘿蔔50克,洋葱½個

調味料
啤酒250毫升,生抽1茶匙,薑茸、蒜茸各½湯匙,糖½茶匙,茄汁1湯匙,胡椒粉少許

做法
1. 紅蘿蔔洗淨,切成滾刀塊;洋葱洗淨,切塊。
2. 牛肉洗淨,切成小塊,汆水,過冷河,瀝乾。
3. 燒熱油鑊,爆香薑茸、蒜茸,下洋葱拌炒,再加其他調味料煮滾,下牛肉塊、紅蘿蔔塊,用慢火煮½小時即可。

薑絲伴白焯牛肉

材料
牛肉300克,薑片、薑絲、葱段各1湯匙,白胡椒粒1茶匙,紅辣椒1隻

醃料
糖¼茶匙,生粉、米酒各1茶匙,胡椒粉、麻油各少許

蘸汁料
生抽、老抽各2湯匙,白醋、糖、蒜茸、子薑絲各1湯匙,紅辣椒絲1茶匙,芫荽碎1湯匙

做法
1. 牛肉洗淨,切薄片,用醃料醃20分鐘。
2. 將適量水燒滾,放入薑片、葱段、白胡椒粒煲至出味,放入牛肉片焯熟,盛起上碟,撒上薑絲、紅辣椒,伴以蘸汁料進食。

椰汁香芋牛肉

材料
芋頭240克,牛肉片320克,鮮奶½杯,椰汁½杯,蒜茸1茶匙,薑2片,葱段1湯匙,米酒1湯匙,生粉水1½湯匙

醃料
鹽¼茶匙,糖⅛茶匙,生粉1茶匙,水4湯匙,油1茶匙

汁料
上湯1½杯,鹽½茶匙,糖¼茶匙

做法
1. 芋頭去皮,洗淨,切片,下油鑊炸2分鐘,瀝乾油分。
2. 燒熱油,加入汁料煮滾,放入芋片,慢火煮15分鐘,瀝乾水分。
3. 牛肉片以醃料醃約15分鐘,燒熱鑊,下牛肉片泡油,瀝乾油分。
4. 下油爆香薑片、葱段,放入牛肉片,贊酒,慢慢注入芡汁料,再加入芋片、鮮奶和椰汁,煮滾後即可。

薯仔咖喱牛腩

材料
薯仔2個,牛腩600克,洋葱1個,蒜茸1茶匙,咖喱醬3湯匙,椰汁300毫升,糖1茶匙

調味料
鹽、生抽各1茶匙,蠔油1湯匙,水2湯匙

做法
1. 牛腩切件,洗淨,汆水、過冷河,瀝乾;洋葱切塊,備用。
2. 薯仔去皮,切角塊,下油鑊炸至金黃,盛起。
3. 下油炒香洋葱,盛起。
4. 燒熱油,爆香蒜茸,下咖喱醬和糖炒香,加入牛腩爆透,加水蓋過牛腩,煮滾後轉慢火,燜1小時,加入調味料,再煮½小時,加入椰汁和薯仔,再燜片刻,加入洋葱拌勻即成。

沙茶金菇牛肉煲

材料
牛肉400克，金菇80克，紅蘿蔔片80克，冬粉60克，蒜茸、薑茸各1茶匙

醃料
生抽1茶匙，麻油2茶匙，米酒1湯匙，水1湯匙，生粉½茶匙

調味料
鹽½茶匙，糖¼茶匙，沙茶醬2湯匙，米酒1湯匙，水1湯匙

做法
1. 牛肉洗淨，切條，汆水，加醃料拌勻。
2. 冬粉放入滾水中泡至軟。
3. 砂鍋內加入適量油，爆香蒜茸、薑茸，加入調味料和牛肉條、冬粉、金菇、紅蘿蔔片，以中火炒至汁料收乾即可。

西芹馬蹄牛腩煲

材料
牛腩350克，馬蹄80克，西芹80克，薑茸½湯匙，葱粒、蒜茸各1湯匙

調味料
鹽少許，糖1湯匙，雞粉2湯匙，米酒2湯匙，水適量

芡汁料
生粉1茶匙，水1湯匙

做法
1. 牛腩洗淨，切塊，汆水。
2. 馬蹄、西芹分別洗淨，切塊。
3. 砂鍋內加入適量油，爆香薑茸、蒜茸，加調味料、牛腩、馬蹄，上蓋以小火燉煮約1小時，放入西芹，以小火煮約5分鐘，勾芡，撒上葱粒即可。

紅蘿蔔燜牛腩

材料
牛腩600克，紅蘿蔔1個，紅辣椒2隻，葱2條，米酒1湯匙，麻油、鹽各少許

汁料
上湯、水各2杯，茄汁3湯匙，生抽1茶匙

芡汁料
生粉1茶匙，水2湯匙

做法
1. 牛腩洗淨，切大件，放入滾水中煮約5分鐘，洗淨再切塊。
2. 紅蘿蔔去皮，切塊；紅辣椒開邊；葱略拍。
3. 燒熱油，爆香紅辣椒和葱，加入牛腩拌勻，潛酒，倒入汁料，慢火煮½小時，加入紅蘿蔔件再煮約½小時，加鹽和麻油，取出紅辣椒和葱，勾芡，即可。

明火清湯腩

材料
牛腩1000克，薑4片，葱2條，冰糖1湯匙，八角4粒，陳皮1角，老抽250毫升，米酒、水各適量

汁料
上湯500毫升，牛腩湯50毫升，水500毫升，葱粒2湯匙

做法
1. 牛腩洗淨，放滾水中加2片薑和葱，汆水，取出沖洗淨。
2. 下全部材料（牛腩除外），加水燒滾，加入牛腩後改用中慢火煮1小時，離火後焗½小時。
3. 煮滾汁料。
4. 牛腩切件，淋上汁料，即成。

斤兩換算（約數）：1斤＝600克　15兩＝570克　14兩＝530克　13兩＝490克　12兩＝450克　11兩＝420克　10兩＝380克　9兩＝340克

龍井雞汁生魚片

材料

　　生魚片320克，龍井茶葉2茶匙，薑米1湯匙，雲耳40克（浸軟），酒1茶匙，雞湯½杯，葱粒1湯匙，炸脆龍井茶葉2茶匙

醃魚料

　　蛋白1茶匙，生粉½茶匙，味椒鹽½茶匙，薑汁酒1茶匙，胡椒粉少許，熟油2湯匙

做法

1. 生魚片加入醃料拌勻15分鐘，燒熱油鑊，泡嫩油。
2. 龍井茶葉放杯中，用滾水沖泡，杯倒置於深碟中心。
3. 燒熱鑊，下油爆香薑米、雲耳，灒酒，傾入雞湯煮滾。
4. 將魚回鑊再煮2分鐘，灑上葱粒，即可放在龍井茶的碟上，灑上炸脆茶葉，食時將茶杯拉起即可。

魚漿蘑菇

材料

　　鮮蘑菇300克，熟桂花魚肉80克（搗碎），乾葱碎、蒜茸各1湯匙，青豆、紅蘿蔔粒適量

湯料

　　上湯1杯，鹽1茶匙，糖¼茶匙

汁料

　　上湯1杯，鹽、糖各½茶匙，胡椒粉、麻油各少許

芡汁料

　　生粉1茶匙，水2湯匙

做法

1. 煮滾湯料，放入蘑菇煮熟，瀝乾汁液，放碟上。
2. 燒熱油，炒香乾葱碎和蒜茸，加入汁料煮滾，放入熟桂花魚肉拌勻，加入青豆、紅蘿蔔粒略煮，勾芡，淋在蘑菇上即成。

糖醋鮮茄燴桂花魚

材料

　　桂花魚640克，番茄1個，蘑菇3粒，細蝦仁60克，乾葱茸、蒜茸、薑茸各1茶匙，酒1茶匙，青豆1湯匙，松子2湯匙，生粉適量，生粉水2½湯匙

醃料

　　生粉1茶匙，蛋白1茶匙，味椒鹽½茶匙

調味料

　　白醋¼杯，茄汁2湯匙，糖1湯匙，鹽¼茶匙

做法

1. 番茄以滾水略燙去皮，切粒；蘑菇切粒；松子、蝦仁分別泡油。
2. 桂花魚洗淨，起肉後切魷魚花，醃15分鐘，撲上生粉，泡油，保留魚骨。
3. 魚骨撲上生粉，下油鑊泡至金黃，排放碟上，再將魚肉排上（保持魚形狀）。
4. 燒熱油鑊，爆香茸料，灒酒，炒透菜粒，調味煮滾，勾芡，再將松子和蝦仁回鑊炒勻，淋在魚上即可。

紅燒桂花魚

材料

　　桂花魚450克，金針、雲耳各20克，薑2片，葱段1湯匙，紅蘿蔔花數片，生粉少許，米酒1½茶匙

醃料

　　鹽½茶匙，胡椒粉少許

調味料

　　水½杯，生抽1½湯匙，老抽1茶匙，糖1茶匙，麻油、胡椒粉各少許

做法

1. 金針和雲耳分別浸軟，同汆水，洗淨；金針菜打結。
2. 桂花魚去鱗劏洗淨，抹乾，並在魚身兩面斜剁數刀，放入醃料拌勻。
3. 桂花魚撲上生粉，下熱油中炸至表面微黃。
4. 燒熱油，爆香薑片和葱段，將桂花魚回鑊，灒酒，注入調味料和雲耳、金針，用慢火燜煮至材料熟透即成。

雪菜浸煮桂魚

材料
　　桂花魚1條，豬肉5片，雪菜200克，青、紅甜椒各½杯，蒜茸1茶匙，米酒½茶匙

調味料
　　鹽½茶匙，糖¼茶匙，上湯2杯

做法
　　1. 雪菜洗淨，切粒。
　　2. 桂花魚去鱗，劏洗淨，抹乾，燒熱鑊，
　　　　下油將魚煎至兩面金黃。
　　3. 燒熱油，爆香豬肉和雪菜及青紅
　　　　甜椒，將桂花魚回鑊，灒米
　　　　酒，加入調味料，下桂花
　　　　魚浸煮約10分鐘即可。

紅辣椒煮鯉魚

材料
　　鯉魚1條，草菇8朵，紅辣椒3隻，葱1條

調味料
　　胡椒粉、糖各1茶匙，米酒½湯匙，生抽1湯
　　匙，水1杯

做法
　　1. 草菇洗淨，切片；葱洗淨，切段。
　　2. 紅辣椒洗淨，去蒂和籽，放入熱油中炸
　　　　香，盛起。
　　3. 鯉魚去鱗，劏洗淨，放入熱油中煎至金
　　　　黃，盛起。
　　4. 燒熱油鑊，爆香草菇、炸紅辣椒及葱，
　　　　加入調味料煮滾，鯉魚回鑊，以慢火煮
　　　　至入味，上碟，湯汁煮至濃稠，淋在魚
　　　　上即可。

薑葱燜鯉魚

材料
　　公鯉魚1500克，薑160克，青葱160克，青
　　蒜120克，蒜頭6粒，米酒½杯

調味料
　　糖½湯匙，鹽2茶匙，老抽1湯匙

做法
　　1. 鯉魚劏洗淨不去鱗，魚白留腹中，瀝乾
　　　　水分。
　　2. 青葱、青蒜洗淨，切段；薑切塊；蒜頭
　　　　拍扁。
　　3. 燒熱油鑊，下鯉魚煎至兩面微黃。
　　4. 爆香薑塊、青葱白和青蒜白，下米酒，
　　　　加適量水，燒滾後加入調味料。
　　5. 鯉魚回鑊，轉慢火，加蓋燜至鯉魚軟
　　　　熟，下青葱和青蒜尾段，再煮15分鐘，
　　　　即可。

斤兩換算（約數）：1斤＝600克　15兩＝570克　14兩＝530克　13兩＝490克　12兩＝450克　11兩＝420克　10兩＝380克　9兩＝340克

花豆燜鯉魚

材料

鯉魚600克，赤小豆40克，扁豆40克，大花豆80克，薑3片，葱1條，酒1湯匙，水適量

調味料

鹽½茶匙，生抽2茶匙，蠔油2茶匙，生粉1茶匙，水1湯匙

做法

1. 鯉魚劏洗淨，用鹽略醃。
2. 赤小豆、扁豆和大花豆洗淨，放入清水浸3小時。
3. 燒熱油鑊，爆香薑片，放入鯉魚煎至兩邊金黃，潵酒。
4. 將鯉魚轉放入瓦煲，注入適量水，煮滾後加入赤小豆、扁豆和大花豆，慢火燜至豆腍熟，加入調味料和葱段，即可。

薑葱燜鱸魚

材料

鱸魚600克，蒜頭5粒，薑粒、葱段、紅辣椒粒各1湯匙，胡椒粉少許

調味料

米酒、豆醬各1湯匙，上湯½杯

芡汁料

生粉1茶匙，水2湯匙

做法

1. 鱸魚去鱗，劏洗淨，抹乾，在魚身橫剕數刀，以胡椒粉抹勻。
2. 燒熱油鑊，下鱸魚炸至兩邊金黃，瀝油。
3. 再燒紅油鑊，爆香蒜粒、薑粒、紅辣椒粒和葱段，加入豆醬、上湯、米酒炒勻，鱸魚回鑊，以慢火煮約10分鐘，勾芡，撒上葱粒，即可。

薑醋鯽魚煲

材料

鯽魚600克，薑4片，葱2條

調味料

生抽、香醋各1湯匙，鹽½茶匙，米酒½湯匙

做法

1. 鯽魚去鱗，劏洗淨；葱洗淨，切段。
2. 燒熱油鑊，爆香薑、葱，放入鯽魚煎至兩邊金黃，盛起。
3. 取砂鍋一個，放入鯽魚和調味料，注入適量清水，煲滾後轉慢火煮約1小時，上碟。

三文魚頭煲

材料

三文魚頭2個，紹菜320克，燒肉120克，豆腐2件（切件），冬菇8朵（浸軟），蒜茸1湯匙，薑1塊，磨豉醬½湯匙，雞蛋1隻，生粉3湯匙，水½湯匙，生粉水2½湯匙

醃料

鹽¼茶匙，米酒1湯匙，麻油½茶匙，油½湯匙

汁料

上湯、水各¾杯，鹽1茶匙，蠔油2湯匙，胡椒粉少許

做法

1. 三文魚頭洗淨、斬大件，瀝乾水分，加醃料拌勻。紹菜洗淨，切段。將雞蛋、水和生粉調成粉漿，放入三文魚頭，取出撲上生粉，下油鑊炸至金黃，瀝油。
2. 燒熱油，略炒紹菜，取出，放砂鍋內。
3. 燒熱油，爆香蒜茸、薑片和磨豉醬，加入燒肉、冬菇炒熱，潵酒，注入汁料、魚頭、豆腐，上蓋燜5分鐘，移到紹菜上，加入上湯、水，煮滾，勾芡即成。

靈芝菇煮三文魚

材料

三文魚肉240克，靈芝菇160克，豆苗80克，魚骨上湯2杯，嫩薑絲2湯匙，米酒1湯匙

調味料

鹽1茶匙，胡椒粉少許

做法

1. 三文魚肉洗淨，切條；靈芝菇切去根部，洗淨；豆苗洗淨。
2. 煮滾魚骨上湯，放入米酒、三文魚肉和嫩薑絲。
3. 加入靈芝菇後，改慢火同煮，以鹽調味，加入豆苗煮熟後，撒下胡椒粉即成。

蒜茸魚湯煮石斑

材料

石斑柳360克，米酒100毫升，紅辣椒乾1茶匙，魚上湯100毫升，蒜茸1茶匙，洋蔥粒2湯匙，鹽½茶匙，胡椒粉適量

芡汁料

生粉1茶匙，水2湯匙

做法

1. 魚柳洗淨，以鹽和胡椒粉調味。
2. 煮滾魚上湯，下魚柳煮熟後盛起。
3. 繼續煮魚上湯，加入蒜茸、洋蔥粒和紅辣椒乾，即加入米酒，以猛火收乾魚上湯至一半份量，勾芡，淋在魚柳上，即可。

酸菜煮塘虱魚

材料

塘虱500克，鹹酸菜絲100克，冬筍、大豆芽、青蒜葉各80克，薑3片，蔥段1湯匙

調味料

上湯100毫升，鹽、胡椒粉各適量

做法

1. 塘虱劏洗淨，切塊。
2. 豆芽、青蒜葉洗淨；冬筍切絲。
3. 煮滾上湯，加入冬筍絲、薑片、大豆芽、鹹酸菜絲、塘虱塊、蔥段、青蒜葉、少許鹽，燉煮15分鐘，撒入胡椒粉即可。

番茄薯仔煮剝皮魚

材料

大剝皮魚1條，蔥頭150克，蛋黃4隻，番茄1個，薯仔1個，炒杏仁75克

調味料

香葉2片，米酒1湯匙，白胡椒粒6粒，芫荽碎75克，鹽適量，胡椒粉少許

做法

1. 魚劏淨，剁下頭尾，起肉，切片；抹上鹽、胡椒粉、米酒醃半小時，撲上生粉，在鑊中稍煎一會。
2. 蔥頭、番茄、薯仔洗淨，切片；杏仁磨碎。
3. 魚骨、香葉、胡椒粒、水一起入鑊煮滾，改慢火煮約1小時，放入蔥頭片、番茄片、薯仔、芫荽碎煮熟，放入魚片用慢火煮至熟嫩，加鹽、胡椒粉調味，撒杏仁碎、芫荽碎，即可。

上湯焗龍蝦尾

材料

急凍龍蝦尾6條，薑4片，葱1條，生粉1湯匙，米酒1½茶匙

醃料

鹽½茶匙，生粉1茶匙，麻油、胡椒粉各少許

芡汁料

上湯⅓杯，糖、麻油各½茶匙，生抽、生粉水各1茶匙

做法

1. 龍蝦尾解凍，沖淨，斬件，拌入醃料待5分鐘後，撲上生粉。
2. 薑片略拍，葱切段。
3. 燒熱油，下龍蝦件煎至金黃，盛起。
4. 下油爆香薑、葱，龍蝦回鑊，加米酒、芡汁煮滾即可。

鹽水煮蝦

材料

大蝦600克，葱段2湯匙，薑2塊

調味料

鹽½茶匙，花椒適量

做法

1. 大蝦去殼，挑去腸，洗淨，瀝乾水分。
2. 鑊放清水，用花椒煮出香味，隔去花椒，放入鹽、葱段、薑塊和大蝦，用中火煮約5分鐘，棄去葱、薑，大蝦煮至入味，即可。

油燜大蝦

材料

大蝦600克，青蒜40克，葱段、薑茸各1湯匙

調味料

鹽、米酒各1茶匙，糖½茶匙，麻油各適量，上湯2湯匙

做法

1. 大蝦去殼，挑去腸，洗淨，切段。
2. 青蒜洗淨，切段。
3. 燒熱油鑊，爆香葱段、薑茸，加入大蝦略炒，下調味料，煮滾後用慢火煮5分鐘。
4. 轉猛火收濃湯汁，淋上麻油，撒下青蒜段，即可。

冬瓜茸燴鮮蝦

材　　料：蝦仁200克，冬瓜300克，蛋白1隻，薑2片，上湯2湯匙
醃　　料：鹽½茶匙，米酒1茶匙
調味料：鹽½茶匙，米酒1茶匙，麻油、胡椒粉各適量
芡汁料：生粉1茶匙，水2湯匙
做　　法：1. 蝦仁洗淨，瀝乾水分，加入醃料拌勻。
　　　　　2. 冬瓜去皮，洗淨，剁成茸或以攪拌機打成茸，加入薑片蒸熟，棄去薑片。
　　　　　3. 燒熱油鑊，下冬瓜茸，加入米酒、鹽和上湯煮滾，撇去浮沫，加入蝦仁，勾芡，收乾料
　　　　　　 汁，加入胡椒粉、麻油即可。

美味指數　烹飪難度　營養搭配

紅燒蝦段

材料
> 大蝦300克，冬筍40克，冬菇40克（浸軟），生菜80克，蔥2段，薑2片

調味料
> 鹽½茶匙，糖¼茶匙，米酒1湯匙，上湯100毫升，生粉1茶匙，水2湯匙

做法
1. 大蝦去殼，洗淨，切段；冬筍、冬菇洗淨後切片；生菜洗淨，切長段。
2. 燒熱油鑊，下蝦段泡油，瀝乾。
3. 鑊留餘油，下蔥段、薑片爆香，加入蝦段、冬筍片、冬菇片和調味料煮滾，改用慢火煮至汁濃，下生菜，勾芡，即可。

啤酒醉蝦

材料
> 大蝦300克，啤酒1罐，蔥茸1湯匙，薑2片

調味料
> 鹽½茶匙，麻油、胡椒粉各少許

做法
1. 大蝦去殼，挑去腸，洗淨，瀝乾水分。
2. 啤酒倒入鑊中，加入蔥茸、薑片，煮滾後放入大蝦煮至熟透，轉小火煮至啤酒蒸發成濃稠湯汁，加入調味料即可。

咖喱菠蘿蝦

材料
> 中蝦8隻，菠蘿200克，蝦米1湯匙

醃料
> 米酒1茶匙，鹽¼茶匙，糖¼茶匙，生粉½茶匙，麻油½茶匙

汁料
> 乾蔥茸1½湯匙，蒜茸、紅辣椒茸、南薑茸各1茶匙，香茅1枝，辣椒膏1湯匙，蝦膏½茶匙，檸檬葉2片，椰汁200毫升，水100毫升

調味料
> 魚露2茶匙，糖½茶匙

做法
1. 中蝦去殼，挑去腸，保留蝦頭和尾，用醃料醃15分鐘，下油鑊泡至八成熟。
2. 菠蘿洗淨，切塊；香茅切碎；蝦米浸軟，切碎。
3. 燒熱油鑊，慢火爆香辣椒膏炒至油轉紅色，下蝦米碎和蝦膏炒香，再加入椰汁、水和檸檬葉煮至汁變稠，下其他汁料，加入中蝦和菠蘿煮滾，調味即可。

芥菜煮水蟹

材料
> 水蟹2隻，大芥菜250克，上湯3杯，薑2片

調味料
> 鹽少許

做法
1. 蟹劏洗淨，拍裂蟹鉗，斬件。
2. 大芥菜洗淨，切塊。
3. 下油爆香薑片，注入上湯煮滾，加入蟹件煮10分鐘，加入大芥菜再煮滾，下鹽調味即成。

青蟹豆腐鍋

材料
青蟹1隻，豆腐1塊，京葱1條，酒1湯匙

調味料
魚骨上湯3杯，鹽1茶匙，胡椒粉少許

做法
1. 青蟹劏洗淨，掀開蟹蓋，切件，燒熱油鑊，下青蟹煎至金黃色後盛起。
2. 豆腐洗淨，切厚片；京葱切段。
3. 煮滾魚骨上湯，放入蟹件、豆腐同煮，灒酒，煮滾後改小火煮10分鐘。
4. 撇掉泡沫，下鹽調味，加入京葱段，撒下胡椒粉即可。

肉蟹粉絲煲

材料
肉蟹1隻，粉絲2札，葱粒1湯匙

醃料
生抽1湯匙，凍開水½杯，油、糖½茶匙，鹽¼茶匙，生抽1茶匙，胡椒粉少許

做法
1. 粉絲泡軟，用剪刀剪成段，加入醃料拌勻10分鐘；放入砂鍋中。
2. 肉蟹劏洗淨，切塊，排入砂鍋中，撒上葱粒，蓋上鍋蓋，加少量水，以中火燜約15分鐘至熟，熄火，待5分鐘即成。

香辣花蛤煮蟹

材料
花蛤320克，肉蟹1隻，蒜頭4粒，薑2片，紅辣椒4隻，香茅1枝，黑椒1茶匙

調味料
鹽、油各1茶匙，沙嗲醬1湯匙，上湯2湯匙

做法
1. 香茅洗淨，拍鬆，切小段；蒜頭、薑分別洗淨，拍碎。
2. 花蛤以油鹽水浸1小時，洗淨，瀝乾水分；肉蟹劏洗淨，斬件。
3. 燒熱油鑊，爆香蒜頭、薑和紅辣椒、黑椒，加上湯和其他調味料、香茅煮滾，以中火煮15分鐘，加入花蛤和肉蟹煮熟即可。

清酒煮青口

材料
青口15隻，洋葱、紅洋葱各½個，蘑菇6粒，蒜茸1茶匙

調味料
上湯½杯，清酒2湯匙，鹽½茶匙，香草少許

做法
1. 青口洗淨；洋葱、紅洋葱切絲。
2. 燒熱油鑊，爆香蒜茸、洋葱、紅洋葱和蘑菇，加入青口同煮，加入上湯拌勻。
3. 加入清酒煮至汁收乾，下鹽調味，撒上香草，即成。

九層塔椒絲煮青口

材料
青口400克，九層塔1棵，紅辣椒4隻，蒜肉4粒

調味料
清酒½杯，牛油1湯匙，鹽½茶匙

做法
1. 青口洗淨，瀝乾水分。
2. 燒熱鑊，下少許油和蒜肉炒香，加入牛油煮熔，加入青口、清酒和鹽煮5分鐘。
3. 加入紅辣椒和九層塔煮滾即成。

紅椒拔蘭地青口

材料
青口500克，紅椒160克，洋葱160克，紅蘿蔔80克，乾葱40克，蒜茸1湯匙，新鮮百里香30克，麵粉1湯匙，牛油1湯匙，拔蘭地50毫升

調味料
鹽¼茶匙，糖⅛茶匙

做法
1. 青口洗淨，瀝乾水分。
2. 紅椒、洋葱、紅蘿蔔、乾葱分別洗淨，切碎。
3. 燒熱鑊，用牛油炒香蒜茸，加入紅椒、洋葱、紅蘿蔔和乾葱煮滾，下青口，再放入百里香和麵粉，炒至濃稠，倒入拔蘭地，煮約10分鐘，下調味料拌勻，即成。

栗子燜蛤蜊

材料
鮮蛤蜊肉300克，栗子150克，葱段1湯匙

醃料
薑汁、米酒各1茶匙

調味料
生抽、米酒各1茶匙，鹽、糖各¼茶匙，麻油適量

做法
1. 蛤蜊肉洗淨，氽水，瀝乾水分，用醃料醃½小時。
2. 栗子洗淨，煮熟，去殼，切半。
3. 把蛤蜊肉、栗子放入砂鍋中，加入適量水燜½小時，用生抽、鹽、糖、米酒調味，燜至湯汁收乾，淋上麻油，即可。

涼瓜煮蛤肉

材料
鮮蛤蜊肉300克，涼瓜1條，蒜茸1湯匙

調味料
鹽、米酒½茶匙，薑汁1茶匙

汁料
糖¼茶匙，鹽、米酒½茶匙，薑汁1茶匙

做法
1. 涼瓜洗淨，切開，去瓤，氽水，泡浸冷水中，切片。
2. 蛤蜊肉，洗淨，瀝乾水分。
3. 燒熱油鑊，爆香蒜茸，下蛤肉，加調味料炒勻，盛起。
4. 涼瓜片和汁料加入砂鍋中煮滾，下蛤肉，注入適量水，煮至湯汁收濃即可。

酒煮花蛤

材料
花蛤500克，蒜茸3茶匙

調味料
米酒1杯，鹽1茶匙

做法
1. 以淡鹽水浸花蛤數小時使其吐沙，洗淨，瀝乾水分。
2. 鑊中加入米酒和水煮滾，下花蛤同煮，加蒜茸和鹽調味，花蛤煮至開口即成。

清炆蛤蜊肉

材料
鮮蛤蜊500克，葱絲、薑絲、芫荽段各1湯匙

調味料
鹽½茶匙，上湯2湯匙

做法
1. 蛤蜊浸淡鹽水中使其吐沙，洗淨，下滾水中略煮至殼張開，去殼取肉，湯過濾，留用。
2. 鑊中加入蛤肉和原湯，用中火煮滾，撇去浮沫，下鹽和上湯調味，下入葱絲、薑絲、芫荽段即可。

雲耳青口煲

材料
青口10隻，雲耳10克（浸軟），榨菜20克，紅蘿蔔花40克，薑2片，蒜頭2粒，米酒各1湯匙

醃料
鹽¼茶匙，糖¼茶匙，胡椒粉、麻油各少許，薑汁酒1茶匙

調味料
蠔油1茶匙，生抽1茶匙，糖¼茶匙，胡椒粉、麻油各少許，生粉½茶匙，水2湯匙

做法
1. 青口解凍，洗淨，汆水，過冷河，加入醃料拌勻。
2. 雲耳洗淨，汆水，過冷河。
3. 榨菜洗淨，切片，浸泡約15分鐘，瀝乾；紅蘿蔔花洗淨。
4. 砂鍋下油，爆香薑和蒜頭，下雲耳、榨菜和紅蘿蔔花拌勻，加入青口，潷酒，倒下調味料煮約5分鐘，即成。

斤兩換算（約數）：1斤＝600克　15兩＝570克　14兩＝530克　13兩＝490克　12兩＝450克　11兩＝420克　10兩＝380克　9兩＝340克

花椒木耳煮蠔

材料
蠔250克，木耳30克（浸軟），生菜160克，葱絲、薑絲各1湯匙，花椒油適量，麵粉2湯匙

汁料
鹽½茶匙，米酒1茶匙，辣椒乾1湯匙，水2湯匙

做法
1. 蠔以麵粉搓洗淨，瀝乾水分；木耳洗淨，切成小朵；生菜洗淨，切段。
2. 鑊中將水煮滾，加入葱絲、薑絲、蠔、生菜段和木耳煮至八成熟，瀝乾水分，上碟。
3. 汁料煮滾，淋在蠔上，淋上花椒油即可。

蜜汁金蠔伴蘆筍

材料
生曬蠔豉10隻，蘆筍6條，上湯1杯，煙肉5片

醃料
薑汁、米酒各1茶匙

汁料
蜂蜜2茶匙，生抽½湯匙，生粉½茶匙，水3湯匙

做法
1. 蠔豉洗淨，瀝乾水分，放入醃料拌勻，隔水蒸8分鐘。
2. 蘆筍洗淨，去節皮，切段。
3. 煙肉洗淨，切半，中間放入1隻蠔豉卷起，下油鑊將兩面煎至金黃。
4. 煮滾上湯，加入少許油、鹽，放入蘆筍煮軟，蘆筍和蠔豉相間排在碟上。
5. 煮滾汁料，淋在蘆筍和蠔豉上，即可。

辣酒煮花螺

材料
花螺750克，上湯½杯，薑2片，紅辣椒茸、蒜茸、豆豉茸各1湯匙，花椒少許

調味料
米酒1茶匙，油、生抽、鹽各½茶匙

芡汁料
生粉1茶匙，水2湯匙

做法
1. 花螺洗淨，瀝乾水分。
2. 燒熱油鑊，爆香薑片、紅辣椒茸、蒜茸、豆豉茸、花椒，倒入花螺，炒至乾身，加米酒適量拌勻，加上湯、生抽、鹽煮滾，勾芡，即可。

上湯煮翡翠螺

材料
翡翠螺肉300克，上湯1杯，辣椒茸、蒜茸各1湯匙

醃料
油1茶匙，生抽、鹽各½茶匙

芡汁料
生粉1茶匙，水2湯匙

做法
1. 翡翠螺肉洗淨，加入醃料拌勻，燒熱油鑊，下翡翠螺肉泡嫩油。
2. 煮滾上湯，下鹽調味，放入辣椒茸、蒜茸、翡翠螺肉煮滾，勾芡即成。

砂鍋魷魚

材料

魷魚乾300克（浸軟），冬菇6朵（浸軟），馬蹄肉8粒，火腿80克，上湯½杯，薑片、葱段各適量，水適量，米酒½茶匙

調味料

鹽½茶匙，胡椒粉適量

做法

1. 魷魚乾洗淨，切粗絲。
2. 馬蹄洗淨，切粒；冬菇、火腿洗淨，切幼絲；薑片、葱段洗淨，拍鬆。
3. 砂鍋中放上湯、水、薑、葱、米酒煮滾，撇去浮沫，改小火煮1小時成濃湯，加入所有材料再煮½小時，加鹽和胡椒粉調味，即可。

魷魚煮五花腩

材料

五花腩200克，魷魚½隻（浸軟），薑片、葱段各適量，八角2粒，糖½茶匙，生抽1茶匙

調味料

鹽、生抽、米酒各½茶匙，胡椒粉適量

做法

1. 五花腩洗淨，切塊，汆水，過冷河。
2. 魷魚斜切薄片，剞花。
3. 燒熱油鑊，爆香糖、生抽，倒入五花腩略炒，加入調味料、葱段、薑片、八角和適量水，用中小火煮1小時。
4. 加入魷魚同煮½小時，即可。

煮

酸菜魷魚

材料

魷魚乾1隻（浸軟），鹹酸菜160克，上湯2杯，唐芹粒2湯匙

調味料

鹽、胡椒粉各適量

做法

1. 魷魚洗淨，斜切薄片，剞花，用上湯½杯煮至入味。
2. 鹹酸菜以清水略浸，洗淨，切段。
3. 煮滾餘下的上湯和適量水，加鹽和胡椒粉煮成湯汁，加入唐芹粒、鹹酸菜和魷魚，下調味料煮滾即成。

辣酒煮蟶子

材料

蟶子600克，草菇10粒，薑6片，葱2條，蒜片2粒，紅甜椒2個，香茅1枝

調味料

上湯2杯，鹽½茶匙，糖1茶匙，生抽1茶匙，老抽1茶匙，米酒¼杯，辣椒醬2湯匙，辣豆瓣醬1茶匙，胡椒粉少許

做法

1. 蟶子擦洗乾淨，瀝乾。
2. 草菇洗淨，瀝乾水分；葱切段；紅椒切件；香茅拍鬆。
3. 熱鑊下油，爆香薑片、葱段、蒜片、紅甜椒、辣豆瓣醬和草菇，加入調味料和香茅拌煮至滾，放入蟶子，同煮約至熟透，上碟。

斤兩換算（約數）：1斤＝600克　15兩＝570克　14兩＝530克　13兩＝490克　12兩＝450克　11兩＝420克　10兩＝380克　9兩＝340克

清酒煮蜆

材料

鮮大蜆500克，清酒200毫升，上湯150毫升

調味料

蒜茸1湯匙，芫荽碎1湯匙，水150毫升

做法

1. 用淡鹽水浸蜆，使其吐沙，洗淨，瀝乾水分。
2. 熱鑊下油，爆香蒜茸和芫荽碎，加蜆炒勻，注入酒、上湯和水同煮至蜆殼張開即可。

白酒番茄浸蜆

材料

蜆400克，洋葱1個，番茄2個，蒜茸80克，茄膏40克，香葉2片，香草½湯匙，白酒60毫升，上湯50毫升

調味料

鹽¼茶匙，糖⅛茶匙，黑胡椒碎⅛茶匙

做法

1. 洋葱、番茄洗淨，切碎。
2. 燒熱油鑊，炒香蒜茸、洋葱碎和番茄碎，加入香葉和茄膏炒勻。
3. 加入蜆、白酒、上湯和香草同煮約5分鐘，下調味料拌勻，即可。

蝦仁帶子

材料

蝦仁320克，帶子8粒，西蘭花1棵，蒜茸1湯匙，上湯2湯匙，鹽½茶匙

醃料

生粉、鹽各½茶匙，糖¼茶匙，麻油適量

芡汁料

生粉1茶匙，水2湯匙

做法

1. 蝦仁洗淨，用刀拍成蝦膠，加醃料拌勻。
2. 西蘭花洗淨，汆水，盛起留用。
3. 將蝦膠釀上帶子，放入油鑊中煎至金黃，瀝油。
4. 燒熱油鑊，爆香蒜茸，加入上湯、鹽調成汁，放入釀帶子、西蘭花煮滾，勾芡，即可。

家常海參

材　　料： 已浸發海參320克，瘦肉40克，筍片80克，冬菇8朵（浸軟），紅蘿蔔片40克，青蒜1條，豆瓣醬2湯匙，薑茸、蒜茸、葱茸、麻油各1湯匙，水1杯

汁　　料： 鹽、糖、米酒各¾茶匙，上湯1杯

調味料： 鹽、糖、米酒各½茶匙，胡椒粉少許

芡汁料： 生粉1茶匙，水2湯匙

做　　法： 1. 海參洗淨，切片；冬菇洗淨，切半；青蒜斜刀切段；冬菇、筍片汆熟，瀝乾水分。
　　　　　 2. 瘦肉洗淨，切幼條，下油鑊中炒至金黃，盛起。
　　　　　 3. 燒熱油，爆香薑茸、葱茸、蒜茸，加入汁料煮滾，放入海參片煮½小時，盛起。
　　　　　 4. 再起油鑊，炒香豆瓣醬，放入海參、冬菇、筍片、瘦肉注入水和調味料煮滾，勾芡，下麻油、青蒜、紅蘿蔔片拌勻，即可。

☆☆☆　　☆☆☆　　☆☆☆☆
美味指數　烹飪難度　營養搭配

冬菇燜海參

材料
> 已浸發海參300克，冬菇8朵（浸軟），薑3片，葱2條，米酒1茶匙，上湯½杯

調味料
> 鹽¼茶匙，生抽2茶匙，蠔油1湯匙，糖½茶匙，胡椒粉、麻油各少許

芡汁料
> 生粉1茶匙，水2湯匙

做法
1. 海參洗淨，下加了薑、葱的水中煮片刻，瀝乾水分後切厚片。
2. 冬菇去蒂，葱切段。
3. 起油鑊，爆香薑片、葱，灒入米酒，放入海參和冬菇，加入上湯和調味料，用慢火煮約15分鐘，勾芡，上碟。

竹笙花旗參煮海參

材料
> 花旗參40克，已浸發刺參1條，竹笙4條（浸軟），上湯1杯，水3杯

調味料
> 鹽、麻油各適量

做法
1. 花旗參洗淨，切段；竹笙修剪後泡溫水，切成兩段，洗淨。
2. 刺參洗淨，切塊，汆水，瀝乾水分。
3. 煮滾上湯和水，加入刺參和花旗參煮約15分鐘，再加入竹笙煮滾，加入鹽和麻油即可。

海參魚肚燜豬腸

材料
> 已浸發海參320克，已浸發魚肚1個，豬腸240克，菊花、杞子各8克，淮山20克，甘草1片，薑5片，葱2條

調味料
> 鹽½茶匙，糖¼茶匙，生抽1湯匙，生粉1茶匙，水150毫升

做法
1. 菊花、杞子、淮山和甘草用溫水洗淨，兩碗水煎成一碗湯汁，過濾。
2. 海參洗淨，瀝乾；魚肚洗淨，下加了薑、葱的水中汆水，瀝乾。
3. 燒熱油鑊，爆香薑片，放入豬腸，加入適量水和湯汁，慢火煮½小時，加入魚肚和海參再煮15分鐘，即可。

青瓜煮魚肚

材料
> 青瓜480克，已浸發魚肚80克，豬肉80克，鮮草菇40克，葱3條，薑2片，冬菜1湯匙，上湯360毫升

調味料
> 魚露1茶匙，胡椒粉、麻油各少許

芡汁料
> 生粉½茶匙，水3湯匙

做法
1. 魚肚洗淨，切段，燒熱油鑊，下魚肚炸至金黃，瀝油。
2. 燒滾水，放入葱、薑、米酒，熄火，放下魚肚浸15分鐘，洗淨，瀝乾水分。
3. 豬肉洗淨，切片；冬菜洗淨。
4. 青瓜刨皮，去瓤，切長條，下油鑊略炸後盛起。
5. 再起油鑊，略炒青瓜和肉片，加入其他材料（冬菜除外）和調味料煮片刻，加入冬菜，勾薄芡即可。

絲瓜煮鮮魚肚

材料
絲瓜480克，瑤柱2粒（浸軟，撕碎），鮮鯇魚肚160克，免治豬肉40克，冬菜1湯匙，上湯1杯

調味料
魚露1茶匙，胡椒粉、麻油各少許

芡汁料
生粉1茶匙，水5湯匙

做法
1. 鯇魚肚洗淨，割穿。
2. 絲瓜刨皮，去掉瓢核，切長條。
3. 燒熱油鑊，下絲瓜略炸後盛起。
4. 再起油鑊，把青瓜回鑊略炒，加入上湯、鮮魚肚、免治豬肉、瑤柱絲、調味料煮滾，再加入冬菜，勾薄芡即可。

節瓜排骨魚肚煲

材料
節瓜600克，排骨320克，魚肚80克（浸軟），薑3片，葱1條，水5杯

調味料
鹽適量

做法
1. 節瓜去皮，洗淨，切大塊。
2. 魚肚洗淨，切段，放入有薑、葱的滾水中汆水。
3. 排骨洗淨，斬件，汆水，洗淨。
4. 煮滾適量水，下排骨煮約30鐘，加入魚肚煮滾，加節瓜和薑片，慢火滾至節瓜熟，加鹽調味即可。

上湯帶子煮冬瓜

材料
帶子8粒，冬瓜300克，薑3片，葱1條，上湯1杯

調味料
鹽、米酒各1茶匙，麻油適量

芡汁料
生粉1茶匙，水3湯匙

做法
1. 帶子洗淨，瀝乾水分。
2. 冬瓜去皮、瓢，洗淨，切塊，汆水，瀝乾水分。
3. 燒熱油鑊，爆香葱、薑後棄去，加入所有材料，燒滾後撇去浮沫，改用慢火煮透，加入調味料，勾芡，即可。

瑤柱草菇燴冬瓜

材料
冬瓜640克，草菇320克，瑤柱4粒（浸軟，撕碎），薑3片，上湯½杯

做法
1. 冬瓜去皮，去瓢，切塊。
2. 草菇洗淨，頂部�十字紋，汆水，瀝乾水分。
3. 燒熱油鑊，爆香冬瓜，加入瑤柱和上湯，加蓋燜煮20分鐘，盛起。
4. 起油鑊，爆香薑片、草菇，加入冬瓜、瑤柱，炒勻，下調味料，勾芡便可。

斤兩換算（約數）：1斤＝600克　15兩＝570克　14兩＝530克　13兩＝490克　12兩＝450克　11兩＝420克　10兩＝380克　9兩＝340克

砂鍋洋葱雞

材料
光雞½隻，洋葱1個，薑6片

醃料
薑汁、生抽各1湯匙，老抽½湯匙

汁料
生抽1湯匙，蠔油2湯匙，糖½茶匙，麻油、胡椒粉各少許

芡汁料
生粉1茶匙，水2湯匙

做法
1. 光雞洗淨，抹乾，以醃料醃10分鐘。
2. 燒熱油，下光雞爆至金黃，盛起。
3. 砂鍋中燒熱油，爆香薑和洋葱，光雞回鑊，加汁料煮滾，蓋上蓋，改用中慢火燜熟，取出雞，斬件，排放碟上。
4. 汁料煮滾，勾芡，淋於雞件上，即成。

金針雲耳冬菇雞

材料
雞¼隻，雲耳、金針各10克，冬菇4朵（浸軟），薑3片，蒜頭1粒，紅棗3粒（去核），杞子1湯匙，酒2茶匙，生粉水2½湯匙

醃料
生抽½湯匙，生粉1茶匙，水1茶匙，魚露1茶匙，糖¼茶匙，薑汁酒1茶匙，胡椒粉、麻油各少許

調味料
蠔油1湯匙，糖¼茶匙，水¼杯

做法
1. 雞洗淨，斬件，加入醃料醃½小時，燒熱油，爆香雞件，盛起。
2. 雲耳浸發，洗淨，去蒂；金針浸發，剪去硬部分，打結；冬菇洗淨，瀝乾；蒜頭切片。
3. 燒紅鑊，爆香薑片、蒜頭，下金針、雲耳、冬菇、紅棗和杞子，濳酒，將雞回鑊炒透，調味，上蓋，以中慢火煮至雞熟，勾芡即可。

沙薑芝麻雞

材料
芝麻光雞1隻，薑8片，葱5條，筍肉40克

醃料
薑汁酒1湯匙，沙薑醬1湯匙

汁料
水¾杯，生抽1湯匙，糖¼茶匙

芡汁料
生粉1茶匙，水2湯匙

做法
1. 芝麻雞洗淨，開邊，抹乾，搽勻醃料。
2. 燒熱油，爆香薑、葱和筍肉，盛起放在砂鍋中，將雞放在上面，加入汁料，加蓋用中慢火煮15分鐘。
3. 將雞翻轉，再煮15分鐘，取出雞，斬件，將剩餘的汁料勾芡，淋於雞上即成。

白切雞

材料
光雞1隻，麻油適量

蘸料
薑茸、葱茸各1湯匙，鹽、沙薑粉各1茶匙，糖½茶匙，熟油、麻油各適量

做法
1. 光雞洗淨，斬去腳，瀝乾水分。
2. 燒滾大半鍋水，放入光雞，待水滾時即熄火，浸焗10分鐘，水再燒滾，熄火浸約10分鐘，用凍開水浸約10分鐘，取出，全身擦勻麻油。
3. 拌勻蘸料成為蘸汁伴食。

生抽瑤柱浸雞

材料

　光雞1隻

汁料

　瑤柱4粒（浸軟，撕碎），上湯2杯，薑3片，生抽2杯，老抽1杯，冰糖1湯匙

做法

1. 光雞洗淨，斬去腳，瀝乾水分。
2. 瑤柱與汁料煮滾成雞汁。
3. 將雞放入雞汁中，用慢火煮約½小時，熄火後再浸15分鐘，取出，斬件上碟。

龍井茶燻雞

材料

　光雞1隻

滷水料

　八角1粒，桂皮、陳皮各1小塊，花椒½茶匙，草果1個，生抽½杯，鹽1茶匙，糖2茶匙，薑2片，葱1條，水5杯

燻雞料

　龍井茶葉1杯，糖、白米各½杯

做法

1. 滷水料放入鑊中，用慢火煮約20分鐘。
2. 光雞洗淨，放入滷水中煮滾，熄火，浸約15分鐘，盛起。
3. 鑊中鋪上錫紙，放上鐵架和燻雞料，加蓋，燒紅鑊至冒出煙後熄火。
4. 將雞放於架上，加蓋焗約5分鐘，取出，燒熱油，將雞炸至金黃熟透，斬件上碟。

蠔油冬菇雞粒煲

材料

　雞胸肉240克，冬菇4朵（浸軟），紅蘿蔔80克，葱1條，紅辣椒1隻，薑2片，菜心8條，上湯½杯

醃料

　鹽、糖各¼茶匙，生粉1茶匙，胡椒粉、麻油各少許

調味料

　蠔油2湯匙，生抽、米酒各1茶匙，糖¼茶匙

做法

1. 雞胸肉切粒，與醃料醃約10分鐘，泡嫩油至七成熟，瀝油。
2. 冬菇去蒂，切粒；紅蘿蔔刨皮，切粒；葱切段；紅辣椒切圈。
3. 菜心洗淨，切段，放滾水中焯熟，放砂鍋中墊底。
4. 鑊燒熱，下油爆香薑、葱、紅辣椒，下紅蘿蔔和冬菇粒略炒，放入雞粒等材料，加上湯和調味料，用慢火煮約10分鐘，即可。

栗子燜雞

材料
> 光雞½隻，栗子100克，青甜椒½隻，生抽適量

調味料
> 米酒、生抽各1湯匙，糖、鹽½茶匙，八角2粒，薑3片

芡汁料
> 生粉1茶匙，水2湯匙

做法
1. 光雞洗淨，切塊，以少許生抽抹勻，下油鑊中炸至金黃，瀝油。
2. 栗子用水煮熟，去皮，切半，再用熱油炸至金黃，盛起，青甜椒洗淨，去籽，切角。
3. 燒熱油鑊，爆香薑片、八角，潷酒，加生抽、糖、鹽，加水燒滾，下雞塊、栗子，蓋上蓋，轉慢火煮熟，加入青甜椒，轉猛火收汁，勾芡，即可。

酒香雞

材料
> 光雞1隻，葱段，薑片各適量，上湯1杯，水適量

調味料
> 鹽½茶匙，糖¼茶匙，米酒、白酒、紅酒各2湯匙，胡椒粉適量

芡汁料
> 生粉1茶匙，水2湯匙

做法
1. 光雞洗淨，去骨，切塊。
2. 燒熱油鑊，爆香葱段，薑片，再加入雞塊炒至變色時，潷入白酒、米酒、紅酒（先用一半），注入上湯和水，用鹽、胡椒粉調味，以中火煮約1小時，再加入另一半酒，轉猛火收汁至濃，勾芡，即可。

椰汁雞

材料
> 雞腿200克，薯仔、番茄各1個，洋葱¼個，蒜茸、薑茸各1湯匙

調味料
> 咖喱粉2湯匙，椰奶、上湯各1杯，糖¼茶匙，鹽½茶匙，米酒1湯匙

芡汁料
> 生粉1茶匙，水2湯匙

做法
1. 薯仔、洋葱去皮，番茄去蒂，分別洗淨，切粒。
2. 雞腿洗淨，去骨，切小塊。
3. 燒熱油，放入洋葱、蒜茸、薑茸和咖喱粉炒香，再加入雞塊炒至七成熟。
4. 再加入薯仔、番茄拌勻，放入椰奶、上湯、其他調味料煮滾，改慢火煮至雞肉脍熟入味，勾芡，即可。

魚丸煮鹹雞

材料
> 魚丸100克，鹽水煮的熟雞肉160克，雞脾菇80克，薑片、葱段各適量，紅蘿蔔片1湯匙，上湯¼杯

調味料
> 鹽¼茶匙，胡椒粉少許

做法
1. 雞肉切塊；雞腿菇洗淨，切片。
2. 熱鑊下油，放入薑片，將雞塊炒香，加入上湯煮10分鐘，再加入紅蘿蔔片、雞脾菇，下鹽煮滾，撒胡椒粉即成。

豆豉涼瓜燜雞

材料
光雞½隻，涼瓜1條，紅甜椒1隻，豆豉1湯匙，老薑6片，水適量

調味料
鹽¼茶匙，胡椒粉少許

做法
1. 光雞洗淨，切塊，汆水。
2. 涼瓜洗淨，去籽，切塊，汆水；紅甜椒洗淨，去籽，切角。
3. 鑊中加水煮滾，下薑片、涼瓜、紅甜椒和豆豉、雞塊煮滾，改小火煮20分鐘，下鹽調味即可。

紅燜雞翼

材料
雞翼12隻，薑3片，芫荽碎1湯匙，薑汁酒1湯匙，水2杯

調味料
鹽½茶匙，糖¼茶匙，生抽、蠔油各1湯匙，胡椒粉、麻油各少許

做法
1. 雞翼洗淨，瀝乾水分，下油鑊中略炸，盛起。
2. 油鑊燒熱，爆香薑片，放入雞翼，灒入薑汁酒，加水和調味料，煮滾後放入砂鍋內，加蓋用慢火燜約20分鐘，撒上芫荽碎，即可。

可樂雞翼

材料
雞翼12隻

汁料
可樂1罐，冰糖20克，生抽3湯匙，老抽1湯匙，薑、檸檬各3片，八角1粒

做法
1. 雞翼洗淨，汆水，瀝乾。
2. 汁料煮20分鐘，隔去渣。
3. 將雞翼放入汁料中用慢火燜煮10分鐘，熄火，加蓋浸20分鐘，即可。

沙薑鳳爪

材料
雞腳12隻，薑3片，葱1條，沙薑4片，水適量，葱絲1湯匙

調味料
鹽1茶匙，糖½茶匙，米酒1湯匙

汁料
鹽、糖各½茶匙，沙薑粉1湯匙，胡椒粉、麻油各少許，生粉1湯匙，水1杯

做法
1. 雞腳洗淨，撕去黃色外衣，斬去趾甲，汆水，過冷河。
2. 燒滾適量水，加入薑、葱、沙薑和調味料，放入雞腳煮腍。
3. 燒熱油鑊，放入汁料推煮至汁液濃稠，下雞腳拌勻，撒下葱絲，上碟。

啤酒燜鴨

材料

鴨肉480克，青、紅甜椒各½隻，紅辣椒50克，青蒜30克，薑3片，蒜頭4粒

調味料

啤酒1杯，豆瓣醬1湯匙，鹽、辣椒油、米酒各1茶匙，上湯¼杯

做法

1. 鴨肉洗淨，拍鬆，切塊。
2. 青、紅甜椒洗淨，去籽，切塊。
3. 燒熱油鑊，爆香蒜頭、薑片，放入鴨塊炒至八成熟，再放入豆瓣醬、青紅甜椒、紅辣椒、調味料煮15分鐘，放入青蒜再煮5分鐘，即可。

銀絲鴨胸

材料

鴨肉480克，粉絲1紮，葱段、薑片各適量，上湯¼杯，豆瓣醬1湯匙

醃料

生抽、米酒各適量

調味料

米酒、鹽、生抽各1茶匙，糖¼茶匙，胡椒粉適量

做法

1. 鴨肉洗淨，瀝乾，用生抽和米酒抹勻全身，燒熱油鑊，下鴨肉炸至金黃色，瀝油；粉絲浸軟，剪碎，瀝乾水分，用熱油炸脆，瀝油。
2. 燒熱油鑊，爆香豆瓣醬，加調味料煮滾，加入鴨肉、葱段、薑片，轉中火煮約1小時，取出鴨肉拆骨，上碟，伴以炸粉絲即成。

魔芋燒鴨

材料

光鴨800克，魔芋160克，嫩薑片2湯匙，蒜片、生粉各1湯匙，上湯3杯，青蒜2條，豆瓣醬2湯匙，花椒粉½湯匙

調味料

鹽½茶匙，生抽、米酒各1湯匙，麻油、胡椒粉各少許

芡汁料

生粉1茶匙，水2湯匙

做法

1. 光鴨洗淨，切塊。
2. 魔芋切條，汆水，浸入溫水中，瀝乾；青蒜洗淨，切斜段。
3. 燒熱油，放入鴨肉炒至微黃時取出，下豆瓣醬、花椒粉爆香，注入上湯，棄掉花椒粒，鴨肉回鑊，加入薑、蒜片和調味料，用慢火燜約20分鐘後，放入魔芋燜約10分鐘，勾芡，加入青蒜段煮滾，即成。

魚露鴨舌

材　　料：鴨舌480克，薑4片，葱頭肉4粒，蒜肉2粒

調味料：魚露1杯，水2杯，片糖¼片，老抽、酒、薑汁各1茶匙，胡椒粉½茶匙，八角2粒

做　　法：
1. 鴨舌洗淨，放入滾水中煮5分鐘，取出，撕去外衣，洗淨，瀝乾水分。
2. 燒滾水，下薑2片、葱頭2粒和鴨舌煮約20分鐘，盛起。
3. 燒熱油鑊，爆香薑片、葱頭、蒜肉，下調味料煲滾，放入鴨舌用中火煲煮約10分鐘，熄火浸焗片刻，再煲約5分鐘便成。

美味指數　　烹飪難度　　營養搭配

陳皮南乳燜鴨

材料
光鴨800克，蒜頭5粒，薑5片，陳皮1角，青蒜200克

調味料
南乳200克，花生醬、芝麻醬各1湯匙，鹽¼茶匙，片糖50克，水250毫升，米酒1湯匙

做法
1. 光鴨洗淨，斬成小塊，瀝乾水分。
2. 燒熱油鑊，放入薑片和蒜頭爆香，加入南乳、花生醬、芝麻醬、陳皮、鹽和片糖、鴨塊拌勻，潷米酒，加入水，燜15分鐘，加入青蒜拌勻便可。

鹽水鴨

材料
光鴨1隻，鹽80克

醃料
鹽1湯匙，五香粉½茶匙，花椒1茶匙

滷水料
葱2條，薑4片，八角3粒

蘸料（拌勻）
白醋1½湯匙，紅辣椒茸½茶匙

做法
1. 光鴨洗淨，瀝乾水分，用醃料塗勻鴨身內外，醃1小時。
2. 將鹽加在水中，放入鴨浸約1小時，水要蓋過鴨面。
3. 燒熱油鑊，爆香滷水料，注入適量水以蓋過鴨面，加入調味料以猛火煮滾。
4. 將鴨放入滷水中，加蓋燜約20分鐘，將鴨翻轉，繼續煮約20分鐘，取出，待涼後切件上碟，以蘸料伴食。

芋仔煮鴨

材料
光鴨½隻，芋仔400克，陳皮1角

醃料
鹽1湯匙，柱侯醬1湯匙

調味料
南乳2塊，柱侯醬、海鮮醬、柱侯醬各1湯匙，生抽2湯匙，水150毫升

做法
1. 光鴨洗淨，瀝乾水分；將醃料塗勻在鴨身上醃2小時。
2. 芋仔刮皮，洗淨；陳皮浸軟，刮去瓤。
3. 把整隻鴨和芋仔放進鑊中，倒入調味料和陳皮煮滾，轉小火煮至鴨熟，斬件，淋上汁，即可。

菊花鴨胗

材料
鴨胗400克，葱段、薑片各適量，米酒1湯匙

調味料
鹽½茶匙，米酒1湯匙，花椒1茶匙

做法
1. 鴨胗以粗鹽搓洗，沖淨，瀝乾水分；汆水後再洗一次。
2. 將鹽和花椒以白鑊炒透，待涼，搓擦在鴨胗上，以米酒拌勻。
3. 燒滾適量水，加葱段、薑片、米酒、鹽，煮滾後投入鴨胗，轉小火煮熟。
4. 離火後，待涼，將鴨胗盛起，切片，上碟。

四味鵝

材料
光鵝1隻，生抽2湯匙，米酒1茶匙

鵝汁料
米醋、生抽、米酒各½杯，水2杯，糖2湯匙

芡汁料
生粉1茶匙，水2湯匙

做法
1. 光鵝洗淨，抹乾，將生抽塗勻於鵝皮上；燒熱油，將鵝炸至金黃，瀝油。
2. 煮滾鵝汁料，下光鵝煮滾，加蓋，用慢火燜約1½小時。
3. 將鵝取出，留回¾杯原汁，鵝斬件，放在碟上；燒熱油，加酒和鵝汁，煮滾勾芡，淋在鵝上。

筍乾煮香鶉

材料
光鵪鶉1隻，筍乾50克，火腿25克，芫荽段1湯匙

調味料
葱段4段，薑3片，米酒、鹽各1茶匙，上湯3湯匙

做法
1. 鵪鶉洗淨，瀝乾水分，汆水，切小塊。
2. 筍乾洗淨，用溫水泡軟後切段。
3. 燒熱油鑊，爆香葱段和薑片，下鵪鶉略炒，加入筍乾、火腿和上湯，煮滾後倒入米酒、芫荽段，再燜20分鐘即成。

魚露乳鴿

材料
乳鴿1隻，薑2片，葱2條，蒜頭4粒

調味料
水4杯，魚露½杯，糖1茶匙，酒2湯匙

做法
1. 乳鴿洗淨，瀝乾水分，汆水。
2. 燒熱油鑊，爆香薑、葱和蒜頭，加入調味料煮滾，轉慢火，下乳鴿，浸約½小時至熟透，斬件上碟，淋上原汁即成。

冬菇茶葉蛋

材料
雞蛋12隻，冬菇6朵（浸軟）

香料
玫瑰紅茶葉2湯匙，八角2粒，桂皮1塊，小茴香½茶匙，水4杯

醃料
薑汁、米酒各1茶匙

調味料
鹽、油各½茶匙，糖¼茶匙

做法
1. 雞蛋焓熟，將蛋殼敲出均勻裂紋。
2. 冬菇去蒂，洗淨，以薑汁和米酒略醃。
3. 燒滾4杯水，放入茶葉、冬菇和香料，煮至出味，加入熟雞蛋和調味料，以慢火煮約½小時，熄火，浸泡至材料變涼，雞蛋去殼，淋上少許麻油，即可。

斤兩換算（約數）：1斤＝600克　15兩＝570克　14兩＝530克　13兩＝490克　12兩＝450克　11兩＝420克　10兩＝380克　9兩＝340克

三鮮豆腐角

材料

豆腐角10件，茭筍2條，佛手瓜1個，蠔菇½罐，蒜頭1粒（切片），薑2片

醃料

生抽1茶匙，糖½茶匙，麻油少許

茨汁料

水5湯匙，生抽2茶匙，糖½茶匙，生粉1茶匙，麻油少許

做法

1. 豆腐角用熱水沖淨，瀝乾，加醃料拌勻。
2. 茭筍和佛手瓜分別洗淨，與蠔菇同切片。
3. 燒熱油鑊，下豆腐角慢火煎香，盛起。
4. 下油爆香蒜頭和薑，加茭筍、佛手瓜和蠔菇炒勻，豆腐角回鑊，煮5分鐘，勾茨即可。

客家釀豆腐

材料

布包豆腐8塊，鯪魚肉170克，免治豬肉115克，鹹魚肉粒、葱白粒各1湯匙

醃料

生抽1湯匙，米酒1茶匙，糖¼茶匙，生粉2茶匙，胡椒粉、麻油各少許

汁料

鹽½茶匙，水2湯匙，生粉2湯匙，上湯2杯，麻油少許

做法

1. 鯪魚肉和免治豬肉加醃料拌勻，循一個方向用力拌勻，加鹹魚粒和葱白拌勻成餡料。
2. 豆腐每塊斜切成兩塊，每角在切口中央挖出一裂縫，沾上生粉，釀入餡料。
3. 汁料放砂鍋內燒滾，將釀豆腐排在鍋內，再煮滾後改以慢火，加蓋煮約20分鐘，即成。

八寶豆腐

材料

軟豆腐400克，冬菇4朵（浸軟），蘑菇25克，松子¼杯，火腿25克，雞柳肉4條，青豆、紅蘿蔔粒各¼杯，上湯3杯，麻油1茶匙，鹽½茶匙

醃料

蛋白1湯匙，生粉、米酒各1茶匙，糖、鹽各¼茶匙，胡椒粉少許

做法

1. 蘑菇、冬菇洗淨，切幼粒，浸冬菇水留用。
2. 雞柳去筋，切幼粒，以醃料拌勻。
3. 火腿切成茸；豆腐切幼粒，比其他材料略大，瀝乾。
4. 松子以白鑊炒至微黃。
5. 燒熱油鑊，下冬菇和蘑菇炒透，加入上湯和浸菇水煮滾，加青豆和紅蘿蔔粒略煮，倒入豆腐粒、火腿茸和雞柳煮滾，下鹽調味，淋上麻油，撒上松子即可。

蝦子豆腐

材料
> 布包豆腐3塊，蝦子1湯匙，鹽¼茶匙，米酒2茶匙，麻油1茶匙，蒜茸1茶匙，葱粒1湯匙

汁料
> 蠔油1湯匙，生抽2茶匙，上湯2湯匙，糖¼茶匙，胡椒粉少許

做法
1. 豆腐洗淨，切塊，灑上鹽，使水分流出；蝦子加米酒同蒸10分鐘。
2. 燒熱油鑊，爆香蒜茸，倒下汁料燒滾，加入豆腐，加蓋煮滾，撒下蝦子拌勻，勾芡，下麻油，加葱粒，即成。

雙菇燒豆腐

材料
> 炸豆腐3件，草菇、蘑菇各½杯，蒜頭1粒，葱1條，芥蘭100克

調味料
> 油、鹽、糖各1茶匙

芡汁料
> 水1杯，蠔油2湯匙，生抽、生粉各1湯匙，糖、麻油各½茶匙

做法
1. 炸豆腐沖洗淨，切開；蒜頭切片；葱切段。
2. 燒滾半鑊水，加調味料，下芥蘭焯熟，瀝乾，排放於碟中。
3. 燒熱油，爆香蒜片和葱段，加入草菇、蘑菇同炒，倒下芡汁煮滾，下炸豆腐煮滾，放在芥蘭上即成。

舞茸菇煮豆腐

材料
> 乾舞茸菇80克（浸軟），豆腐2件，唐芹80克，紅蘿蔔80克，辣椒絲1茶匙，蒜茸1茶匙，薑1片，葱1條，酒少許

調味料
> 蠔油2茶匙，鹽、糖各¼茶匙，上湯1杯

芡汁料
> 胡椒粉、麻油各少許，生粉½茶匙，水2湯匙

做法
1. 舞茸菇洗淨，用薑、葱和酒加水汆水，過冷河。
2. 豆腐略洗，切粗條；唐芹和紅蘿蔔洗淨，切條，汆水，過冷河。
3. 起油鑊，爆香辣椒絲和蒜茸，下舞茸菇拌勻，加入豆腐和調味料煮約5分鐘，加入唐芹和紅蘿蔔拌勻，灒酒勾芡，上碟。

鮮奶煮豆腐

材料
> 鮮奶1杯，豆腐1塊

調味料
> 油½湯匙，鹽½茶匙

做法
1. 豆腐沖洗淨，切小方塊，汆水，瀝乾水分。
2. 燒熱鑊，加入油、鹽和適量水，下豆腐塊，煮滾後撇去浮沫，轉慢火，注入鮮奶煮滾，即可。

蠔油草菇煮豆腐

材料

　　凍豆腐（放冰格1天）2塊，草菇½杯，蒜頭2粒（拍碎），米酒2茶匙，上湯½杯，鹽¼茶匙，生粉½茶匙

調味料

　　蠔油2湯匙，鹽½茶匙，糖¼茶匙，麻油1茶匙

做法

1. 凍豆腐解凍，洗淨，放滾水中煮約20分鐘，過冷河，擠去多餘水分，切骨牌形。
2. 草菇洗淨，瀝乾水分；蒜頭拍碎。
3. 煮滾上湯，下鹽，加入豆腐煮10分鐘，盛起，壓去多餘湯汁。
4. 燒熱油鑊，爆香蒜頭，加入草菇炒勻，灒酒，下調味料煮滾，加入豆腐，再煮10分鐘，勾芡，上碟。

什錦豆腐

材料

　　豆腐2塊，冬菇4朵（浸軟），青豆、粟米粒、木耳（浸軟）、紅蘿蔔各80克，蔥粒1湯匙

調味料

　　上湯2湯匙，生抽、鹽、生粉各½茶匙，糖¼茶匙

芡汁料

　　生粉½茶匙，水2湯匙

做法

1. 豆腐洗淨，切片；冬菇、木耳、紅蘿蔔分別洗淨，切粒。
2. 豆腐、冬菇、青豆、粟米、紅蘿蔔分別汆水盛起，瀝乾水分。
3. 燒熱油鑊，將豆腐片煎至兩面金黃，瀝油。
4. 起油鑊，爆香蔥粒，放入冬菇、青豆、粟米、紅蘿蔔和木耳炒勻，再放入豆腐片，倒入調味料煮滾，勾芡，即可。

芥菜膽素雞

材料

　　鮮腐竹3張，芥菜500克

醃料

　　水⅔杯，生粉1½茶匙，鹽¼茶匙，上湯4湯匙，油1茶匙，米酒½湯匙

汁料

　　油½湯匙，酒1湯匙，上湯½杯

做法

1. 鮮腐竹摺成多層厚塊，浸於醃料內醃5分鐘，蒸5分鐘待涼。
2. 蒸好的腐竹泡嫩油，斬件，排放碟上。
3. 芥菜洗淨，剪去菜葉，汆水，過冷河。
4. 煮滾半鑊水，下鹽和糖，加入芥菜膽煮脸，瀝乾汁液，排於碟邊。
5. 煮滾汁料，淋上即可。

水煮乾絲

材料

　　厚百頁2張，薑絲1湯匙，蝦米2湯匙，木耳20完，芫荽1棵，上湯1杯，油1茶匙

調味料

　　鹽¼茶匙

做法

1. 木耳洗淨，浸軟，瀝乾水分，切幼絲。
2. 蝦米沖洗淨，用水泡浸15分鐘，水留用。
3. 厚百頁洗淨，切幼絲；芫荽切碎。
4. 起油鑊，下百頁略炒，加入薑絲、蝦米、木耳、上湯、泡蝦米的水，下鹽調味，煮滾後轉小火煮約20分鐘，灑入芫荽碎，即可。

杞子煮絲瓜

材料
絲瓜2條，杞子1湯匙，薑3片，水½杯

調味料
鹽½茶匙，糖¼茶匙，胡椒粉、麻油各少許

芡汁料
生粉½茶匙，水2湯匙

做法
1. 絲瓜洗淨，去皮，切大塊；薑洗淨，切絲；杞子洗淨。
2. 燒熱油，爆香薑絲，放入絲瓜、杞子和水，煮至絲瓜腍熟，再加調味料拌勻，勾芡，即可。

雪菜燜薯仔

材料
薯仔400克，雪菜160克，紅椒1隻，水1杯

調味料
鹽½茶匙，糖¼茶匙，胡椒粉、麻油各少許

做法
1. 薯仔去皮，切大件，燒熱油，略炸後瀝乾油分。
2. 雪菜洗淨，以清水浸一會，瀝乾水分；紅椒去籽，切粒。
3. 燒熱油，炒香雪菜粒，放入薯仔和水，加蓋，以慢火煮約15分鐘至熟，下調味料，放入紅椒粒略炒即可。

上湯菜心

材料
菜心640克，薑2片

調味料
上湯1杯，糖¼茶匙，鹽½茶匙，胡椒粉、麻油各少許

做法
1. 菜心摘去菜花，切長段，洗淨，瀝乾水分。
2. 燒熱油鑊，爆香薑片，棄去，加入菜心略炒。
3. 倒入調味料，煮5分鐘，瀝去多餘上湯即可。

番薯大芥菜

材料
番薯320克，大芥菜320克，薑2片，蒜頭6粒，水½杯

調味料
上湯¼杯，鹽½茶匙，生粉2茶匙，麻油少許

做法
1. 番薯刨皮，切滾角，用清水浸20分鐘，瀝乾水分。
2. 大芥菜洗淨，切厚塊；薑去皮，略拍；蒜頭去衣。
3. 燒熱鑊，爆香蒜頭、薑，放入番薯拌勻，注入水，加蓋轉中火煮5分鐘。
4. 再加入大芥菜和調味料拌勻，再煮滾便可。

斤兩換算（約數）：1斤＝600克　15兩＝570克　14兩＝530克　13兩＝490克　12兩＝450克　11兩＝420克　10兩＝380克　9兩＝340克

醬香茄子

材料
　　茄子480克，葱2條，蒜頭2粒，豆瓣醬1湯匙

調味料
　　上湯½杯，糖¼茶匙，鹽½茶匙，麻油1茶匙，醋½湯匙，生抽½湯匙

芡汁料
　　生粉¼茶匙，水1湯匙

做法
1. 茄子去皮，洗淨，切粗絲。葱洗淨，切粒；蒜頭洗淨，切茸。
2. 燒熱油，放入茄子泡油，瀝油。
3. 下油爆香蒜茸、葱粒和豆瓣醬，加入調味料，茄子絲回鑊煮滾，勾芡，即成。

奶油菜心

材料
　　白菜心300克，蒜茸1茶匙，鮮奶30毫升

調味料
　　米酒½湯匙，鹽½茶匙，生抽½湯匙，上湯600毫升，生粉¼茶匙，水1湯匙

做法
1. 白菜摘去菜花，切長段，洗淨，瀝乾水分。
2. 煮滾上湯500毫升，下白菜心煮軟，瀝乾汁液，排在碟上。
3. 燒熱鑊，爆香蒜茸，潷入上湯和米酒燒滾，加其他調味料，下菜心，加入鮮奶，煮滾即成。

冬菇肉絲燜節瓜

材料
　　節瓜400克，瘦肉40克，薑絲1片，瑤柱1粒（浸軟、撕碎），冬菇2朵（浸軟）

醃料
　　生抽¼茶匙，生粉1茶匙，辣麻油、胡椒粉各少許

調味料
　　上湯1杯，蠔油1茶匙，鹽¼茶匙

芡汁料
　　生粉½茶匙，水2湯匙

做法
1. 節瓜刮皮，洗淨後斜切，下油鑊，泡油至金黃。
2. 瘦肉切絲，加醃料醃15分鐘，泡嫩油；冬菇去蒂，切絲。
3. 燒熱油鑊，爆香薑絲、瑤柱、冬菇，米酒，下調味料煮滾，放入節瓜用慢火燜至腍軟，肉絲回鑊，勾芡，即可。

百合唐芹雜菌鍋

材　料：黃芽白160克，西芹2條，紅甜椒1隻，百合½杯，金菇100克，鮮冬菇5朵，蘑菇5朵，薑2片，蒜茸1茶匙

調味料：上湯1杯

做　法：
1. 黃芽白洗淨，切段；西芹，撕去老筋，切段。
2. 紅甜椒洗淨，去籽，切條；鮮冬菇洗淨，蘑菇切半。
3. 燒熱油，爆香蒜茸和薑片，下百合、西芹、紅甜椒炒勻，加入所有菇類和黃芽白炒勻，倒入上湯，煮10分鐘即成。浸焗片刻，再煲約5分鐘便成。

美味指數　烹飪難度　營養搭配

咖喱雜菜燴蘑菇

材料

鮮蘑菇320克，紅蘿蔔80克，青瓜80克，洋
蔥½個，乾蔥頭片1粒，咖喱粉1湯匙，椰汁
150毫升

調味料

鹽¼茶匙，糖½茶匙，沙茶醬1茶匙，上湯1杯

做法

1. 蘑菇洗淨，下油鑊，泡油；洋蔥去衣，
   洗淨，切小塊。
2. 紅蘿蔔和青瓜去皮，洗淨，切片。
3. 起油鑊，爆香乾蔥頭和洋蔥，加入咖喱
   粉拌勻，放入蘑菇、紅蘿蔔和青瓜，下
   調味料，煮至汁液漸收，倒入椰汁煮
   滾，即成。

雜菌燜芋絲

材料

鮮冬菇4朵，芋絲240克，蘑菇、金菇、粟
米粒各80克，上湯½杯，水1杯

調味料

糖¼茶匙，鹽½茶匙，胡椒粉、麻油各少許

做法

1. 鮮冬菇、蘑菇洗淨，切片；金菇洗淨，
   切去根部。
2. 芋絲、粟米粒分別洗淨。
3. 上湯加水煮滾，放入粟米粒、鮮冬菇和
   芋絲，以中火煮5分鐘，放入蘑菇和金
   菇，再以中火煮5分鐘，拌入調味料即
   成。

黃金菇扒時菜

材料

乾黃金菇80克，生菜320克，辣椒絲、蒜茸
各1茶匙，薑1片，蔥1條，酒1茶匙

調味料

蠔油1茶匙，鹽½茶匙，糖¼茶匙，胡椒粉、
麻油各少許，上湯2湯匙

芡汁料

生粉½茶匙，水2湯匙

做法

1. 黃金菇浸泡約1小時，洗淨，用薑、蔥
   和酒汆水，浸冷水備用。
2. 生菜洗淨，以加了油、鹽、糖的水煮
   熟，放上碟。
3. 起油鑊，爆香蒜茸和辣椒絲，放入黃
   金菇炒勻，倒入調味料煮約3分鐘，勾
   芡，淋在菜面上，即成。

鮮冬菇扒蜜豆

材料

鮮冬菇、蜜豆各約200克，薑汁酒1茶匙

調味料

薑汁酒1茶匙，鹽、糖各½茶匙，麻油少
許，上湯2湯匙

汁料

鹽、糖、老抽各1茶匙，麻油少許，上湯2
湯匙

做法

1. 鮮冬菇洗淨，去蒂，汆水2分鐘，盛
   起，瀝乾水分。
2. 鑊燒油鑊，倒入鮮冬菇和調味料煮約10
   分鐘。
3. 鑊燒油，潷薑汁酒，倒入蜜豆，加汁料
   炒熟，冬菇回鑊，勾芡即成。

雙菇扒豆腐

材料
> 鮮草菇160克，冬菇8朵（浸軟），嫩豆腐2塊，薑2片，葱段1湯匙，清水1湯匙，上湯½杯

調味料
> 鹽、糖各¼茶匙，生抽、米酒各½湯匙，麻油少許

汁料
> 鹽、糖各½茶匙，水1杯

做法
1. 草菇、冬菇洗淨，冬菇去蒂，同灼水，瀝乾水分。
2. 起油鑊，爆香草菇，倒入汁料煮滾後，熄火浸約10分鐘，盛起。
3. 豆腐切件，用滾油炸成金黃色，盛起。
4. 再起鑊，下油爆香薑片、葱段，加入上湯和調味料，倒入炸豆腐、草菇和冬菇，燜至汁將收乾，勾芡即成。

南乳鮑魚菇

材料
> 鮑魚菇300克，南乳2塊，蒜茸1茶匙

調味料
> 芝麻醬½湯匙，糖、生抽各½茶匙，麻油少許，上湯2湯匙

做法
1. 鮑魚菇洗淨，蒸5分鐘，撕成條。
2. 起油鑊，爆香蒜茸、南乳下鮑魚菇炒勻，加調味料煮滾即成。

雜菌鮮筍煮菜心

材料
> 鮮冬菇、鮮蘑菇、鮮草菇、鮮筍尖各160克，菜心320克，生粉1茶匙，米酒1茶匙

調味料
> 鹽、糖各¼茶匙，米酒1茶匙，麻油少許，水1湯匙

汁料
> 鹽1茶匙，糖½茶匙，麻油少許，上湯4杯

芡汁料
> 生粉½茶匙，水2湯匙

做法
1. 冬菇、蘑菇、草菇、筍尖分別洗淨後灼水；筍尖切片；菜心洗淨，切段。
2. 起油鑊，下菜心，加調味料炒熟，上碟圍邊。
3. 再起油鑊，灒米酒，倒入冬菇、蘑菇、草菇、筍片，加入汁料煮15分鐘，勾芡後上碟。

辣味煮蘿蔔

材料
> 蘿蔔400克，魔芋絲200克，木耳150克，芫荽碎1湯匙

調味料
> 茄汁2杯，醋1湯匙，生抽1湯匙，糖¼茶匙，鹽1茶匙，辣椒粉1湯匙

做法
1. 蘿蔔洗淨，削皮，切條。
2. 魔芋絲洗淨，煮10分鐘後盛起；木耳洗淨，灼水，切片。
3. 起油鑊，下蘿蔔、魔芋絲和木耳炒勻，加入調味料，煮至蘿蔔軟身，撒上芫荽碎即可。

斤兩換算（約數）：1斤＝600克　15兩＝570克　14兩＝530克　13兩＝490克　12兩＝450克　11兩＝420克　10兩＝380克　9兩＝340克

青蒜煮蘿蔔

材料

蘿蔔480克，青蒜160克，油豆腐8塊，水1杯

調味料

鹽1茶匙，糖½茶匙，米酒1茶匙，麻油少許

做法

1. 蘿蔔去皮，切大件，汆水。
2. 青蒜洗淨，切段，油豆腐切開。
3. 燒熱油，爆香青蒜段，放入蘿蔔件，加適量清水，加蓋用慢火煮約10分鐘，將油豆腐放入再煮約5分鐘，下調味料煮滾即成。

白果芋茸

材料

荔芋640克，白果16粒，水2杯，油2湯匙，葱2條，糖¼杯（芋茸用），糖¼杯（白果用）

做法

1. 葱切段，白果去殼，洗淨。
2. 荔芋去皮，洗淨後切件，蒸熟，加1杯水，放入攪拌機內打成茸。
3. 燒熱油，爆香葱段，取出，加芋茸與¼杯糖炒勻，盛在碗。
4. 白果加1杯水煮脸，加¼杯糖再煮至糖膠狀，淋在芋茸面即成。

雜菌雜菜鍋

材料

紅蘿蔔1條，椰菜¼個，椰菜花¼個，西蘭花1棵，鮮冬菇4朵，金菇½杯，番茄3個

調味料

蒜茸1茶匙，茄膏⅓杯，油1茶匙，鹽½茶匙

做法

1. 全部材料洗淨，切件或切絲。
2. 起油鑊，爆香蒜茸，先炒紅蘿蔔、西蘭花和冬菇，倒入清水，茄膏和其餘材料，煮熟後，下油、鹽調味，即成。

皮蛋蒜子莧菜

材料

皮蛋1隻，鹹蛋1隻，莧菜350克，蒜頭4粒，肉絲150克

調味料

水½杯，鹽½茶匙，糖¼茶匙

做法

1. 皮蛋和鹹蛋黃（鹹蛋白留用）蒸熟，皮蛋去殼與鹹蛋黃切粒。
2. 莧菜洗淨，切小段，燒滾水，放油、鹽，把莧菜汆水。
3. 蒜頭去皮，起油鑊，將蒜頭炸成金黃。
4. 燒熱油鑊，把肉絲炒至半熟，加入蛋粒、鹹蛋白、炸蒜頭爆炒，再加入莧菜和水，加調味料煮至軟身即可。

炸

炸是一種旺火、熱油、速成的烹調方法。經過這種操作的食物，有口味香、酥、脆、嫩的特色。由於原料的質地和口味的要求各有不同，在炸的具體方法上，可分為清炸、軟炸、酥炸、紙包炸等多種。但基本操作都是在鍋內放入很多油，加熱，然後再把經處理過的原料放進去，使其熟透且表面呈黃色乃至微焦的過程。留意油炸食品脂肪含量會較高，油炸食物的油也不可反覆連續使用多次，應及時更換新油。

京都骨

材　　料：豬扒骨320克，薑茸、葱茸各1茶匙

醃　　料：米酒、生抽各1½茶匙，雞蛋1隻，麵粉2湯匙

調味料：生抽1湯匙，茄汁½湯匙，米酒½湯匙，糖2湯匙，醋1湯匙，麻油1茶匙，水2湯匙

芡汁料：生粉½茶匙，水2湯匙

做　　法：
1. 豬扒骨剁小塊，加醃料拌勻。
2. 燒熱油鑊，下排骨炸透，瀝油，再放入熱油中炸脆，瀝油。
3. 下油爆香薑茸、葱茸，加調味料煮滾，勾芡，倒入排骨拌勻，即成。

美味指數　烹飪難度　營養搭配

紙包骨

材料
排骨500克

醃料
薑茸、葱茸各2茶匙，生抽、鹽各1茶匙，胡椒粉適量，米酒2茶匙，油½茶匙

做法
1. 排骨加醃料拌勻，醃約1小時。
2. 取錫紙剪成合適大小，把排骨包裹好。
3. 燒熱油鑊，放入紙包骨炸約8分鐘，即可。

香炸金沙骨

材料
金沙骨400克，麵包糠100克，葱粒、紅椒茸、蒜茸各1茶匙，椒鹽1茶匙

醃料
花生醬、柱侯醬1湯匙，鹽、芝士粉各1茶匙，雞蛋1隻

做法
1. 金沙骨洗淨，加醃料醃約2小時。
2. 燒熱油鑊，放入金沙骨炸至金黃，瀝油，上碟。
3. 麵包糠下油炸至金黃色，下葱粒、紅椒茸、蒜茸、椒鹽炒勻，撒在金沙骨上，即成。

椒鹽排骨

材料
排骨250克

醃料
酒1湯匙，生抽1湯匙，糖½茶匙，麵粉½杯，生粉2湯匙，

調味料
椒鹽1茶匙

做法
1. 排骨洗淨，瀝乾水分，加酒、生抽和糖醃約20分鐘，再加入麵粉和生粉拌勻。
2. 燒滾油，將排骨炸熟，瀝油，灑椒鹽，即可。

陳皮花椒骨

材料
豬肋骨480克，陳皮2角，生粉適量，紅辣椒1隻，芫荽1棵

醃料
鹽、糖各¾茶匙，花椒粉1茶匙，蒜茸1茶匙，米酒1湯匙，雞蛋½隻

做法
1. 陳皮浸軟，刮去瓢，剁茸；紅辣椒切圈；芫荽切碎。
2. 豬肋骨洗淨，瀝乾，斬件，加醃料、陳皮茸醃½小時。
3. 豬肋骨撲上生粉，下油鑊，用慢火炸至香脆金黃，瀝油，撒上紅辣椒、芫荽即可。

炸

紫蘇梅香炸豬扒

材料
> 豬扒2片，鹽1茶匙，胡椒粉、生粉各少許，
> 紫蘇葉2片，酸梅肉2粒

粉漿料
> 麵粉2湯匙，雞蛋1隻，麵包糠2湯匙

做法
1. 豬扒洗淨，撒上鹽、胡椒粉，醃約10分鐘，撲上生粉。
2. 取1片豬扒，中間放入酸梅肉和紫蘇，再蓋上另1片豬扒，並用手壓緊邊緣，再依序沾上麵粉、蛋液、麵包糠。
3. 將豬扒放入油鑊，轉中小火，炸至表面金黃，即可。

茄汁洋葱豬扒

材料
> 豬扒300克，洋葱1個，生粉2湯匙

醃料
> 雞蛋1隻，鹽1茶匙

汁料
> 茄汁1湯匙，糖¼茶匙，生粉各1茶匙，油½茶匙

做法
1. 豬扒洗淨，用刀背略拍鬆，用雞蛋、鹽略醃。
2. 洋葱洗淨，切絲。
3. 豬扒撲上生粉，用中高油溫炸至金黃，盛起。
4. 燒熱鑊，爆香洋葱絲，加入汁料煮滾，豬扒回鑊略炒，即可。

椒鹽豬扒

材料
> 豬扒300克，花椒鹽1茶匙

醃料
> 米酒½湯匙，鹽、麻油各⅓茶匙，胡椒粉¼茶匙，生粉1茶匙，雞蛋1隻

做法
1. 豬扒洗淨，加醃料拌勻。
2. 燒熱鑊，下豬扒炸透，瀝油，再投入熱油中炸脆，瀝油，上碟，灑上花椒鹽即可。

香酥杏仁豬扒條

材料
> 豬扒200克，鹽½茶匙，胡椒粉少許，西芹、小青瓜、紅蘿蔔各80克，沙律醬1湯匙

醃料
> 鹽1茶匙，胡椒粉少許

粉漿料
> 麵粉2湯匙，雞蛋1隻，杏仁片適量

做法
1. 西芹、小青瓜、紅蘿蔔洗淨，瀝乾水分，切長條。
2. 豬扒洗淨，切粗條，加醃料醃約10分鐘，沾上麵粉、蛋液、杏仁片。
3. 豬扒條放入油鑊，轉中小火炸至金黃，瀝油，伴以沙律醬和西芹、小青瓜、紅蘿蔔條即成。

菜心獅子頭

材料
菜心450克，豬腩肉300克，冬菇6朵（浸軟），冬筍80克，薑2片，葱1條，生粉½茶匙，桂皮、八角少許

醃料
鹽½茶匙，米酒1茶匙，雞蛋½隻，生粉1湯匙

調味料
生抽、老抽各1湯匙，上湯1杯

芡汁料
生粉½茶匙，水2湯匙

做法
1. 豬腩肉洗淨，剁成茸，加醃料拌勻，打至起膠，搓成大圓球狀，放入熱油中炸成金黃色，瀝油。
2. 冬菇洗淨，去蒂；冬筍洗淨，切片，汆水；菜心、葱分別洗淨，切段。
3. 起油鑊，爆香薑、葱、桂皮、八角，加調味料，放入炸肉丸，燜約15分鐘。再起油鑊，下冬菇、冬筍、菜心炒熟，倒入炸肉丸煮至汁稍乾，勾芡，即成。

炸大腸

材料
熟豬大腸300克，京葱100克

調味料
老抽1湯匙，米酒½湯匙，鹽¼茶匙

做法
1. 京葱洗淨，切段，塞入大腸內，再用調味料拌勻。
2. 起油鑊，將大腸炸至金黃色，瀝油，棄去京葱，將大腸切斜塊，上碟即成。

紅燒豬大腸

材料
豬大腸480克，薑茸、葱茸、蒜茸各1茶匙，芫荽碎1湯匙，水1杯，糖½湯匙

調味料
生抽2湯匙，醋1湯匙，米酒½湯匙，胡椒粉少許

做法
1. 豬大腸用生粉、醋、鹽內外翻洗數次，洗淨，將腸一端的大口套上另一端的小口，拉出後再重複2次，汆水，盛起，切段。
2. 起油鑊，將大腸炸至金黃。
3. 再起鑊，爆香薑茸、葱茸、蒜茸，下糖炒至變色，放入炸香大腸，加水和調味料，慢火煮15分鐘，撒上芫荽碎即可。

芝麻牛扒

材料
牛扒300克，芝麻50克，雞蛋2隻，麵粉1湯匙，花椒鹽1茶匙

醃料
鹽⅓茶匙，米酒1湯匙，胡椒粉少許

做法
1. 牛扒洗淨，切片，用刀拍鬆，加醃料拌勻。雞蛋打勻。
2. 牛扒兩面沾勻麵粉，蘸上蛋液，再滾上芝麻。
3. 燒熱油鑊，將牛扒炸至金黃色，盛起，瀝油，切條，上碟，以花椒鹽伴食即可。

黑椒牛仔骨

材料

牛仔骨240克，洋蔥½個，青甜椒1隻，紅辣椒1隻，黑胡椒粒1湯匙，蒜茸、乾蔥茸、生粉各1茶匙，豆豉1湯匙，水½杯，老抽½湯匙

醃料

鹽、糖各½茶匙，雞蛋1隻，薑汁酒、生粉各1茶匙

芡汁料

生粉½茶匙，水2湯匙

做法

1. 牛仔骨洗淨，切件，用醃料醃½小時，燒熱油鑊，下牛仔骨炸至七成熟，瀝油。
2. 洋蔥切條；青甜椒去籽，切塊；紅辣椒去籽，切碎；豆豉剁碎。
3. 再起油鑊，爆香蒜茸、乾蔥茸、洋蔥條、黑椒粒、豆豉和青甜椒、紅辣椒等，牛仔骨回鑊，加水略煮，下老抽，勾芡，即可。

炸

蒜香脆牛扒

材料

肉眼牛扒2件，蒜頭8粒，乾蔥頭2粒，香茅1支，黑胡椒粉¼茶匙，生粉1茶匙，上湯½杯，生粉1茶匙

醃料

鹽、糖各½茶匙，雞蛋1隻，薑汁酒、生粉各1茶匙

調味料

鹽、糖各¼茶匙，麻油少許

芡汁料

生粉½茶匙，水2湯匙

做法

1. 牛扒洗淨，用刀背拍鬆，切成4小件，以醃料醃½小時，撲上生粉。
2. 蒜頭、乾蔥頭、香茅分別去衣，切茸。
3. 燒熱油鑊，下牛扒炸至金黃，上碟。
4. 再起鑊，爆香蒜茸、乾蔥頭和香茅，加入上湯、調味料煮滾，勾芡，淋在牛扒上即成。

酸梅橙香牛肉丸

材料

牛柳250克，橙1個，麵包糠½杯，紅辣椒絲1茶匙，酸梅醬1湯匙

醃料

老抽1湯匙，糖1茶匙，油½茶匙，麻油1茶匙，米酒2茶匙，生粉1湯匙，橙汁2湯匙

做法

1. 牛柳洗淨，剁成茸。刨橙皮，與牛柳拌勻。
2. 牛柳以醃料拌勻，大力攪至起膠，做成小丸，沾滿麵包糠。
3. 起油鑊，將牛丸炸至金黃，瀝油，撒上紅辣椒絲，以酸梅醬伴食。

孜然羊肉串

材料
羊肉320克,芝麻1湯匙,雞蛋1隻(打勻)

醃料
辣椒粉、孜然粉、鹽各1茶匙

做法
1. 羊肉洗淨,切片,以醃料醃½小時。
2. 將羊肉用竹籤串上,沾上蛋液、芝麻,起油鑊,下羊肉串炸至金黃,即可。

麻辣羊肉

材料
熟羊肉500克,紅辣椒乾25克,葱粒1湯匙

調味料
生抽2湯匙,白醋1茶匙,花椒⅓茶匙,鹽¼茶匙,麻油½湯匙

做法
1. 羊肉洗淨,切成長方片;紅辣椒乾用清水泡軟,切段。
2. 燒熱油鑊,下羊肉片炸至金黃,瀝油。
3. 起油鑊,爆香葱粒、紅辣椒乾,放入羊肉片炒勻,灒白醋,加生抽、鹽,加水煮滾,放入花椒,轉慢火煮至汁液濃稠,淋上麻油,即可。

乾炸羊肉片

材料
熟羊肉200克,花椒鹽1湯匙

調味料
生抽½湯匙,鹽¼茶匙,麻油1茶匙,生粉½茶匙,水2湯匙

做法
1. 熟羊肉切厚片,以醃料醃½小時。
2. 燒熱油鑊,將羊肉片炸透,瀝油,再放入熱油中炸脆,瀝油,上碟,灑下花椒鹽即可。

酥炸羊腩

材料
羊腩500克

麵糊(拌勻)
麵粉250克,發粉½茶匙,水¼杯

調味料
八角2粒,米酒½湯匙,鹽1茶匙,糖1湯匙,生抽3湯匙,葱茸、薑茸各1湯匙,上湯½杯

蘸料
椒鹽或辣椒豉油適量

做法
1. 羊腩洗淨,切長塊,加調味料,以猛火蒸10分鐘,取出待涼。
2. 拌勻麵糊,下羊腩塊沾勻,燒熱油鑊,將羊腩塊炸至金黃,瀝油,切小塊,上碟,伴以蘸料即成。

炸魚腐

材料

綾魚肉500克，老豆腐2塊，雞蛋2隻

調味料

鹽¼茶匙，糖¼茶匙，胡椒粉適量，生粉3湯匙

做法

1. 豆腐洗淨，汆水；雞蛋打勻。
2. 綾魚肉拌入豆腐、雞蛋、鹽、糖、胡椒粉攪拌，至看不見豆腐粒，加入生粉拌勻。
3. 燒熱油鑊，用湯匙將綾魚肉壓成一粒粒球狀，下油鑊炸至金黃即可。

香炸斑塊

材料

石斑肉500克，罐裝雜果½杯，沙律醬1湯匙，雞蛋1隻，生粉1湯匙

醃料

米酒2茶匙，生抽2湯匙，生粉½湯匙，胡椒粉少許

做法

1. 石斑肉洗淨，抹乾，切塊，以醃料醃1小時。
2. 雞蛋打勻，石斑肉逐件蘸上蛋液，再沾上生粉，燒熱油鑊，下魚塊炸至金黃，瀝油，上碟，拌以雜果及沙律醬進食即可。

酥炸鯽魚雞蛋

材料

鯽魚2條，雞蛋1隻，生粉2湯匙，准鹽1茶匙，麻油少許

調味料

鹽¼茶匙，米酒½湯匙

做法

1. 鯽魚劏洗淨，抹乾水分，與米酒、鹽拌勻，醃約½小時。
2. 雞蛋與生粉調成糊，塗勻在魚身上，燒熱油鑊，下鯽魚炸至金黃，瀝油，淋上麻油，上碟，撒上准鹽及澆上麻油即成。

甜酸魚塊

材料

鯇魚肉480克，菠蘿2片，青、紅甜椒各½隻，炸粉120克

醃料

鹽¾茶匙，胡椒粉1茶匙，麻油少許，蛋白1隻

汁料

白醋3湯匙，糖2湯匙，茄汁3湯匙，水1杯

做法

1. 菠蘿切小片；青、紅甜椒去籽，切片。
2. 鯇魚肉切塊，加入醃料醃20分鐘。
3. 將鯇魚肉沾上炸粉，燒熱油鑊，放入魚塊炸透，瀝油，再放入熱油中翻炸至脆，瀝油。
4. 下油爆香蒜茸，加入菠蘿片，青、紅甜椒片略炒，再下汁料煮滾，脆魚回鑊拌勻，上碟。

炸芝麻魚片

材料

石斑肉300克，芝麻75克，雞蛋1隻，麵粉1湯匙，花椒鹽1茶匙

醃料

米酒½湯匙，鹽¼茶匙

做法

1. 石斑肉洗淨，切成大片，加入醃料拌勻。
2. 雞蛋打勻，加麵粉調成麵糊。
3. 魚片蘸上麵糊，沾上芝麻，壓實，燒熱油鑊，炸至金黃，瀝油，上碟，伴以花椒鹽即可。

椒鹽白飯魚

材料

白飯魚300克，椒鹽2茶匙

麵糊 （拌勻）

麵粉300克，發粉1茶匙，生粉90克，水150毫升

調味料

米酒、鹽各1茶匙，糖½茶匙

做法

1. 白飯魚洗淨，加醃料醃10分鐘。
2. 白飯魚均勻地蘸上麵糊，燒熱油鑊，放入魚炸至金黃，盛起，上碟，以椒鹽伴食即可。

五香鯇魚

材料

鯇魚600克，葱1條（切段），薑3片，八角2粒，桂皮2片，胡椒粉、麻油各少許，米酒1茶匙，水½杯

醃料

生抽、老抽各1湯匙，薑汁酒2茶匙，胡椒粉少許

調味料

鹽¼茶匙，糖、醋各½茶匙，老抽1茶匙，胡椒粉、麻油各少許

做法

1. 鯇魚劏洗淨，去頭，魚身切開成兩邊，斜切厚片，用醃料醃15分鐘。
2. 燒熱油鑊，用中火將魚片炸至金黃，瀝油。
3. 下油爆香薑片和葱段，把炸魚塊回鑊，灒米酒，加½杯水，加入桂皮、八角和調味料，加蓋煮約10分鐘至汁液收乾，隔去渣滓，灑上胡椒粉及淋上麻油即成。

8兩＝300克　7兩＝260克　6兩＝230克　5兩＝190克　4兩＝150克　3兩＝115克　2兩＝75克　1兩＝40克

糖醋酥鯽魚

材　　料：鯽魚400克，薑片80克，葱段120克，蒜頭肉40克
醃　　料：鹽2茶匙
汁　　料：白醋¼杯，水½杯，茄汁½杯，喼汁4茶匙，片糖120克，辣椒油1茶匙
做　　法：
1. 鯽魚劏洗淨，以鹽醃一會，抹乾。
2. 燒熱油鑊，下鯽魚炸至金黃熟透，上碟。
3. 下油爆香薑片、葱段、蒜肉，加入汁料煮滾，以慢火煮至汁開始收乾，淋在鯽魚上即成。

美味指數　烹飪難度　營養搭配

香炸鎗魚片

材料
鎗魚600克，生粉適量

醃料
鹽1茶匙，米酒1茶匙，薑汁1茶匙，葱茸1
茶匙

調味料
老抽1茶匙，魚露、糖各½茶匙，麻油1茶
匙，胡椒粉少許，上湯5湯匙

做法
1. 鎗魚洗淨，魚身起肉切厚片，用醃料醃
   10分鐘，撲上生粉。
2. 燒熱油鑊，下鎗魚片炸至金黃，瀝油。
3. 燒熱鑊，放入鎗魚片，加入調味料拌炒
   勻，即可。

炸鯪魚球

材料
鯪魚肉275克，陳皮1角，鹽1茶匙，生抽½
茶匙，糖½茶匙，胡椒粉少許，蛋白1隻，
水2茶匙，生粉1湯匙

蘸料
蜆蚧醬1湯匙

做法
1. 陳皮浸軟，刮去瓤，切碎。
2. 所有材料拌勻，打至起膠，放雪櫃內冷
   藏約3小時。
3. 魚膠分成10份，搓成丸狀，滾上一層
   生粉，燒熱油鑊，下魚丸炸至金黃，瀝
   油，以蜆蚧醬伴食。

豆瓣醬炸鯪魚

材料
鯪魚640克，薑茸、蒜茸、豆瓣醬各1湯
匙，上湯1杯，葱粒1湯匙，生粉1湯匙

調味料
鹽½茶匙，糖¼茶匙，米酒、醋各1茶匙，胡
椒粉、麻油各少許

做法
1. 鯪魚劏洗淨，在魚身兩面各斜切3刀，
   魚身用少許鹽和胡椒粉抹勻。
2. 燒熱油鑊，下鯪魚炸至金黃熟透，瀝
   油，上碟。
3. 燒熱油鑊，爆香薑茸、蒜茸和豆瓣醬，
   加上湯，下調味料，煮滾後轉小火，勾
   芡，淋在鯪魚上，撒上葱粒即成。

五柳黃花魚

材料
黃花魚600克，紅辣椒、蛋黃各1隻，葱1
條，生粉1湯匙，五柳料80克，糖醋汁1杯

醃料
鹽1茶匙，胡椒粉少許，蛋黃1隻

做法
1. 紅辣椒、葱分別切絲。
2. 黃花魚劏洗淨，瀝乾，加入醃料和少許
   生粉拌勻，將魚身內外撲上生粉。
3. 燒滾油，用中火將黃花魚炸至金黃，上
   碟。
4. 燒熱鑊，倒入糖醋汁，加入紅椒絲、五
   柳料煮滾，勾芡，淋於黃花魚上，撒上
   葱絲即成。

醋溜黃魚

材料

黃花魚480克，青甜椒1隻，洋蔥1個，紅蘿蔔80克，菠蘿5片，生粉1湯匙，薑2片，蔥1條

汁料

白醋3湯匙，糖½湯匙，茄汁2湯匙，水¼杯，辣椒油1茶匙，生粉½茶匙，麻油少許

醃料

鹽½茶匙，米酒1湯匙，雞蛋1隻

做法

1. 黃花魚劏洗淨，起肉，切片，以醃料醃10分鐘，撲上生粉。
2. 洋蔥切塊；菠蘿切扇塊；青甜椒去籽，切角；紅蘿蔔切片。
3. 燒熱油鑊，下魚片炸至金黃。
4. 再起油鑊，爆香薑、蔥、洋蔥、青甜椒、紅蘿蔔，加入汁料和菠蘿煮滾，倒入炸魚片炒勻，勾芡，上碟。

香炸果醬魚

材料

石斑肉250克，果醬適量，雞蛋（打勻）2隻，麵粉1湯匙，麵包糠1湯匙

醃料

鹽½茶匙，檸檬汁1茶匙，胡椒粉少許

醬汁料

草莓果醬2湯匙，水¼杯，洋醋½茶匙，茄汁2湯匙，糖½湯匙，鹽¼茶匙，芝士粉½湯匙，水1湯匙

做法

1. 石斑肉沖洗淨，吸乾水分，切塊，再切雙飛，加入醃料醃約5分鐘。
2. 石斑肉中塗上適量果醬後做成魚夾，用蛋液封口，沾上適量麵粉、蛋液和麵包糠，燒熱油鑊，下石斑肉炸至金黃、熟透，瀝油，上碟。
3. 果醬汁料拌勻，用慢火煮滾，成蘸汁伴食。

薑蔥拌炸石斑肉

材料

石斑肉320克，薑絲、蔥粒各1湯匙，麻油、胡椒粉各少許

調味料

生抽、米酒各1茶匙，糖、油各½茶匙

做法

1. 石斑肉沖洗淨，吸乾水分，切塊，汆水，瀝乾水分。
2. 燒熱油鑊，下石斑肉炸至金黃。
3. 下油爆香薑絲、蔥粒，潷酒，倒入調味料，將石斑肉回鑊，撒下胡椒粉、澆上麻油即可。

特色糖醋魚

材料

石斑肉320克，洋蔥粒、冬筍粒、紅蘿蔔粒、冬菇粒各¼杯

醃料

鹽、米酒各1茶匙，生粉1湯匙

調味料

糖、白醋、生抽各1茶匙，茄汁1湯匙，蔥茸、薑茸、蒜片各1湯匙，水2湯匙，米酒1½茶匙

芡汁料

生粉½茶匙，水2湯匙

做法

1. 石斑肉洗淨，吸乾水分，切塊，加入醃料拌勻。
2. 燒熱油鑊，下石斑肉炸至金黃，瀝油。
3. 下油爆香蔥茸、薑茸、蒜片，潷米酒、白醋、拌入茄汁，洋蔥、冬筍、紅蘿蔔、冬菇粒炒勻，加入餘下的調味料煮滾，勾芡，炸魚塊回鑊拌勻，即可。

炸

斤兩換算（約數）：1斤＝600克　15兩＝570克　14兩＝530克　13兩＝490克　12兩＝450克　11兩＝420克　10兩＝380克　9兩＝340克

脆炸鱔條

材料

黃鱔肉480克，炒香芝麻少許

醃料

薑汁酒1茶匙，辣椒粉½茶匙，辣味鹽1茶匙，糖¼茶匙，麵豉醬1茶匙，蛋黃1隻

麵糊料（拌勻）

炸粉1杯，水½杯，芫荽碎2湯匙，油½湯匙

做法

1. 黃鱔肉洗淨，汆水，洗淨，去潺，過冷河後切長條，加入醃料醃5分鐘。
2. 燒熱油鑊，將黃鱔蘸上麵糊，炸至金黃後盛出，灑上炸香芝麻即成。

黑椒鱔球

材料

黃鱔肉240克，青、紅甜椒碎、蒜茸各1茶匙，黑椒碎½茶匙，雞蛋½隻，生粉½杯

醃料

鹽½茶匙，麻油、黑胡椒碎各少許

芡汁料

水4湯匙，鹽、糖各¼茶匙，老抽½茶匙，生粉½茶匙

做法

1. 黃鱔肉汆水，取出，洗淨，去潺，切段，拌入醃料醃15分鐘。
2. 雞蛋打勻，下鱔肉拌勻，沾上生粉。
3. 燒熱油，下黃鱔段，用猛火炸至金黃熟透，瀝油。
4. 下油爆香蒜茸、青、紅甜椒碎，倒入芡汁煮滾，放下鱔球炒勻，即可。

椒鹽魚皮

材料

魚皮240克，椒鹽1茶匙，芫荽碎1湯匙，葱茸1茶匙

麵糊

蛋白2隻，生粉1茶匙，水1湯匙

醃料

鹽¼茶匙，米酒½茶匙

做法

1. 麵糊拌勻。
2. 魚皮切片，加入醃料拌勻。
3. 燒熱油鑊，魚皮蘸麵糊，下油鑊內炸至金黃，瀝油，上碟，撒上椒鹽、葱茸、芫荽碎，即可。

椒鹽三文魚頭

材料

三文魚頭1個，雞蛋1隻

醃料

鹽½茶匙，生粉、薑汁、生抽各1湯匙，麻油和胡椒粉少許

調味料

生粉1杯，鹽1茶匙，胡椒粉¼茶匙

做法

1. 三文魚頭沖洗淨，抹乾，斬件，加醃料醃½小時。
2. 雞蛋打勻，將三文魚頭蘸上蛋液，再沾上調味料。
3. 燒熱油，下三文魚用大火炸至熟透，盛起，再下油鑊中翻炸至香脆，上碟。

炸

翠玉黃金蝦

材料
  大蝦400克，鹹蛋黃100克，西蘭花250克

調味料
  生粉½湯匙，牛油1湯匙，上湯2湯匙

做法
1. 大蝦去頭，去殼，留尾，在蝦身劐一刀，加入少許生粉拌勻。
2. 燒熱油鑊，下大蝦炸至金黃，盛起。
3. 鹹蛋黃蒸熟，取出壓碎；鑊內放入牛油，燒熱，加入鹹蛋黃碎，倒入上湯、生粉，煮成鹹蛋黃醬。
4. 西蘭花洗淨，切小朵，下油鑊炒熟，排在碟上。
5. 另起油鑊，放入鹹蛋黃醬和蝦炒勻，鋪在西蘭花上即可。

糖醋大蝦

材料
  大蝦仁400克，葱茸、薑茸、蒜茸各1湯匙

醃料
  雞蛋2隻，生粉½湯匙

汁料
  生抽、醋各½茶匙，糖¼茶匙，生粉1湯匙，水1湯匙

做法
1. 蝦仁洗淨，橫切成兩大片，用醃料拌勻。
2. 燒熱油鑊，下蝦片炸至金黃，瀝油。
3. 下油爆香葱茸、薑茸、蒜茸，倒入料汁，加蝦片炒勻即可。

軟炸蝦仁

材料
  鮮蝦仁400克

醃料
  鹽½茶匙，胡椒粉少許

麵糊（拌勻）
  蛋白1隻，生粉1茶匙

調味料
  鹽½茶匙，胡椒粉少許

做法
1. 蝦仁洗淨，挑去腸，加醃料醃10分鐘。
2. 燒熱油鑊，蝦仁蘸勻麵糊，下油鑊中炸至金黃，盛起，再下油鑊中翻炸至香脆，上碟，撒上調味料拌勻即可。

雪花蝦球

材料
蝦仁300克，馬蹄肉80克，麵包糠1湯匙

醃料
葱茸、蒜茸、薑茸各1湯匙，蛋白2隻，米酒1茶匙

調味料
鹽、米酒各½茶匙

做法
1. 蝦仁、馬蹄肉分別洗淨，剁成茸，同拌勻加醃料醃10分鐘，拌打成膠搓成丸狀，滾上層麵包糠。
2. 燒熱油鑊，下蝦丸炸至金黃熟透，瀝油即可。

粟米脆皮籽蝦

材料
籽蝦（即帶籽的蝦）320克，粟米粒2湯匙，青、紅甜椒粒各1湯匙，椒鹽1茶匙

醃料
鹽、米酒各½茶匙，胡椒粉少許

調味料
糖、生粉各½茶匙，葱茸、薑茸各適量1湯匙

做法
1. 籽蝦剪去鬚和腳，洗淨，瀝乾，加醃料醃15分鐘，撲上生粉，燒熱油鑊，下籽蝦炸至金黃，瀝油。
2. 下油爆香葱茸、薑茸，加入青、紅甜椒粒、粟米粒、椒鹽和其他調味料，炒勻，淋在籽蝦上即可。

玻璃酥蝦

材料
中海蝦8隻，馬蹄肉80克，韭黃20克，冬菇2朵（浸軟），薑2片，脆漿粉120克，水120毫升，准鹽1小碟

醃料
鹽1茶匙，米酒1茶匙，薑汁½茶匙，葱汁½茶匙

調味料
鹽½茶匙，米酒1茶匙

做法
1. 中海蝦去頭、去殼，切雙飛，挑去蝦腸，下醃料醃10分鐘。
2. 馬蹄肉洗淨，剁碎；韭黃、冬菇、薑切幼粒。
3. 脆漿粉加清水拌勻，下馬蹄肉碎、韭黃粒、冬菇粒、薑粒和調味料拌勻。
4. 每隻蝦均勻地蘸上脆漿，燒熱油鑊，放入釀蝦炸至金黃，上碟，以准鹽伴食。

薯仔炸蝦

材料
帶尾蝦仁400克

醃料
鹽1茶匙，胡椒粉少許

麵糊
薯仔絲60克，雞蛋2隻，鹽、生粉各1茶匙

調味料
鹽½茶匙，生粉1茶匙，麵粉、牛油各1湯匙，胡椒粉少許

做法
1. 蝦仁從背部切開成大片，挑去腸，洗淨，瀝乾水分，以醃料拌勻。
2. 麵糊與調味料拌勻，燒熱油鑊，蝦仁蘸上麵糊，下入鑊中炸至金黃，盛起即可。

紅葱蝦丸

材料
蝦肉380克，紅洋葱½個，紅辣椒2隻，青辣椒2隻

麵糊
麵粉2湯匙，水2湯匙，乾石榴籽1茶匙，黃薑粉¼茶匙，小茴香粉¼茶匙，鹽½茶匙，胡椒粉¼茶匙

做法
1. 蝦肉挑去腸，洗淨，用刀背拍成蝦膠搓成丸狀。
2. 紅洋葱切碎粒，紅、青辣椒去籽，切碎，加入麵糊料拌勻。
3. 燒熱油鑊，蝦膠丸均勻地蘸上麵糊，下油鑊炸至金黃，瀝油，即成。

酥炸蝦段

材料
大蝦200克，花椒鹽1茶匙

醃料
米酒½湯匙，鹽¼茶匙，胡椒粉少許

粉漿料
雞蛋1隻，麵粉1湯匙，生粉2湯匙，油2湯匙

做法
1. 大蝦去頭、去殼，挑去腸，洗淨，瀝乾水分，切段，以醃料拌勻。
2. 雞蛋打勻，加入麵粉，生粉和油調成粉漿備用。
3. 燒熱油鑊，將大蝦均勻地蘸上粉漿，下油鑊炸至金黃，瀝油，以花椒鹽伴食即成。

番茄蝦球

材料
蝦仁300克，馬蹄肉80克，薑茸1茶匙，麻油適量

調味料
蛋白3隻，鹽½茶匙，米酒、生粉各1茶匙

芡汁料
生粉½茶匙，水2湯匙，茄汁1湯匙，糖½茶匙，米酒1茶匙

做法
1. 蝦仁和馬蹄肉洗淨，剁成茸，加醃料拌勻，捏成小球。
2. 燒熱油鑊，下蝦球炸至金黃，瀝油。
3. 下油爆香薑茸，蝦球回鑊拌勻，加入芡汁料煮滾，淋上麻油即可。

椰香牛油蝦

材料
中蝦600克，紅辣椒3隻(切粒)，咖喱葉15片，蒜茸2茶匙，椰絲¼杯，米酒1茶匙，牛油2湯匙，生粉1湯匙

調味料
鹽¼茶匙，糖¼茶匙，胡椒粉少許

做法
1. 中蝦剪去鬚和腳，挑去蝦腸，撲上生粉，下油鑊中炸至金黃色，盛起。
2. 燒熱油鑊，下椰絲炸至金黃，盛起。
3. 燒熱鑊，下牛油，加入紅辣椒粒、咖喱葉和蒜茸一同炒香，將蝦回鑊，加入調味料和椰絲炒勻，即可。

炸蝦棗

材料
　　蝦肉400克，馬蹄肉6粒，芫荽碎1湯匙

醃料
　　鹽½茶匙，生粉1湯匙，蛋白1隻，胡椒粉、麻油各少許

做法
1. 蝦肉挑去腸，抹乾，拍爛成蝦膠；馬蹄洗淨，剁碎。
2. 蝦膠加入醃料、馬蹄碎、芫荽碎拌勻，放入雪櫃冷藏約1小時。
3. 將蝦膠做成棗形，下熱油中炸至金黃，即可。

乾炸蟹棗

材料
　　蟹肉300克，蝦肉200克，冬菇絲、韭黃粒各15克，馬蹄肉80克（切碎），腐皮3張，生粉1湯匙

醃料
　　蛋白1隻，鹽、川椒各½茶匙，薑茸1茶匙，胡椒粉少許，生粉1湯匙

做法
1. 蟹肉切碎；蝦肉洗淨，拍成蝦膠，加入蟹肉碎、冬菇絲、韭黃粒、馬蹄肉碎和醃料拌勻。
2. 腐皮用濕布抹淨，撒上生粉，放上蝦肉後捲成長條，共捲3條，蒸熟。
3. 蝦肉條再放入油中炸至金黃色，瀝油，切塊即成。

五香炸蟹

材料
　　蟹600克，葱3條，薑2片，五香粉⅓茶匙，油2湯匙

麵糊
　　雞蛋1隻，麵粉½湯匙，生粉½茶匙，水2湯匙

調味料
　　酒½湯匙，鹽½茶匙，麵粉、生粉、水各1湯匙

做法
1. 葱洗淨，切碎；薑洗淨，切幼粒。
2. 蟹劏洗淨，斬件，瀝乾水分，加醃料醃15分鐘。
3. 麵糊拌勻，放入蟹件均勻地蘸上麵糊，燒熱油鑊，放入滾油中炸至金黃，瀝油。
4. 下油爆香薑、葱，下五香粉炒勻，加入蟹件炒勻，拌入調味料，上碟。

8兩＝300克　7兩＝260克　6兩＝230克　5兩＝190克　4兩＝150克　3兩＝115克　2兩＝75克　1兩＝40克

283

酥炸蟹鉗

材　　料：蟹鉗8隻，蝦膠100克，脆漿100克

脆漿料：酵麵75克，麵粉375克，生粉65克，馬蹄粉60克，鹽1茶匙，水½杯

做　　法：
1. 脆漿料拌勻，靜置發酵約2小時，使用前加入油拌勻，再靜置20分鐘後做成脆漿。
2. 蟹鉗蒸熟後去殼，起肉，留一邊鉗，將蝦膠和蟹肉拌勻，釀在蟹鉗上，用猛火蒸熟，取出。
3. 燒熱油鑊，將蟹鉗沾上脆漿放入油中炸至金黃色，即成。

☆☆☆☆☆　★★★★☆　★★★★☆
美味指數　　烹飪難度　　營養搭配

百花釀蟹鉗

材料

蟹鉗10隻，蝦肉500克，蛋白1隻，熟肥豬肉（切幼粒）20克，麵包糠1湯匙，酸甜汁、浙醋各½湯匙

醃料

鹽½茶匙，麻油、胡椒粉各少許，生粉2茶匙

做法

1. 蟹鉗蒸熟後去殼，留一邊鉗。
2. 蝦肉洗淨，抹乾水分，拍成茸，加入醃料拌至起膠，用手再撻數次，加入肥豬肉粒，拌勻成蝦膠，再分成10份。
3. 在蟹鉗上灑上生粉，以蛋白塗手，將蝦膠釀在蟹鉗上，沾上麵包糠，燒熱油鑊，放入蟹鉗，以中火炸至金黃，盛起，以酸甜汁或浙醋拌食。

酥炸軟殼蟹

材料

軟殼蟹4隻，生粉2茶匙

調味料

花椒鹽適量

做法

1. 軟殼蟹解凍，除去劏洗淨，抹乾水分。
2. 燒熱油鑊，隨即把撲上生粉之軟殼蟹放入滾油內炸至金黃，上碟，灑上花椒鹽即成。

黃金蟹

材料

紅蟹1隻，鹹蛋黃4隻

調味料

米酒、生粉各1茶匙，麻油、胡椒粉各適量，上湯1湯匙

做法

1. 紅蟹劏洗淨，切件，撲上一層生粉，燒熱油鑊，下蟹件炸至金黃，盛起。
2. 燒熱油鑊，下鹹蛋黃略炒，灒米酒，加胡椒粉、上湯炒製成茸，蟹件回鑊炒勻，淋麻油及加入生粉，使蛋黃包裹在蟹件上即可。

香酥帶子

材料

帶子8粒，葱粒1湯匙，生粉1湯匙，花椒粒、鹽各1茶匙

醃料

鹽½茶匙，麻油、胡椒粉各少許

做法

1. 帶子洗淨，用醃料醃10分鐘，汆水，瀝乾水分，撲上生粉。
2. 燒熱油鑊，將帶子放入鑊中炸至金黃。
3. 鑊留餘油，爆香花椒粒、葱粒，將帶子回鑊炒勻，用鹽調味即可。

炸

芒果炸帶子

材料

芒果1個，急凍帶子6隻，脆漿⅗杯，威化紙1張，沙律醬或茄汁1小碟

醃料

鹽、蛋白、水各1茶匙，麻油、胡椒粉各適量

脆漿料

雞蛋1隻，麵粉½湯匙，生粉½茶匙，水2湯匙

做法

1. 芒果起肉，一半切條，一半壓成茸。
2. 帶子解凍，洗淨，抹乾，用醃料拌勻，切條。
3. 威化紙剪成6塊，鋪平，放上少許芒果茸、1隻帶子和1條芒果條，包成長卷，蘸上脆漿，下油鑊炸至金黃，瀝油後上碟，伴以沙律醬或茄汁同食。

炸芋茸帶子

材料

帶子10隻，芋頭750克

醃料

鹽½茶匙，麻油、胡椒粉各少許

調味料

鹽、生粉各適量

做法

1. 帶子洗淨，用醃料拌勻。
2. 芋頭去皮，切塊，以猛火蒸45分鐘，壓成茸，加調味料拌勻。
3. 芋頭茸分為10份，搓成球狀，略壓平，中間釀入帶子。
4. 起油鑊，下釀帶子炸至金黃色，即可。

炸

椒鹽魷魚鬚

材料

魷魚鬚500克，九層塔10克，番薯粉400克，黃豆粉60克，椒鹽1茶匙

醃料

生粉2湯匙，鹽1茶匙，胡椒粉½茶匙，米酒2湯匙，蒜茸1湯匙，蛋液2湯匙

做法

1. 魷魚鬚洗淨，瀝乾，切條狀。放入大碗中，加入醃料醃2小時。
2. 番薯粉和黃豆粉拌勻，放入魷魚鬚，均勻地滾上粉料。
3. 燒熱油鑊，將魷魚鬚放入鑊中炸約1分鐘，待魷魚鬚浮起時，以漏勺盛起。
4. 將九層塔放入漏勺中，與魷魚鬚一起放回鑊中，泡油約5秒，瀝油，撒上椒鹽即可。

椒鹽墨魚卷

材料

墨魚肉300克，花椒鹽1茶匙

醃料

米酒1湯匙，鹽、胡椒粉各¼茶匙，生粉各1茶匙，蛋白1隻

做法

1. 墨魚肉洗淨，斜㓟十字紋，切條，加醃料拌勻。
2. 燒熱油鑊，下墨魚條炸至金黃，瀝油，撒上花椒鹽即可。

辣子炸生蠔

材料
> 去殼生蠔500克，青、紅甜椒各1隻，薑茸、蒜茸各1湯匙，蔥段4段，生粉1湯匙

汁料
> 生粉1茶匙，水1湯匙，鹽¼茶匙，米酒、生抽、辣椒油各½茶匙，胡椒粉、麻油各適量

做法
1. 生蠔用鹽水洗淨，汆水，瀝乾水分。
2. 青、紅甜椒去籽，切成小塊，下油鑊泡油，瀝乾油分。
3. 生蠔滾上生粉，放入中溫油中炸至微焦黃色，瀝油。
4. 燒熱油鑊，爆香薑茸、蒜茸，下汁料煮滾，放入青、紅甜椒和蔥段炒勻，澆在生蠔上即可。

蜜汁燒蠔

材料
> 去殼生蠔500克

醃料
> 鹽½茶匙，麵粉1茶匙，胡椒粉少許

調味料
> 米酒½茶匙，蜂蜜、老抽各1茶匙

做法
1. 生蠔洗淨，汆水，瀝乾水分，加醃料拌勻，在生蠔表面形成薄漿。
2. 燒熱油鑊，將生蠔煎炸至金黃，加調味料煮滾至湯汁收乾，即可。

脆皮炸蠔

材料
> 去殼生蠔500克，胡椒粉少許

醃料
> 鹽½茶匙，胡椒粉少許

脆漿料
> 生粉、麵粉各1茶匙，水1湯匙

做法
1. 生蠔洗淨，瀝乾水分，加醃料醃10分鐘。
2. 脆漿料拌勻，下生蠔蘸勻。
3. 燒熱油鑊，將生蠔炸至金黃，即可。

乾炸大蠔

材料
> 大生蠔750克，脆漿300克，淮鹽、喼汁各適量

調味料
> 鹽、薑汁酒各½湯匙，胡椒粉、麻油各少許

做法
1. 脆漿與調味調拌勻。
2. 生蠔洗淨，汆水，逐粒沾上脆漿。
3. 燒熱油鑊，將生蠔炸至金黃，上碟，以淮鹽、喼汁伴食。

鮮酥蠔串

材料
　鮮蠔500克，蛋黃2隻，梳打餅乾碎50克，生粉½湯匙，韭菜250克

醃料
　薑汁¼茶匙，米酒1茶匙

調味料
　香醋、鹽、糖各¼茶匙

做法
1. 鮮蠔洗淨，瀝乾水分，加醃料拌勻。用竹籤串成串。
2. 把生粉、餅乾碎拌勻；蛋黃打勻；韭菜洗淨，切段。
3. 燒熱油鑊，蠔串蘸上蛋黃液，滾上生粉餅乾碎後，放入油鑊炸熟，盛起。
4. 鑊留油，放入韭菜炒一會，加調味料，盛起，伴在蠔串旁即可。

炸

酥炸海鮮丸

材料
　香蒜牛油麵包1條，花枝丸3粒，魚丸3粒，雞蛋1隻，麵粉50克，茄汁1小碟

做法
1. 香蒜牛油麵包切小粒。
2. 雞蛋和麵粉拌勻成麵糊。
3. 將每一粒花枝丸、魚丸分別沾上麵糊，再滾上麵包粒。
4. 燒熱油鑊，將花枝丸、魚丸炸至金黃，以茄汁伴食即可。

炸煙肉青口卷

材料
　青口10隻，煙肉5條，沙律醬、茄汁各適量

醃料
　鹽¼茶匙，米酒、生油、生粉各1茶匙，胡椒粉少許

脆漿料
　水½杯，生粉1杯，油1湯匙，鹽、胡椒粉各少許

做法
1. 青口洗淨，抹乾，以醃料醃15分鐘。
2. 煙肉條直切為兩條，捲着青口。
3. 將脆漿料攪勻，放入青口卷沾上脆漿，下油鑊中炸至金黃，瀝油，以沙律醬或茄汁伴食。

軟炸扇貝

材料
　扇貝150克，花椒鹽1茶匙，麵粉2湯匙

醃料
　鹽½茶匙，米酒1茶匙

麵糊
　雞蛋1隻，麵粉1茶匙，上湯1湯匙

做法
1. 扇貝洗淨，放入碗內，加醃料拌勻。
2. 麵糊拌勻，再放入扇貝蘸上。
3. 燒熱油鑊，下扇貝炸至微黃色，盛起。
4. 再熱油鑊，放入扇貝翻炸至金黃色，瀝油，上碟，以花椒鹽佐食。

香炸海螺

材料
　海螺200克，麵粉250克，辣椒醬1茶匙

醃料
　米酒、生抽各1茶匙，鹽¼茶匙，胡椒粉少許

做法
1. 海螺去蓋，洗淨，取肉，兩側由裏向外斜剠數刀，從中間切斷，加醃料拌勻。
2. 將海螺肉逐個沾上麵粉，燒熱油鑊，放入海螺肉炸至金黃，瀝油，以辣椒醬蘸食，即可。

椒鹽田雞

材料
　田雞2隻，葱茸、蒜茸、辣椒茸、薑茸各1茶匙，芫荽碎1湯匙，生粉1湯匙

醃料
　生抽½湯匙，糖¼茶匙，米酒1湯匙

調味料
　鹽¼茶匙，胡椒粉1茶匙

做法
1. 田雞洗淨、切塊，加入醃料醃約10分鐘，沾上生粉。
2. 燒熱油鑊，下田雞塊炸至金黃，瀝油。
3. 下油爆香蒜茸、薑茸、辣椒茸、葱茸、芫荽碎，將田雞回鑊，下調味料拌勻即可。

麻辣田雞

材料
　田雞500克，青甜椒1隻，紅辣椒2根，薑1片，蒜片1茶匙，花椒粉⅙茶匙，麻油1茶匙

醃料
　生抽1湯匙

調味料（拌勻）
　生抽1湯匙，白醋1茶匙，糖½茶匙，米酒1茶匙，上湯1湯匙，生粉½茶匙

做法
1. 田雞洗淨，切小塊，加入醃料拌勻；燒熱油鑊，下田雞塊炸約2分鐘，瀝油；再燒熱鑊，下田雞塊翻炸至金黃，瀝油。
2. 青甜椒洗淨，去籽，切小塊；紅辣椒切圈。
3. 燒熱鑊，爆香紅辣椒圈、薑片、蒜片，青甜椒塊略炒，加入田雞塊、花椒粉，下調味料炒勻，淋上麻油即可。

炸

炸珍珠雞翼

材料
> 雞翼10隻，糯米100克，蓮子25克，火腿茸、唐芹茸各1湯匙，生抽、生粉各½湯匙

醃料
> 葱茸、薑茸各1茶匙，鹽½茶匙

調味料
> 鹽½茶匙，糖¼茶匙、麻油、胡椒粉各適量

做法
1. 雞翼洗淨，去骨，加醃料醃10分鐘。
2. 蓮子洗淨，煮熟；糯米洗淨，加適量水蒸熟，加入火腿茸、唐芹茸、蓮子、調味料拌勻，釀在雞翼刀口處，蒸10分鐘，取出。
3. 生抽和生粉拌勻，塗在雞翼表面；燒熱油鑊，下雞翼炸至金黃即成。

可樂雞翼

材料
> 雞翼8隻，檸檬皮絲½茶匙

醃料
> 可樂1杯，老抽¼杯，糖½湯匙，葱段2湯匙

做法
1. 雞翼切成兩半，浸入醃料中，醃約30分鐘。
2. 燒熱油鑊，將雞翼放入炸至金黃熟透，上碟，灑上檸檬皮絲。

椰香咖喱雞翼

材料
> 雞翼1隻，薯仔2個，洋葱¼個，椰汁¼杯，淡奶2湯匙，咖喱粉1湯匙，水適量

醃料
> 鹽、糖各¼茶匙，米酒1茶匙，胡椒粉、麻油各少許

調味料
> 鹽、糖各½茶匙

做法
1. 雞翼斬件，加醃料醃15分鐘，泡油，盛起。
2. 薯仔洗淨，刨皮，切塊，燒熱油鑊，炸至金黃；洋葱切角。
3. 下油爆香咖喱粉、洋葱和雞件，加水和調味料煮滾，放入薯仔塊煮軟，倒入椰汁、淡奶煮滾即可。

夏果焗軟骨

材料
> 雞軟骨400克，夏威夷果仁100克，薑絲、葱茸、紅辣椒圈各1茶匙，麻油少許

醃料
> 鹽½茶匙，米酒1茶匙，胡椒粉少許

做法
1. 雞軟骨洗淨，瀝乾水分，下醃料醃5分鐘。
2. 燒熱油鑊，放入夏果和雞軟骨炸至金黃，瀝油。
3. 下油爆香葱茸、薑絲、辣椒圈，再放入雞軟骨、夏果炒勻，淋上麻油，即可。

斤兩換算（約數）：1斤＝600克　15兩＝570克　14兩＝530克　13兩＝490克　12兩＝450克　11兩＝420克　10兩＝380克　9兩＝340克

香茅蜜糖雞翼

材料

雞中翼650克

醃料

生抽、蜜糖各1湯匙，蒜粉1茶匙，香茅粉1½茶匙，魚露1茶匙，鹽¼茶匙，麻油、胡椒粉各少許

做法

1. 雞翼洗淨，瀝乾水分，加入醃料醃1小時。
2. 燒熱油鑊，將雞翼放入滾油中炸至金黃，盛起即可。

川椒雞球

材料

雞肉240克，葱粒1湯匙，川椒粉1½茶匙，珍珠菜葉80克

醃料

鹽1茶匙，老抽2茶匙，生粉½茶匙

芡汁料

魚露1茶匙，生粉1茶匙，水2湯匙

做法

1. 珍珠菜葉，洗淨，瀝乾水分；燒熱油鑊，將珍珠菜炸至香脆，瀝油。
2. 雞肉切厚片，加入醃料醃10分鐘，放入油鑊炸熟，盛起。
3. 下油爆香葱粒和川椒粉，再放下雞肉炒勻，下芡汁拌勻，上碟，以炸珍珠菜拌碟邊。

沙嗲雞串

材料

雞腿肉2隻，青瓜1隻（切片），沙嗲醬1湯匙，竹籤適量

醃料

生抽2茶匙，魚露1茶匙，芫荽粉1茶匙，糖½茶匙，鹽⅛茶匙，胡椒粉少許

做法

1. 雞腿肉去皮，洗淨，切厚片，加醃料拌勻醃2小時。
2. 用竹籤將雞片串上，燒熱油鑊，以滾油炸至金黃，食時蘸上沙嗲醬及以青瓜片拌食。

炸

翡翠骨香雞

材　　料：雞½隻，西芹160克，紅蘿蔔80克，薑2片，蒜茸1茶匙，淮鹽1茶匙

雞肉醃料：鹽、糖各½茶匙，生粉1茶匙，胡椒粉、麻油各少許，蛋白1隻

雞骨醃料：鹽、糖各½茶匙，生粉1湯匙，蛋黃1隻

芡汁料：蠔油、生抽各½湯匙，生粉1湯匙，上湯3湯匙，麻油少許

做　　法：
1. 西芹撕去筋，切條；紅蘿蔔刨皮，切條。
2. 雞洗淨，起出雞肉，切粗條，以雞肉醃料醃約15分鐘，用嫩油泡熟，盛起。
3. 雞骨斬成方形小塊，與雞骨醃料拌均，撲上生粉，下油鑊，爆香蒜茸，下雞骨炸至香脆，與淮鹽拌勻，放碟底。
4. 起鑊下油，爆香薑片，炒熟西芹、紅蘿蔔，雞肉回鑊拌勻上碟，勾芡，即可。

美味指數　烹飪難度　營養搭配

椒鹽碎炸雞

材料
> 雞腿2隻，辣椒醬½茶匙，蒜茸1湯匙，紅辣椒絲1茶匙，芫荽碎1湯匙，准鹽1茶匙

醃料
> 鹽、糖各½茶匙，玫瑰露酒2茶匙，雞蛋½隻，麻油少許

做法
1. 雞腿洗淨，去骨，斬成小件，用醃料醃10分鐘。
2. 燒熱油鑊，將雞件炸至香脆金黃。
3. 鑊燒熱，下油爆香蒜茸、辣椒絲和辣椒醬，放入雞肉和准鹽拌勻，上碟，撒上芫荽碎及准鹽即可。

當紅炸子雞

材料
> 光雞1隻，蝦片12片，椒鹽適量

醃料
> 鹽1茶匙，糖½茶匙

上皮料
> 白醋80克，香醋30克，麥芽糖40克

做法
1. 光雞斬去腳，洗淨後用醃料將雞身內外擦勻，醃約½小時。
2. 上皮料隔水蒸溶。
3. 燒滾水，將雞汆水，過冷河，將上皮料淋在雞身上，掛在當風處6小時以上吹乾。
4. 燒熱油鑊，將雞放入，用慢火炸至金黃，再用滾油淋至色澤均勻，即可斬件上碟，以蝦片和椒鹽伴食。

香茅蒜香雞

材料
> 雞中翼12隻，乾葱頭3粒，香茅1枝，蒜頭2粒，芫荽粉1湯匙，黃薑粉½湯匙

醃料
> 鹽、糖各¾茶匙，胡椒粉、麻油各少許

做法
1. 乾葱頭、香茅、蒜頭分別切碎。
2. 將雞翼洗淨，瀝乾，以醃料醃20分鐘。
3. 燒熱油鑊，將雞翼炸成金黃色。
4. 鑊燒熱，下油爆香乾葱、蒜頭、香茅、芫荽粉和黃薑粉等香料，將炸雞翼回鑊，炒一會，上碟。

炸核桃雞

材料
> 雞胸肉300克，核桃肉50克，雞蛋1隻，麵粉1湯匙

醃料
> 米酒1茶匙，鹽、薑汁各½茶匙

做法
1. 雞胸肉洗淨，切大片，加鹽、米酒、薑汁拌勻，醃至入味。
2. 核桃肉用溫水浸軟，瀝乾水分，剁碎；雞蛋打勻。
3. 將雞胸肉片兩面先沾上一層薄麵粉，再蘸一層蛋液，再滾上核桃碎，輕輕按實。
4. 燒熱油鑊，將雞胸肉炸至金黃熟透，瀝油，即成。

炸

香酥雞肉條

材料

雞胸肉600克

醃料

玉桂粉4茶匙，葱茸、薑茸各1茶匙，麻油1茶匙，酒1茶匙，胡椒粉少許，鹽½茶匙

麵糊（拌勻）

雞蛋1隻，麵粉1湯匙，生粉1茶匙，水2湯匙

做法

1. 雞胸肉洗淨，切長條，加醃料醃約½小時，蘸上一層麵糊。
2. 燒熱油鑊，放入雞胸肉炸至金黃即可。

牛油雞米花

材料

雞胸肉600克

醃料

玉桂粉½茶匙，薑茸、葱茸各1湯匙，酒、鹽、麻油各1茶匙，胡椒粉少許

麵糊（拌勻）

脆漿粉1茶匙，牛油（室溫）1茶匙，雞蛋½隻，水1湯匙

做法

1. 雞胸肉洗淨，去骨，切小粒，以醃料醃約20分鐘，蘸上麵糊。
2. 燒熱油鑊，下雞粒炸至金黃熟透，即可。

香脆炸雞

材料

雞腿2隻，脆漿粉1茶匙

醃料

葱茸、薑茸各1湯匙，生抽1茶匙，酒1茶匙，胡椒粉少許

做法

1. 雞腿洗淨，以醃料醃約½小時。
2. 雞腿與脆漿粉拌勻。
3. 燒熱油鑊，放入雞腿後，轉小火炸約5分鐘，再轉中火炸約3分鐘至金黃，即可。

辣味脆皮炸雞

材料

大雞腿2隻，麵粉1湯匙

醃料

葱茸、薑茸、紅辣椒茸各1湯匙，花椒粉1茶匙，黑胡椒少許，酒1茶匙，鹽¼茶匙，麻油1茶匙

麵糊（拌勻）

脆漿粉1茶匙，雞蛋1隻，水1湯匙，紅辣椒茸1茶匙，油1茶匙

做法

1. 雞腿洗淨，切塊，以醃料醃約½小時。
2. 在雞腿撲上麵粉，再蘸上麵糊。
3. 燒熱油鑊，放入雞腿炸至金黃熟透，即可。

斤兩換算（約數）：1斤＝600克　15兩＝570克　14兩＝530克　13兩＝490克　12兩＝450克　11兩＝420克　10兩＝380克　9兩＝340克

酥炸雞肉丸

材料

雞胸肉400克,馬蹄肉50克,洋葱½個

醃料

生粉2湯匙,鹽½茶匙,糖¼茶匙,胡椒粉
少許

做法

1. 雞胸肉洗淨,剁成茸;馬蹄、洋葱洗
   淨,切小粒。
2. 將雞茸、馬蹄粒、洋葱粒,加醃料攪拌
   均勻至呈黏稠狀時,以手捏成丸狀。
3. 燒熱油鑊,放入雞肉丸後炸至金黃熟
   透,即可。

奶香脆皮雞腿

材料

雞腿2隻

醃料

葱茸、薑茸各1湯匙,糖¼茶匙,酒1茶匙,
鹽1茶匙,奶粉1茶匙

麵糊（拌勻）

雞蛋1隻,脆漿粉1湯匙,水1茶匙

汁料

牛奶1湯匙,牛油1茶匙,鹽½茶匙,生粉1
茶匙

做法

1. 將雞腿洗淨,加醃料醃約½小時,蘸上
   麵糊。
2. 燒熱油鑊,放入雞腿後,轉小火炸約4
   分鐘,轉中火炸至金黃熟透,即可。
3. 煮滾汁料,淋在雞腿上,即可。

香檸炸雞

材料

雞胸肉400克,麵包糠1湯匙,水½湯匙,檸
檬皮絲1湯匙

醃料

雞蛋1隻,芝士粉1茶匙,麵粉2湯匙,糖¼
茶匙,鹽½茶匙

汁料

檸檬1個（去皮）,糖1湯匙,醋½茶匙,生
粉1茶匙,水2茶匙

做法

1. 雞胸肉洗淨,瀝乾水分,加醃料醃約½
   小時,滾上麵包糠。
2. 燒熱油鑊,下雞胸肉炸約5分鐘,瀝
   油,切片。
3. 煮滾汁料,淋在雞胸肉片上,撒上檸檬
   皮絲,即可。

酥炸南乳雞

材料

雞肉400克

醃料

雞蛋1隻,南乳¼塊,糖¼茶匙,麻油少許

麵糊（拌勻）

生粉1茶匙,麵粉1湯匙,水1湯匙,油1茶
匙

做法

1. 雞肉洗淨,切片,以醃料醃約½小時,
   蘸上麵糊。
2. 燒熱油鑊,將雞肉以小火炸約2分鐘,
   再轉中火炸至金黃色熟透,即可。

炸

生抽王炸雞翼

材料
雞翼8隻，生粉少許

調味料
滷水料1包，薑片2湯匙，葱段2湯匙，水100毫升，生抽200毫升，冰糖1湯匙

做法
1. 雞翼洗淨，瀝乾水分。
2. 煮滾調味料，以慢火煮10分鐘，放入雞翼煮約15分鐘。
3. 雞翼放涼後，滾上一層生粉。
4. 燒熱油鑊，放入雞翼炸至金黃色熟透即可。

香辣炸雞柳

材料
雞肉500克，麵包糠500克，雞蛋2隻，生粉100克

醃料
鹽½茶匙，糖¼茶匙，米酒1湯匙，水1湯匙，辣椒粉¼茶匙，孜然粉½茶匙，胡椒粉少許

做法
1. 雞胸肉洗淨，切粗條，加入醃料醃約20分鐘；雞蛋打勻。
2. 將雞肉條均勻地沾上一層生粉，再蘸上一層蛋液，滾上麵包糠。
3. 燒熱油鑊，放入雞肉條炸至金黃色熟透，即可。

香炸煙肉雞肉卷

材料
煙肉4片，雞肉300克

醃料
葱茸、薑茸各1湯匙，生抽1湯匙，糖¼茶匙，米酒1湯匙，黑胡椒粉少許

做法
1. 雞肉洗淨，切成條狀，以醃料拌醃約15分鐘；煙肉洗淨，瀝乾水分。
2. 在1片煙肉上放上1條雞肉條，捲起包好，逐一完成，以牙籤串好雞肉卷。
3. 燒熱油鑊，下雞肉卷轉小火炸約2分鐘，再炸至金黃色熟透即可。

斤兩換算（約數）：1斤＝600克　15兩＝570克　14兩＝530克　13兩＝490克　12兩＝450克　11兩＝420克　10兩＝380克　9兩＝340克

蠔油鳳爪

材料

雞腳300克，粗鹽少許，老抽2湯匙

調味料

葱茸、薑茸½湯匙、陳皮茸¼茶匙，老抽、米酒各1茶匙，糖、鹽、花椒粉各¼茶匙，八角2粒，麻油、胡椒粉各少許，上湯1湯匙

汁料

米酒1茶匙，上湯1湯匙，糖¼茶匙，蠔油2湯匙

做法

1. 雞腳剝去外皮，斬掉趾尖，用粗鹽搓擦，洗淨，瀝乾水分，以老抽拌勻，晾乾。
2. 雞腳加入調味料，用猛火蒸20分鐘。
3. 燒熱油鑊，放入雞腳炸至大紅色，瀝油。
4. 煮滾汁料，淋在雞腳上即成。

小香雞腿

材料

雞腿2隻，脆漿粉1湯匙，水1湯匙

醃料

洋葱茸2湯匙，葱茸1湯匙，薑茸1湯匙，生抽1茶匙，米酒1茶匙，黑胡椒少許

做法

1. 雞腿洗淨，以醃料醃約20分鐘。
2. 脆漿粉加水調成麵糊，放入雞腿蘸上薄麵糊。
3. 燒熱油鑊，將雞腿放入，轉小火炸約4分鐘，再轉回中火炸至黃色熟透即可。

香檸鴨

材料

光鴨½隻，檸檬1個（切片），檸檬汁1湯匙

醃料

檸檬汁1湯匙，葱茸、薑茸各1湯匙，生抽1湯匙，糖¼茶匙，米酒1湯匙

做法

1. 光鴨洗淨，以醃料醃約20分鐘。
2. 燒熱油鑊，將光鴨放入炸至黃色熟透，切件，排放在檸檬片上即成。

裹炸全鴨

材料

光鴨1500克，熟豬肉50克，花椒鹽1茶匙

醃料

葱茸1湯匙，薑茸½湯匙，鹽¼茶匙，米酒、老抽各1茶匙，糖¼茶匙

麵糊

糖¼茶匙，米酒、鹽、生抽、生粉各1茶匙，雞蛋1隻

酥糊

生粉、麵粉各1湯匙，發粉⅛茶匙，雞蛋1隻

做法

1. 光鴨劏淨，切半，汆水至五成熟，瀝乾。
2. 鴨皮塗上老抽，炸至淺黃色，瀝油，拌入醃料，蒸八成熟，拆骨，剝下整張鴨皮，撒上生粉，鴨肉撕細條。
3. 熟豬肉切幼絲，與麵糊拌勻。鴨條和熟豬肉絲放上鴨皮，包好，用牙籤固定。
4. 拌勻酥糊，淋上鴨皮，鴨子入熱油鑊炸至香脆金黃，瀝油，灑花椒鹽即可。

酥炸鴨舌

材料
　　鴨舌320克，米酒1杯

醃料
　　蒜汁、薑汁酒各1茶匙

調味料
　　薑茸、蒜茸、辣椒茸各1湯匙，生抽、米酒各1湯匙

做法
　　1. 鴨舌洗淨，瀝乾水分，用醃料拌勻。
　　2. 燒熱油，將鴨舌炸至金黃色，瀝油。
　　3. 將蒜茸、辣椒茸及薑茸爆香，加入鴨舌，下生抽、米酒拌勻即成。

酥炸鴨卷

材料
　　瘦鴨肉250克，熟鴨皮1張，雞蛋4隻，麵包糠100克，麵粉60克，麻油少許，上湯3湯匙

醃料
　　米酒½湯匙，鹽¼茶匙，葱茸、薑茸各1茶匙

做法
　　1. 瘦鴨肉洗淨，瀝乾，切去白筋，剁成茸，以醃料拌勻成餡料；雞蛋打勻。
　　2. 鴨皮洗淨，瀝乾水分，切長方塊。鋪平，把餡料分放在鴨皮上，捲成圓柱形，外面先沾上麵粉、後蘸上蛋液，再滾上一層麵包糠。
　　3. 燒熱油鑊，放入鴨卷炸至金黃色熟透即成。

陳皮炸鵝

材料
　　鵝肉塊320克，雞蛋2隻，麵粉2湯匙，麵包糠2湯匙，陳皮絲1湯匙，辣椒醬1茶匙

醃料
　　葱茸、薑茸各½湯匙，生抽1湯匙，米酒、醋各1茶匙，糖¼茶匙，麻油、胡椒粉各少許

做法
　　1. 鵝肉塊洗淨，瀝乾水分，以醃料拌勻，撲上麵粉，蘸蛋液，沾上麵包糠。
　　2. 燒熱油鑊，放入鵝塊炸至金黃熟透，瀝油即可。

薑葱蛋糊炸鵝片

材料
　　鮮鵝肉200克

調味料
　　鹽¼茶匙，生粉1茶匙，薑茸1湯匙，葱茸1湯匙，胡椒粉少許，雞蛋1隻，生粉1茶匙，水1湯匙

做法
　　1. 鵝肉洗淨，瀝乾，切厚片，以醃料醃5分鐘。
　　2. 燒熱油鑊，放入鵝片炸至金黃熟透，瀝油即可。

炸鵝肝多士

材料
　罐頭鵝肝40克，薯仔1個，紅蘿蔔40克，麵包3片，白芝麻2湯匙，茄汁2湯匙

調味料
　蛋白1隻，鹽1茶匙，生粉1茶匙，胡椒粉少許

做法
1. 薯仔洗淨，煮熟，去皮，壓成薯茸。
2. 紅蘿蔔洗淨，去皮，磨碎，加入薯茸內，加入調味料拌勻。
3. 每片麵包切成4塊三角形，釀上薯茸，中間塗一些鵝肝，再蘸上蛋白，沾上芝麻。
4. 起油鑊，將鵝肝多士炸至金黃，以茄汁伴食即成。

啤酒蘋果芒果鴨肉卷

材料
　鴨肉320克，蘋果1個，芒果1個，啤酒½罐

醃料
　啤酒3湯匙，蒜茸、豉油各1茶匙，糖½茶匙，麻油少許

做法
1. 鴨肉洗淨，切薄片，以醃料醃15分鐘。
2. 蘋果去芯，芒果去皮去核，均切粗條，浸在啤酒中約30分鐘。
3. 鴨肉平放碟上，用鴨肉把蘋果和芒果捲起，用牙籤固定。
4. 起油鑊，將鴨肉卷炸至金黃即成。

脆皮乳鴿

材料
　乳鴿1隻，薑2片，葱段1條

醃料
　薑汁1茶匙，生抽1湯匙，胡椒粉少許

調味料
　水1杯，生抽⅛杯，老抽¼杯，玫瑰露酒1湯匙，片糖½片

做法
1. 乳鴿洗淨，瀝乾水分，放入醃料拌勻20分鐘。
2. 下油爆香薑片和葱段，注入調味料，煮滾，放入乳鴿，改用慢火，浸煮至乳鴿熟透和腍，盛起，瀝乾汁液。
3. 燒熱油鑊，下乳鴿炸至金黃熟透，瀝油，即可。

軟炸白花鴿

材料
　乳鴿肉280克，雞蛋5隻，花椒¼茶匙，鹽¼茶匙

醃料
　米酒½湯匙，生抽½湯匙

麵糊
　淮山粉2湯匙，生粉1湯匙，水1湯匙

做法
1. 乳鴿肉洗淨，去皮，剕十字花紋，切方塊，用醃料略醃，與麵糊料拌勻。
2. 燒熱油鑊，下乳鴿塊略炸，盛起，再下油鑊翻炸至金黃熟透，瀝油，撒上花椒及鹽即成。

炸腐皮卷

材　　料：腐皮1張，鯪魚肉160克，蝦仁5隻，馬蹄肉4粒，芫荽段2湯匙

醃　　料：生粉1茶匙，胡椒粉少許

調味料：油、鹽各½茶匙

芡汁料：蠔油、生抽各½湯匙，生粉1湯匙，上湯3湯匙，麻油少許

做　　法：
1. 鯪魚肉加醃料，順同一方向用力打勻；蝦仁用鹽水浸泡10分鐘，瀝乾水分。
2. 馬蹄切肉細粒。
3. 腐皮以濕布抹淨，剪成5張，每張約15×15厘米，取一張腐皮攤平，放2湯匙鯪魚肉在一邊，放1隻蝦仁、馬蹄粒和芫荽段，包成長方形，封口，收口朝下。
4. 下油燒熱，放入腐皮卷炸至金黃色，瀝油，即可。

美味指數　　烹飪難度　　營養搭配

家常豆腐

材料
> 嫩豆腐2方塊，免治豬肉160克，蒜茸2茶匙，葱粒1湯匙

調味料
> 辣豆瓣醬1湯匙，鹽⅓茶匙，糖½茶匙，上湯⅔杯，麻油少許

芡汁料
> 生抽、生粉各1茶匙，水1湯匙

做法
1. 豆腐洗淨，瀝乾，切除硬邊，切方塊，對切成三角形，由中間橫面切成3片。
2. 燒熱油鑊，下豆腐炸1分鐘，瀝油。
3. 鑊中放油，爆香蒜茸，下免治豬肉略炒，再放辣豆瓣醬繼續炒，注入上湯，加鹽、糖調味，豆腐回鑊輕輕拌勻，以慢火煮約5分鐘。
4. 煮滾芡汁淋上豆腐，淋上麻油，撒上葱粒，即可。

脆皮玉子豆腐

材料
> 玉子豆腐4條，生粉1湯匙

蘸料（拌勻）
> 泰式雞醬、蒜茸各1茶匙

做法
1. 玉子豆腐洗淨，瀝乾水分，切成厚片，撲上生粉。
2. 燒鑊下油，將玉子豆腐炸脆，以雞醬和蒜茸蘸食。

雙菇炸玉子豆腐

材料
> 玉子豆腐4條，豬肉160克，冬菇（浸軟）、金菇、紅椒各80克，蒜茸1湯匙

調味料
> 蠔油各1湯匙，鹽、老抽各1茶匙，胡椒粉少許

芡汁料
> 生粉1茶匙，水1湯匙

做法
1. 玉子豆腐洗淨，瀝乾，切厚片。
2. 豬肉切絲；冬菇去蒂，切絲；紅椒切絲；金菇切去根部，洗淨。
3. 燒熱油鑊，將玉子豆腐炸至金黃色，瀝油。
4. 下油將肉絲炒熟，加入蒜茸、紅椒絲、金菇、冬菇絲爆香，潷酒，加入玉子豆腐，加入上湯，下調味料煮滾，勾芡，即可。

河仙豆腐

材料
> 老豆腐320克，馬蹄肉200克，冬菇2朵（浸軟），臘腸20克，蛋白2隻，葱粒1條（切粒），生粉½杯，味椒鹽適量

調味料
> 鹽1茶匙，糖¼茶匙，胡椒粉、麻油各少許

做法
1. 馬蹄洗淨，剁成茸；冬菇和臘腸切幼粒；豆腐壓爛，加入馬蹄茸、冬菇粒、臘腸粒、蛋白、葱粒、生粉和調味料拌勻。
2. 將醬料倒進一個墊有牛油紙的方盤內，以手壓平，猛火蒸15分鐘，取出待涼，切成角形，每件撲上一層薄薄的生粉。
3. 燒滾油，放進豆腐件，炸至金黃，瀝油，灑上味椒鹽即成。

綠茶炸豆腐

材料

老豆腐1塊，柴魚片50克

麵糊

炸粉100克，雞蛋1隻，水50毫升，綠茶粉1茶匙

蘸汁

生抽1湯匙，蘿蔔茸適量

做法

1. 將炸粉、雞蛋、水和綠茶粉拌勻成麵糊。
2. 柴魚片撕碎。
3. 老豆腐洗乾淨，瀝乾水分，切方塊，蘸上麵糊，沾滿柴魚碎。
4. 燒熱油鑊，下豆腐炸至金黃，瀝油，即可。

錦滷豆腐

材料

老豆腐2塊，罐頭菠蘿2片，洋葱、青、紅甜椒各½隻，蒜茸1茶匙

糖醋料

洋醋、茄汁、糖各2湯匙，水1杯

做法

1. 老豆腐洗乾淨，汆水，切厚件。
2. 燒熱油鑊，下豆腐炸至金黃，瀝油。
3. 菠蘿、洋葱、青、紅甜椒分別切件。下油將洋葱、青、紅甜椒炒熟，盛起。
4. 燒熱油，爆香蒜茸，調入糖醋料煮滾，洋葱和青、紅甜椒回鑊，加入菠蘿，勾芡，與炸豆腐伴食。

脆炸豆腐球

材料

布包豆腐3塊，免治豬肉160克，火腿茸、葱粒各1湯匙，花椒鹽或辣椒豉油1小碟

醃料

鹽⅓茶匙，酒½茶匙，麵粉1湯匙

做法

1. 豆腐洗淨，汆水，搗爛；免治豬肉與豆腐同放碗中，加入火腿茸、葱粒和醃料拌勻。
2. 燒熱油鑊，將豆腐料弄成球狀，下油炸至金黃，上碟，以花椒鹽或辣椒豉油伴食。

炸琵琶豆腐

材料

豆腐150克，唐芹50克，葱茸、薑茸各1湯匙，麵粉½杯，麵包糠½杯，准鹽1茶匙

醃料

生粉2湯匙，鹽1茶匙，雞蛋1隻

麵糊（拌勻）

雞蛋1隻，生粉1茶匙，水1湯匙

做法

1. 唐芹洗淨，加鹽汆水，瀝乾，排在碟邊。
2. 豆腐去邊皮，壓成茸，加入葱、薑茸和醃料拌勻，做成椭圓形，滾上麵粉。
3. 豆腐蘸上麵糊，滾上麵包糠，燒熱油鑊，下豆腐炸至金黃，瀝油。
4. 油鑊再加熱，下豆腐翻炸一次，瀝油，可蘸准鹽食用。

炸

斤兩換算（約數）：1斤＝600克　15兩＝570克　14兩＝530克　13兩＝490克　12兩＝450克　11兩＝420克　10兩＝380克　9兩＝340克

豆腐春卷

材料

　五香豆腐乾2塊，冬菇4朵（浸軟），紅蘿蔔絲、沙葛絲各2湯匙，韭黃80克，春卷皮10張

芡汁料

　蠔油1湯匙，生抽1茶匙，糖⅛茶匙，生粉½茶匙，水2湯匙

做法

1. 五香豆腐洗淨，切幼絲；韭黃洗淨，切段。
2. 冬姑去蒂，加油、糖各1茶匙拌勻，隔水蒸10分鐘，取出切絲。
3. 燒熱油，倒下豆腐絲、冬菇絲、紅蘿蔔絲和沙葛絲炒勻，下芡汁料煮滾，加入韭黃，拌勻成餡料。
4. 鋪平春卷皮，放入適量餡料，捲成長筒形，用少許生粉水封口。
5. 燒熱油，將春卷放入炸至金黃色，盛起，放在廚房紙上，吸去油分，即可。

雞茸豆腐

材料

　雞胸肉160克，豆腐1塊，青豆50克

醃料

　蛋白1隻，油、鹽½茶匙，葱茸，薑茸、米酒、生粉各1茶匙

汁料

　上湯1湯匙，鹽½茶匙，胡椒粉少許，生粉½茶匙，水2湯匙

做法

1. 豆腐洗淨，壓成茸；雞胸肉剁成茸。
2. 青豆洗淨，汆水，瀝乾水分。
3. 豆腐茸、雞茸下醃料拌勻。
4. 燒熱油鑊，將豆腐雞茸搓成丸子狀，下油炸至金黃，瀝油。
5. 煮滾汁料，加入青豆，淋在豆腐雞茸丸上即可。

椒鹽豆腐

材料

　老豆腐4件，椒鹽1茶匙

脆漿料

　自發粉100克，冰水200毫升，葱粒1湯匙，紅椒碎1湯匙，鹽½茶匙

蘸料

　椒鹽少許。

做法

1. 老豆腐洗淨，切件，灑上椒鹽略醃。
2. 將脆漿料拌勻，靜置片刻。
3. 豆腐吸乾水分，蘸上脆漿料，燒熱油鑊，下豆腐炸至金黃鬆脆，蘸椒鹽伴食。

辣香脆豆腐

材料

　布包豆腐3件，生粉適量

醃料

　蒜茸、乾葱茸各1湯匙，五香粉½茶匙，豆瓣醬2茶匙，魚露4湯匙，糖½茶匙，上湯¾杯，米酒1湯匙

做法

1. 豆腐洗淨，切粒，放入醃料中浸½小時，瀝乾汁液，撲上薄生粉。
2. 燒熱油鑊，下豆腐炸至金黃色，瀝油，下油鑊再翻炸後盛起，即成。

炸

鮮蔬天婦羅

材料
    茄子、百合瓣、番茄、豆角各160克

粉漿
    生粉、天婦羅粉各½湯匙，冰水50毫升

汁料
    番茄醬、牛肉清湯粉各½湯匙，果醋、果汁各1茶匙，糖¼茶匙

做法
1. 茄子、番茄、豆角洗淨，切片，百合瓣洗淨徹底抹乾水分，撲上生粉。
2. 調好粉漿，各樣材料分別蘸上粉漿，燒熱油鑊，下材料炸至熟透。
3. 煮滾汁料，伴以天婦羅進食。

椒鹽涼瓜

材料
    涼瓜480克，脆漿200克，蒜頭3粒（剁茸），紅椒½隻（切碎）

醃料
    鹽1茶匙，糖1茶匙

調味料
    蒜鹽2茶匙，米酒¾湯匙，生抽½湯匙

做法
1. 涼瓜洗淨，開邊，去芯，切薄片，用醃料醃約10分鐘後，洗淨，抹乾。
2. 涼瓜片放入脆漿中拌勻，燒熱油鑊，放入涼瓜炸至金黃，瀝油，盛起。
3. 下油爆香蒜茸和椒碎，放入涼瓜，加調味料炒勻，即成。

特色炸茄子

材料
    茄子300克

配料
    冬菇（浸軟）、唐芹、青、紅甜椒各80克，薑絲1湯匙

調味料
    鹽、生粉各½茶匙，雞蛋1隻

汁料
    蠔油½湯匙，鹽、老抽各½茶匙，糖¼茶匙，上湯2湯匙，麻油、胡椒粉各少許

做法
1. 茄子洗淨，連皮切成圓形厚片。
2. 配料全部切成絲（薑絲除外）。
3. 茄片加鹽調味，再加入雞蛋、生粉拌勻，燒熱油鑊，下茄子炸至金黃色，盛起。
4. 鑊底留油，爆香配料，加汁料煮滾，淋在茄子上即可。

斤兩換算（約數）：1斤＝600克　15兩＝570克　14兩＝530克　13兩＝490克　12兩＝450克　11兩＝420克　10兩＝380克　9兩＝340克

錦滷雲吞

材料
雲吞皮200克，免治豬肉160克，蝦膠80克，甜酸醬適量

醃料
鹽1茶匙，胡椒粉少許，生抽1茶匙

做法
1. 免治豬肉、蝦膠加醃料用力拌勻。
2. 將餡料放在雲吞皮中間，對摺成三角形，封口，逐一完成。
3. 燒熱油鑊，將雲吞炸至金黃，瀝油，伴以甜酸醬，即可。

炸杏仁南瓜

材料
南瓜300克，蛋白1隻，杏仁片100克，麵粉1湯匙

醃料
鹽¼茶匙，胡椒粉少許

做法
1. 南瓜去皮，洗淨，去籽，抹淨，切厚片，加醃料略醃。
2. 蛋白打散；杏仁剁碎。
3. 南瓜撲上麵粉，蘸上蛋白，再滾上杏仁碎，燒熱油鑊，炸至金黃熟透即可。

桂花南瓜餅

材料
南瓜600克

麵糊
糯米粉160克，糖¼茶匙，桂花35克，水4湯匙

做法
1. 南瓜洗淨，去皮，去籽，洗淨，壓成茸。
2. 拌勻麵糊，放入南瓜茸拌勻。
3. 燒熱油鑊，倒入麵糊，攤成圓形，炸至兩面金黃，瀝油，即成。

炸番茄蛋餃

材料
番茄600克，紅豆沙150克，糖粉¼茶匙

麵糊
蛋白4隻，麵粉、生粉各1湯匙

做法
1. 番茄洗淨，用滾水燙過，剝皮，去籽，切成8瓣，每兩瓣番茄中間夾上紅豆沙，揑合後撲上生粉。
2. 麵糊拌勻，燒熱油鑊，將番茄豆沙蘸上麵糊，下油鑊中炸至浮起，上碟，灑上糖粉，即可。

炸芋頭番薯

材料

芋頭1個，番薯1個，芫荽3棵

麵糊

麵粉2杯，水1杯，鹽½茶匙

做法

1. 番薯、芋頭洗淨，去皮，切絲；芫荽洗淨，切段。
2. 將芋頭絲、番薯絲、芫荽段加麵糊做成餅狀，燒熱油鑊，下油炸成金黃色，瀝油即可。

反沙芋頭

材料

芋頭3個

調味料

糖1杯

做法

1. 芋頭去皮洗淨，切長條。
2. 燒熱油鑊，下油將芋頭條炸至金黃色，盛起。
3. 加水和糖煮至溶，再慢慢煮至濃稠，加入芋頭，拌炒芋頭完全沾滿即可。

剝皮辣椒

材料

青辣椒600克

汁料

生抽½杯，冰糖1湯匙，檸檬½個，水4杯

做法

1. 青辣椒洗淨，擦乾水分，切開，去籽。
2. 燒熱油鑊，放入青辣椒炸透，盛起。
3. 將生抽，冰糖和水倒入鑊中煮滾，熄火，加入檸檬汁待涼。
4. 用手剝去青辣椒皮，泡入汁料中浸1晚，即成。

炸洋葱圈

材料

洋葱750克

麵糊（拌勻）

鮮奶150毫升，麵粉50克

調味料

鹽½茶匙，胡椒粉適量

做法

1. 洋葱去皮，洗淨切圈，撒上鹽和胡椒粉略醃。
2. 洋葱沾勻麵糊。
3. 燒熱油鑊，下洋葱炸至金黃色，瀝油即可。

炸鮑魚菇

材料

鮑魚菇200克

麵糊（拌勻）

雞蛋1隻，麵粉50克，鹽½茶匙，水1湯匙

做法

1. 鮑魚菇洗淨，瀝乾水分，蘸上麵糊。
2. 燒熱油鑊，下鮑魚菇炸至金黃色，瀝油即可。

炸春卷

材料

韭菜50克，肉絲160克，紅蘿蔔絲、銀芽各40克，春卷皮6張

醃料

生抽1茶匙，鹽¼茶匙，生粉½茶匙，水1湯匙

做法

1. 韭菜切段；肉絲加醃料拌勻，下油鑊泡油，瀝油。
2. 再起油鑊，加入生抽、鹽、韭菜、紅蘿蔔絲、銀芽拌炒，肉絲回鑊，製成餡料。
3. 鋪平春卷皮，放上餡料，捲成卷狀，以生粉水封口，逐一完成。
4. 燒熱油鑊，下春卷。炸至金黃色，即成。

炸蓮藕丸

材料

蓮藕200克，雞蛋2隻，葱粒1湯匙，瘦肉160克

醃料

鹽½茶匙，糖¼茶匙，生粉1茶匙，水1湯匙

做法

1. 蓮藕去皮，洗淨，切茸；瘦肉洗淨，切成茸。
2. 蓮藕茸、肉茸加入葱粒、雞蛋拌勻，打至起膠，做成丸子。
3. 熱鑊下油，放入蓮藕丸炸至金黃熟透即成。

涼菜

在本章菜譜中介紹的菜餚均屬於「涼菜」。與「熱菜」相比，它屬於不用熱食，可以在常溫或冷卻的情況下上桌的菜式，通常用作為開胃菜、佐酒或者便餐中。涼菜的主料可以是生或熟的蔬菜，以及烹熟冷卻後的肉類海鮮；極少數用生的動物成分。熟的蔬菜一般要保持一定的脆嫩口感。主料切成適宜的形狀後，或者直接加調味料拌，或者加油熗拌，成為無湯、口味清爽不膩的菜餚。製作涼菜時要特別注意原料的新鮮度和食品衛生。

水晶肴肉

材　　料：豬蹄膀（去骨）320克

調味料：鹽¼茶匙，米酒1茶匙，葱段4段，薑3片，花椒、八角各少許，滷水料適量

做　　法：
1. 豬蹄膀洗淨，放在冷水內浸泡1小時，取出刮除雜質，至皮和肉呈現白色，再用溫水漂淨。
2. 蹄膀放入鑊內，加調味料，注入水至蓋過肉面，用猛火燒滾，轉小火燜1½小時，蹄膀翻轉，再用小火燜1小時，取出，皮朝下放入碗中，淋上少量滷水汁，撇去浮油，用重物壓緊，待冷卻後即成肴肉。

美味指數　　　烹飪難度　　　營養搭配

水晶肉凍

材料

　　豬肘子、豬皮各160克，炒香芝麻1湯匙，青瓜絲2湯匙

調味料

　　葱段4段，薑3片，八角2粒、鹽½茶匙、米酒1茶匙，水1湯匙

做法

1. 豬肘子和豬皮刮洗淨，汆水，再洗淨，肉皮切絲，肘子去骨。
2. 把豬肉皮和肘子肉放入滾水中，加葱薑、米酒和胡椒粉煮滾，以小火煮1½小時，待涼。
3. 豬肉皮和肘子肉切片，撒上芝麻和青瓜絲，淋滿湯汁，放入雪櫃冷藏1小時，排在碟上即可。

花生皮凍

材料

　　豬皮500克，鹽酥花生1湯匙，葱茸、薑茸各1湯匙，上湯250毫升，鹽¼茶匙，胡椒粉適量

做法

1. 豬皮洗淨，切粒，放入上湯、葱茸、薑茸、胡椒粉，用猛火燒滾，轉中火將豬皮煮1小時至軟，待涼。
2. 將豬皮湯汁過濾，在湯汁內加入豬皮粒、鹽酥花生仁，排在碟上，待涼後放入雪櫃冷藏1小時，成形後，將皮凍切薄片即可。

羅漢肉

材料

　　豬肉500克，豬皮300克，滷水汁500毫升

調味料

　　葱茸、薑茸各1湯匙，米酒2湯匙，鹽¼茶匙，花椒¼茶匙

做法

1. 豬肉洗淨，汆水，切片，洗淨；豬皮刮洗淨，汆水，切片，洗淨。
2. 豬肉和豬皮與調味料拌勻，放入滷水汁中煮熟。
3. 取出後，待涼透，切片，排在碟上即成。

肉絲拌粉皮

材料

　　瘦肉180克，粉皮2張，生抽1湯匙

汁料（拌勻）

　　醋、芥末、鹽各¼茶匙，麻醬½湯匙，麻油少許

做法

1. 瘦肉洗淨，切絲；粉皮泡軟後切絲，汆水，盛起，放入冷水中，瀝乾水分，排在碟上，用筷子弄散。
2. 燒熱油鑊，下肉絲略炒，加生抽拌勻，盛在粉皮上，澆上汁料即成。

胡椒肉

材料
猪腩肉500克

醃料
胡椒粒75克，鹽1茶匙，糖¼茶匙，蒜茸2茶匙，米酒1茶匙

做法
1. 猪腩肉刮洗乾淨。
2. 胡椒粒碾碎，加入其他醃料拌勻，與猪腩肉拌勻。
3. 將猪腩肉以猛火蒸約2小時，取出，壓成扁平狀，置雪櫃中冷藏1小時後取出，切成薄片，排在碟上即成。

麻辣肉絲

材料
熟猪肉250克，芫荽2棵，紅蘿蔔絲80克

調味料
醋、生抽各½湯匙，辣椒油、鹽、糖各1茶匙，花椒10粒，薑絲1湯匙

做法
1. 熟猪肉切絲；芫荽洗淨，切段；將肉絲、芫荽段、紅蘿蔔絲和薑絲排在碟上。
2. 花椒炒熟，盛起，擀成花椒粉，加入鹽，拌成花椒鹽。
3. 將花椒鹽、醋、生抽、辣椒油、糖倒入肉絲中，拌勻即可。

金針拌肉絲

材料
猪肉500克，鮮金針250克

調味料
酒、鹽各¼茶匙，葱段和薑片各1湯匙，麻油少許

做法
1. 燒滾水，放入肉絲，加酒、葱段、薑片，猛火燒滾後，轉小火煮至熟，取出。
2. 金針去根，去葉，洗淨，切小段，放入滾水燙至八成熟取出。
3. 將金針與肉絲拌勻，再加鹽、麻油拌勻，即可上碟。

蒜茸白肉

材料
五花腩300克，葱段2條，薑3片，芫荽碎1湯匙

汁料
蒜茸2茶匙，麻油1湯匙，生抽2湯匙，辣椒油2茶匙

做法
1. 五花腩洗淨，把薑、葱和米酒加入水中，將五花腩放下煮1小時，取出，過冷河後，再浸凍開水中½小時。
2. 盛起五花腩，去皮，切薄片，汁料拌勻淋在肉片上，再撒上芫荽碎即成。

涼

拌

涼拌小肉腸

材料
小肉腸8條，蔥絲、芫茜絲各1湯匙

調味料
花椒油、辣椒油、蜂蜜、醋各1茶匙

做法
1. 小肉腸洗淨，瀝乾水分，以猛火蒸熟，切片。
2. 將肉腸、蔥、芫茜以調味料拌勻即可。

鹽水豬橫脷

材料
豬橫脷500克，京蔥1條，薑1小塊，花椒1茶匙，八角2粒

調味料
米酒1茶匙，鹽1/4茶匙

做法
1. 京蔥洗淨，洗淨，縱向切開，切長段；薑切片。
2. 豬橫脷洗淨，用滾水煮約10分鐘，刮掉外皮，洗淨。
3. 將豬橫脷放入滾水中煮20分鐘後，將其他材料和調味料加入，改用溫火煮20分鐘，盛起，待涼後切薄片即可。

水晶肘子

材料
豬肘子320克，豬皮320克，水1000毫升，薑片、蔥段各1湯匙

調味料
薑茸、蒜茸各1湯匙，米酒1湯匙，鹽1茶匙，麻油少許，醋1/2茶匙

做法
1. 豬肘子浸泡2小時以上，刮洗淨，去骨後放入清水、米酒中，汆水10分鐘，撈出，沖淨。
2. 豬皮刮洗淨，放入滾水煮至六成熟，盛起，切成長方塊。
3. 豬肘子放入盆內，加入水、豬皮、鹽、蔥段、薑片蒸2½小時，棄去蔥、薑、肉皮，將肘子皮朝下放好，待冷卻後盛起。
4. 豬肘子切片，整齊地排在碟上。
5. 薑茸、蒜茸、麻油、醋、蝦油放入碗中調勻，和肘子一起上桌，即可。

涼拌肘子

材料
熟白肘肉250克，青瓜100克

調味料
生抽1湯匙，醋1/2湯匙，麻油少許

做法
1. 將熟白肘肉切成大片；青瓜洗淨，瀝乾，用刀稍拍後切成圓塊。
2. 先將青瓜排在碟上，再把肘肉擺在上面。
3. 碗內放生抽、醋、麻油調勻成拌汁，澆在白肘肉上即可。

涼

拌

夫妻肺片

材料
　　鮮牛肉160克，牛雜320克，炒熟花生碎1湯匙，熟芝麻1茶匙，紅辣椒段少許

滷水材料
　　花椒1茶匙，八角2粒，桂皮1塊，辣椒乾、米酒各1湯匙，清水3杯

調味料（拌勻）
　　生抽、老抽各2湯匙，辣椒油、麻油各1湯匙，花椒粉½茶匙，老滷水汁½杯

做法
1. 將牛肉、牛雜切大塊，汆水，盛起。
2. 將滷水香料放入袋中，加清水和其餘材料煲至出味。
3. 放入牛肉、牛雜，煮滾後改慢火煲約1½小時，至肉料酥香入味，關火。
4. 待牛肉、牛雜涼，分別切成薄片，上碟，淋上調味料，撒上花生碎、熟芝麻和辣椒段，即可。

紅油耳片

材料
　　豬耳300克

調味料
　　辣椒油1湯匙、葱白1湯匙，鹽、糖各½茶匙，麻油少許

做法
1. 豬耳洗淨，汆水，取出，用重物壓平豬耳，待涼；葱白切絲。
2. 豬耳切薄片；碗中加入鹽、糖、紅油辣椒、麻油調成味汁。
3. 將耳片與調好的味汁、葱絲拌勻，上碟即成。

拌什錦

材料
　　粉絲100克，熟豬肉50克，熟雞肉50克，熟火腿50克，蝦米25克，雞蛋2隻，菠菜心3棵，生抽20克，冬菇2朵（浸軟）

調味料
　　醋½茶匙，麻油½茶匙，芥末1茶匙

做法
1. 粉絲浸軟，剪成長段，放滾水中煮軟，盛起用冷水稍泡一下，瀝乾，擺在碟邊。
2. 菠菜切段；冬菇切半，汆水。
3. 燒熱油鑊，雞蛋打勻，倒入攤成蛋皮，切絲。
4. 豬肉、雞肉、火腿切絲。
5. 把各種材料整齊地排在粉絲中間，把蝦米撒在粉絲上，把生抽、醋、麻油、芥末糊調成汁，澆上即可。

西滷蹄筋

材料
　　熟蹄筋300克，雞肉100克，冬筍、蘑菇、紅蘿蔔、青豆各40克，葱段50克

調味料
　　鹽1茶匙，糖½茶匙，上湯3杯，生粉1茶匙，米酒1茶匙，水、生油、麻油各適量，胡椒粉少許

做法
1. 蹄筋切段；冬筍、蘑菇、紅蘿蔔切片，與青豆同汆水。
2. 雞肉切片，燒滾鑊後，放入鑊內泡嫩油，盛起。
3. 燒熱鑊，下油爆香冬筍、蘑菇、紅蘿蔔、蹄筋、雞肉回鑊，潷米酒，下上湯、青豆、葱段，慢火燜約10分鐘，勾芡，待涼即成。

涼
拌

滷水牛脹

材料

牛脹500克，薑1小塊，八角1粒，陳皮1塊

調味料

冰糖75克，玫瑰露酒1湯匙，鹽、老抽、生抽各適量

做法

1. 牛脹洗淨，汆水，瀝乾；薑片拍鬆備用；陳皮浸軟，刮去瓢。
2. 將水燒滾，加入所有材料，煮滾後收慢火燜3個小時。
3. 取出牛脹，待涼後切片上碟。

涼拌牛柳

材料

牛柳300克，紅甜椒1隻，黃甜椒1隻，青瓜1條，紫菜2片，松子仁100克

調味料

米醋2湯匙，鹽1湯匙，生抽2湯匙，豆瓣醬1湯匙，醋1湯匙，糖1茶匙，麻油1湯匙，蒜茸1湯匙，葱粒適量

做法

1. 牛柳切絲，用清水漂洗多次。
2. 清水煮滾，加入米醋和鹽，放入牛柳煮20分鐘，取出瀝水待用。
3. 紅、黃甜椒洗淨，切絲，汆水，過冷河；青瓜切絲，用鹽糖略醃。
4. 紫菜用手撕碎，與松子分別用白鑊炒香。
5. 將所有材料與調味料拌勻，即成。

涼拌羊肉絲

材料

嫩羊肉450克，麻油1茶匙，生抽1茶匙

調味料

鹽¼茶匙，葱、薑茸各1湯匙，胡椒粉、辣椒粉各少許

做法

1. 羊肉洗淨，放入鑊內，加水燒滾，撇去浮沫，轉小火煮熟取出，待涼。
2. 將羊肉切成絲，放在碟上，加入調味料及麻油拌勻即可。

話梅醉雞

材料
雞1隻，話梅30粒

調味料
花雕酒250毫升，魚露250毫升

做法
1. 水燒滾，加2片薑，放入整隻雞，水要蓋過雞面，待水再滾時，關火焗45分鐘，取出過冷河。
2. 取3杯浸過雞的水，放入話梅浸泡至少2小時，隔去話梅渣，話梅汁待用。
3. 將話梅汁、花雕酒、魚露拌勻，放入雞，放入雪櫃浸一晚，取出斬件即可。

涼

拌

口水雞

材料
雞肉1000克，熟花生茸、葱粒、熟白芝麻各1湯匙，葱段、薑片各1湯匙

汁料
花椒油、糖各1茶匙，芝麻醬½湯匙，薑蒜汁1湯匙，麻油1湯匙，米酒2湯匙，辣椒油2湯匙，生抽1湯匙，醋½湯匙

做法
1. 雞肉洗淨，汆水，盛起用清水沖洗淨。
2. 鑊中加水燒滾，下葱段、薑片、花椒、米酒、鹽，煮熟時起鑊，放入冷湯中浸泡，待涼後盛起，切塊，放碗中。
3. 汁料拌勻，淋在雞塊上，撒上芝麻、花生茸、葱粒即成。

手撕雞

材料
光雞½隻，葱2條，薑2片，生抽3湯匙

調味料
米酒1湯匙，蠔油3湯匙，糖1湯匙，胡椒粉少許，清水3杯

做法
1. 光雞洗淨，抹乾水分，塗上生抽，放入熱油中炸至上色，盛起。
2. 下油爆香葱、薑，焦黃時棄去，加入調味料燒滾，放入雞，改小火煮20分鐘，取出放涼。
3. 用手將肉撕下，去皮、去骨後撕成條狀，排在碟上，另將剩餘的湯汁淋入少許即可食用。

涼拌雞絲粉皮

材料

粉皮5張，雞肉500克，西芹160克，紅蘿蔔80克

汁料

生抽1湯匙，糖1茶匙，麻油3茶匙，蠔油1湯匙

做法

1. 雞肉蒸熟，浸冰水，切成雞絲。
2. 粉皮用滾水浸10分鐘後再浸冷水，切成粉皮絲，再用滾水浸10分鐘，攤凍。
3. 西芹、紅蘿蔔切絲，汆熟浸冷水後瀝乾。
4. 拌勻汁料，放入雞絲，醃至入味，瀝乾汁液。
5. 粉皮、紅蘿蔔、西芹放入調味汁之中，醃至入味，再拌入雞肉，放入雪櫃冷藏1小時即成。

涼拌香辣麻醬雞

材料

雞胸肉600克，雪梨1個，沙葛80克，炒香芝麻適量

醃料

鹽½湯匙，酒1湯匙，薑汁1茶匙

調味料醬料

芥辣醬1湯匙，芝麻醬1湯匙，麻油½湯匙，糖½茶匙，雞汁3湯匙，鹽1茶匙

做法

1. 雞胸肉洗淨，用醃料拌勻，以猛火蒸熟約20分鐘，濾去雞汁，雞肉連皮撕成小塊。
2. 雪梨去皮、去芯和切條，用鹽水浸過面；沙葛去皮，切條。
3. 調味料醬料和雞肉拌勻，再輕輕拌入雪梨和沙葛，鋪在碟上，灑上芝麻即成。

椒麻雞片

材料

雞肉600克

汁料

麻油、生抽、鹽各1茶匙，糖½茶匙，上湯1湯匙、花椒粒適量

做法

1. 將雞放入鑊內，加水煮熟，待涼後盛起，擦乾水分，抹上麻油。
2. 將葱、鹽、花椒混合，剁成細茸狀，放碗內，加入生抽、麻油、糖、湯拌成汁。
3. 將雞去骨，雞肉切斜片，排放碟上，澆上汁料，食時拌勻。

荷蘭豆拌雞絲

材料

雞胸肉280克，荷蘭豆80克

汁料（拌勻）

糖½茶匙，鹽、白酒各1茶匙，麻油½湯匙，

調味料

蒜茸1茶匙，糖½茶匙，鹽、辣椒油各1茶匙，米酒1茶匙

做法

1. 雞胸肉放入滾水中煮熟後，浸在凍開水中冷卻，用手將雞胸肉撕成細絲，放入汁料中泡½小時。
2. 荷蘭豆撕去根莖，切絲，汆水，稍煮約半分鐘，立刻撈起，入清水冷卻，瀝乾，分放在碟上。
3. 將蒜茸、糖、鹽等調味料拌勻，倒上荷蘭豆，再將泡好的雞絲用手擠乾水分，與荷蘭豆絲拌勻即成。

雞絲拌青木瓜

材　　料：雞胸肉300克，青木瓜700克，番茄3隻，青辣椒1隻，檸檬汁1湯匙，芫荽碎1湯匙

調味料：蒜茸1湯匙，鹽½茶匙，生抽、糖各1茶匙，麻油2茶匙

做　　法：
1. 木瓜去皮，切半，洗淨，刨細絲；番茄切粒；青辣椒切幼絲。
2. 將木瓜絲、番茄粒、青椒絲、芫荽碎和蒜茸依次放玻璃大碗中，拌入檸檬汁。
3. 雞胸肉洗淨，放入滾水中猛火煮10分鐘，取出放入冷開水中浸泡2分鐘，瀝乾，將雞胸肉撕成絲狀，加在木瓜絲上。
4. 加調味料拌勻，醃製½小時即可。

美味指數　　烹飪難度　　營養搭配

涼拌芝麻雞

材料

雞肉480克，海蜇、青瓜、五柳料各80克，西芹40克，芫荽碎1湯匙，紅辣椒絲1湯匙，炒香芝麻1湯匙，薑2片

調味料

鹽、糖各¾茶匙，麻油1½茶匙

醃料

醋1湯匙，糖1湯匙，鹽¼茶匙

做法

1. 雞肉洗淨，加薑片放碟上，隔水蒸約20分鐘，待涼後起肉切絲，用一半調味料拌勻。
2. 海蜇摺起，切絲，用熱水一燙，再沖冷水至無味，用餘下的調味料拌勻，鋪在碟上。
3. 青瓜切絲，用醃料醃片刻；紅辣椒、西芹分別切絲。
4. 將雞絲、青瓜絲、紅椒絲、五柳料、西芹分別放於海蜇絲上，撒上炒香芝麻、芫荽碎即成。

麻辣白切雞

材料

雞腿500克，葱段、薑片各1湯匙，八角2粒，花椒粒1茶匙，葱茸、芫荽碎各1湯匙

汁料

白醋、鹽、辣椒油、花椒粉各1茶匙，糖½茶匙，蒸魚豉油、芝麻醬各1湯匙

做法

1. 鑊中倒入水，以蓋過雞腿，放入葱段、薑片、八角和花椒粒，水滾後改為小火，煮約10分鐘，關火焗一會，掀開蓋，待涼。
2. 雞腿去骨，切段，將葱茸和芫荽碎灑在雞腿肉上。
3. 汁料調勻，淋在雞腿肉上即可。

白雲鳳爪

材料

去骨雞腳12隻，薑2片，葱1條

汁料

白醋2湯匙，糖2茶匙，鹽1茶匙

做法

1. 雞腳洗淨，用粗鹽搓擦，汆水，洗淨。
2. 再燒滾水，放入薑、葱，下雞腳煮約15分鐘，盛起，過冷河。
3. 將汁料煮滾，待涼，放入雞腳浸約5小時，再放入雪櫃中冷藏一會即成。

泡椒鳳爪

材料

大雞腳10隻，山海椒40克，花椒1湯匙

調味料

泡菜水、白醋、鹽、辣椒油各1茶匙，胡椒粉適量

做法

1. 雞腳洗淨，用粗鹽搓擦，從中間剁開，汆水10分鐘，洗淨。
2. 山海椒用滾水浸泡，待水冷卻。
3. 泡菜水（約與步驟（2）的滾水等量）倒入容器中，與凍開水拌勻。
4. 泡菜水中加入花椒、山海椒、山海椒水以及餘下的調味料。
5. 雞腳倒入泡菜水中，浸泡2小時以上，上碟。

涼

拌

涼拌西芹雞絲

材料

    雞胸肉240克,西芹160克,紅辣椒絲1茶匙,蒜茸1茶匙

調味料

    鹽½茶匙,糖¼茶匙,辣椒油、醋、生抽各1茶匙

做法

  1. 雞胸肉洗淨,煮熟後切絲。

  2. 西芹洗淨,切絲,汆水,瀝乾。

  3. 將所有材料用調味料拌勻即可。

蛋黃松子菜心

材料

    菜心500克,熟鹹蛋黃2隻,松子200克

調味料

    麻油1茶匙,鹽¼茶匙

做法

  1. 菜心洗淨,汆水,瀝乾,切碎,擠乾水分。

  2. 松子以白鑊炒香。

  3. 將鹹蛋黃、松子、鹽、麻油加入菜心中拌勻即可

拌鵝掌

材料

    鵝掌10隻,青瓜160克

蘸汁

    醋¼茶匙,芝麻醬2茶匙,薑茸、生抽、麻油、鹽各1茶匙,凍開水1湯匙

做法

  1. 鵝掌去皮,洗淨,放入滾水中煮約1½小時,盛起,放冷水中浸過,去骨,將掌肉先切成長形片,再用滾湯燙過,攤開待涼。

  2. 青瓜洗淨,去籽、瓤,切片,用鹽稍醃一會,擠去水分,排在碟上,鵝掌放在上面。

  3. 拌勻蘸汁,淋在鵝掌上即成。

涼拌鵝腸

材料

    鵝腸350克,韭菜花80克,芽菜160克,葱1條

調味料

    鹽、辣椒醬各1茶匙

做法

  1. 鵝腸、韭菜花和葱同洗淨,切段;芽菜洗淨,汆水,瀝乾。

  2. 鑊中加適量水煮滾,放入鵝腸,韭菜花和葱段,再加少許鹽汆燙,盛起,立即浸入凍開水中。

  3. 待鵝腸和韭菜花放涼,上碟,加入芽菜拌勻,蘸辣椒醬食用。

涼

拌

水晶鴨方

材料
熟鴨胸肉200克，豬皮凍200克，火腿40克

調味料
鹽¼茶匙，葱茸、薑片茸各1茶匙，胡椒粉1克少許

做法
1. 鴨胸肉切長方塊，整齊地排在小平碟上，鴨皮朝上，將火腿放在上面。
2. 豬皮凍煮溶後再冷卻，輕輕注入鴨方的平盤內。
3. 鴨方冷卻凝固後，切件，上碟即成。

滷鴨翼

材料
鴨翼8隻，薑1塊，八角數粒

調味料
生抽1杯，冰糖、米酒各2湯匙，鹽、胡椒粉、五香粉各1茶匙

做法
1. 鴨翼洗淨，薑洗淨，切小塊，一起放入滾水中汆水，盛起備用。
2. 鑊中加水，放入八角及調味料，再加入鴨翼，用火煮滾，改小火加熱½小時，滷至鴨翼入味，熄火後再燜20分鐘，即可上碟。

滷鴨舌

材料
鴨舌500克，蒜茸1茶匙，辣椒油1湯匙，薑片、葱粒各1湯匙

滷水料
老抽½碗，冰糖1茶匙，水2杯，八角2粒，花椒、桂皮各少許，鹽、糖各¼茶匙

做法
1. 鴨舌洗淨，汆水，冷卻後拔去軟骨。
2. 燒熱油，爆香薑片和蒜茸，下鴨舌翻炒，加滷水料，以小火煮20分鐘，上碟，淋上辣椒油，撒上葱粒即成。

涼拌酒糟鴨掌

材料
去骨鴨掌225克，青瓜1條，紅辣椒1隻，酸薑絲1湯匙，蒜茸1茶匙

醃料
米酒2湯匙，酒釀½湯匙

調味料
辣味鹽2茶匙，糖1茶匙，麻油1湯匙，白醋2茶匙，檸檬汁1茶匙

做法
1. 鴨掌洗淨汆水，用醃料醃15分鐘，蒸10分鐘，取出，隔去汁液。
2. 青瓜切條；紅辣椒切絲，與酸薑絲和調味料拌勻。
3. 將鴨掌和其他材料拌勻，上碟即成，冷藏後味道更佳。

涼

拌

青椒皮蛋

材料
皮蛋3隻，青椒1隻

汁料
花椒油、生抽、醋各1茶匙，麻油少許

做法
1. 皮蛋放到水裏中火煮約1分鐘後剝殼，切塊。
2. 青椒洗淨，去籽，搗碎。
3. 將青椒與汁料拌勻，淋在皮蛋上即可。

涼瓜鹹蛋

材料
涼瓜1條，熟鹹蛋2隻，紅蘿蔔片¼杯，蒜茸1湯匙，花椒、鹽各1茶匙，糖½湯匙，麻油1湯匙

做法
1. 涼瓜洗淨，去籽和內膜，切片後用熱水汆燙至熟，過冷河，瀝乾。
2. 紅蘿蔔片用熱水汆燙至熟。
3. 鹹蛋去殼後切小粒。
4. 將調味料拌勻，加入涼瓜片、鹹蛋粒拌勻即可。

涼拌青瓜海蜇

材料
青瓜1條，海蜇皮320克，芥末1湯匙，炒香芝麻1茶匙

醃料
魚露1湯匙，麻油1湯匙，浙醋½湯匙，辣椒油½茶匙

做法
1. 青瓜洗淨，切絲，放碟上。
2. 海蜇洗淨，切絲，汆水，過冷河，浸在凍開水一會，瀝乾，與青瓜絲同加入醃料拌勻約1小時後，加上芥末和炒香芝麻即成。

海膽海蜇皮泡菜

材料
海膽醬⅓杯，海蜇皮80克，麻油½湯匙

調味料
糖½湯匙，鹽1茶匙，米酒2茶匙

做法
1. 將海蜇皮洗淨，泡水後約1小時，再以水沖洗多次，瀝乾，切長條。
2. 將調味料與海膽醬拌勻後，加入海蜇皮拌勻，放雪櫃中冷藏約3小時即可。

涼

拌

斤兩換算（約數）：1斤＝600克　15兩＝570克　14兩＝530克　13兩＝490克　12兩＝450克　11兩＝420克　10兩＝380克　9兩＝340克

椒麻鴨掌拌海蜇

材料
去骨鴨掌15隻，已浸發海蜇皮300克

海蜇調味料
白醋3湯匙，浙醋1茶匙，糖1湯匙，生抽1茶匙，蒜茸1湯匙

鴨掌調味料
上湯8杯，葱茸1湯匙，花椒鹽、糖½茶匙

做法
1. 海蜇皮洗淨，切絲，用微滾水焯海蜇絲，以冰水過冷河，拌入調味料，鋪在碟上。
2. 鴨掌洗淨，汆水後盛起，放入上湯煮10分鐘，瀝水，待涼，拌入葱茸、糖、和花椒鹽，放於海蜇皮上即成。

海蜇雙絲

材料
海蜇600克，雞胸肉160克，熟火腿絲80克，炒香白芝麻、麻油各少許，葱粒、芫荽碎各1湯匙

醃料
鹽、糖各¼茶匙，蛋白1隻，生粉1茶匙

蘸汁（拌勻）
花生醬2湯匙，麻油、熟油各1茶匙

做法
1. 海蜇皮摺起，切成幼絲，放熱水中燙過即盛起，用冷水沖洗三次，再放冷水中浸泡，每隔½小時換一次清水，浸泡約3小時，盛起，瀝乾。
2. 雞胸肉與醃料醃10分鐘，煮熟後切絲，泡油，瀝乾。
3. 海蜇絲、雞絲、火腿絲放碟上，淋上蘸汁，撒下芝麻、葱粒和芫荽碎，澆上麻油拌勻即可。

涼拌海蜇粉皮

材料
即食海蜇絲、鮮粉皮各240克，青瓜1條，紅辣椒絲1茶匙，炒香芝麻1湯匙

汁料
生抽、麻油各1湯匙，糖½茶匙，滾水1湯匙

做法
1. 海蜇絲洗淨，瀝乾；粉皮、青瓜洗淨，切粗絲。
2. 拌勻汁料，加入海蜇絲、粉皮絲和青瓜絲中，拌勻，放在碟上，灑上炒香芝麻和紅椒絲。

芥末拌海蜇頭

材料
海蜇頭250克（浸發），蝦米1湯匙（浸軟），熟雞蛋皮1張，芫荽1棵

汁料
芥末、滾水各1湯匙，生抽、醋各2湯匙，麻油1湯匙

做法
1. 海蜇頭洗淨，切薄片，汆水，瀝乾。
2. 蛋皮切絲；芫荽洗淨，切段。
3. 海蜇片排在碟上，鋪上蛋皮、芫荽，最後放上蝦米。
4. 拌勻汁料，澆在海蜇片上拌勻即成。

涼拌海鮮

材料
鹽水蝦仁200克，鮮冬菇200克，海螺片200克，熟火腿200克

調味料
芫荽碎1湯匙，薑茸、青瓜茸各1湯匙

汁料
生抽、麻油各1湯匙，糖½茶匙

做法
1. 蝦仁洗淨，切成兩片；冬菇去蒂；熟火腿切片，分別汆水，瀝乾，全部材料同放碗中。
2. 拌勻汁料和調味料，澆在材料上拌勻即成。

涼拌魚皮

材料
魚皮600克，芫荽碎1湯匙

汁料
葱茸、薑茸、蒜茸各1湯匙，鹽½茶匙，辣椒油和醋各1茶匙

做法
1. 魚皮洗淨，切條狀。
2. 鑊內水煮滾，待稍涼時把魚皮條放入水裏汆燙，瀝乾，放進雪櫃冷藏片刻。
3. 待魚皮冰涼後，撒上葱、薑、蒜茸，淋上汁料拌勻，再放入芫荽碎即成。

滷墨魚

材料
墨魚480克，葱段4段，薑5片，芫荽2棵

調味料
米酒、茴香、桂皮、丁香、花椒各適量，鹽½茶匙，糖¼茶匙

做法
1. 墨魚去雜質後洗淨，汆水，瀝乾。
2. 煮滾適量清水，下墨魚、葱段、薑片、米酒煮滾，撇去浮沫，加茴香、桂皮、丁香、花椒，加蓋改用小火煮20分鐘，再放鹽和糖，燒至肉質熟軟待涼即成。

涼
拌

斤兩換算（約數）：1斤＝600克　15兩＝570克　14兩＝530克　13兩＝490克　12兩＝450克　11兩＝420克　10兩＝380克　9兩＝340克

滷水八爪魚

材料

　　八爪魚500克，粉絲30克，薑3片，葱3條

滷水料

　　八角1粒，花椒1茶匙，桂皮1小片，甘草2片，草果1個，小茴1茶匙（放入煲魚湯袋並封口），
　　水4杯，酒1湯匙，鹽½湯匙，糖½湯匙，老抽3湯匙

做法

1. 八爪魚洗淨，燒滾水，加入薑、葱、酒，放入八爪魚煮片刻，沖淨，瀝乾。
2. 粉絲浸透，放入滾水內煮熟，用凍開水略沖，瀝乾。
3. 滷水料中的香料袋與水同煮滾，改慢火煮½小時；取出香料袋，加入其餘滷水料煮滾。
4. 把八爪魚放入滷水中，煮5分鐘，浸10分鐘，取出放在煮好的粉絲上即可。

涼拌金槍魚肉

材料

　　金槍魚紅肉150克，泡菜80克，青瓜1條，葱6條，鵪鶉蛋4隻，炒香芝麻1茶匙

調味料

　　生抽、麻油各½茶匙

做法

1. 泡菜切粗絲；葱切圈。
2. 青瓜切粗絲，用水沖洗後瀝乾；鵪鶉蛋煮熟後去殼。
3. 金槍魚剁成茸，加入泡菜、葱圈、生抽和麻油，拌勻。
4. 將金槍魚茸放在青瓜絲上，中央留一個小凹位放鵪鶉蛋，淋上麻油、撒下芝麻、即可。

三文魚粒拌蛋碎

材料

　　雞蛋1隻，鮮三文魚柳180克，新鮮刁草10克，鮮薄荷葉5克，檸檬皮碎½茶匙，油1茶匙

調味料

　　鹽¼茶匙，糖½茶匙，黑胡椒碎¼茶匙

做法

1. 雞蛋煮熟後去殼，切碎。
2. 新鮮三文魚柳切成小方粒；刁草葉和薄荷葉洗淨，瀝乾，切碎。
3. 全部材料和調味料拌勻，冷藏即可。

魚子拌海鮮

材　　料：墨魚500克，蝦仁80克，西蘭花240克，魚子醬1湯匙

調味料：醋¼茶匙，蜂蜜½茶匙，檸檬汁½茶匙，柴魚上湯50克

做　　法：1. 墨魚洗淨，剺花；蝦仁洗淨；西蘭花洗淨，切小朵。
2. 將魚子醬和調味料拌勻。
3. 所有材料汆水後待涼，放在碟上，加魚子醬拌勻即可。

美味指數　烹飪難度　營養搭配

芥末生魚片

材料
生魚150克，生菜80克

汁料
生抽½茶匙，白醋1湯匙，芥末½湯匙，麻油少許

做法
1. 生魚肉用白醋浸泡5分鐘，用清水沖淨，切成薄片。
2. 生菜切絲，放在碟上，與生魚片和汁料拌勻即成。

菠菜拌蜆

材料
蜆240克，菠菜240克，薑茸、蒜茸各1湯匙

調味料
鹽1茶匙，麻油、醋各1湯匙

做法
1. 蜆以淡鹽水浸數小時，洗淨，瀝乾，燒滾一鑊水，將蜆煮熟，取肉。
2. 菠菜洗乾淨，瀝乾，切段。
3. 將蜆、薑茸、蒜茸和調味料拌勻後加入菠菜即可。

薑汁蜆

材料
鮮蜆480克

汁料
薑茸1湯匙，醋2湯匙，生抽2湯匙，麻油1湯匙，鹽¼茶匙

做法
1. 蜆以淡鹽水浸數小時，洗淨，瀝乾。
2. 燒滾一鑊水，將蜆煮熟，瀝乾，上碟。
3. 拌勻汁料，淋在蜆肉上即可。

香辣蝦皮

材料
蝦皮240克，青辣椒3隻，薑茸、葱茸各1湯匙

調味料
鹽½茶匙，麻油1湯匙

做法
1. 蝦皮洗淨，去掉雜質，瀝乾。
2. 青辣椒洗淨，切角汆水至熟，待涼。
3. 將所有材料和調味料拌勻，上碟即可。

涼

拌

蝦仁蘆薈

材料

蝦仁100克，蘆薈40克，薑茸、葱茸各1湯匙

調味料

鹽½茶匙

做法

1. 用鹽水浸泡蘆薈10分鐘，洗淨，瀝乾。
2. 蝦仁，洗淨，瀝乾，放入滾水中煮熟，加鹽調味，冷卻後拌入蘆薈、薑茸、葱茸，上碟即可。

金菇拌魷魚

材料

金菇200克，鮮魷魚肉320克，唐芹160克，紅蘿蔔120克

調味料

蒜茸、薑絲各1湯匙，米酒½湯匙，麻油、胡椒粉各適量

做法

1. 金菇切去根部，洗淨，汆水2分鐘，瀝乾。
2. 鮮魷魚肉洗淨，瀝乾，切絲。
3. 唐芹去葉；紅蘿蔔去皮，分別洗淨，切絲，分別汆水。
4. 將所有材料和調味料拌勻，上碟即可。

辣拌鮮魷火腿

材料

鮮魷魚1隻，火腿120克，紅辣椒2隻

調味料

辣椒油、糖各½茶匙，生抽、醋各1茶匙

做法

1. 鮮魷魚洗淨，切絲，放滾水中煮熟，盛起，放冰水中浸泡5分鐘，瀝乾。
2. 火腿洗淨，切絲；紅辣椒洗淨，切絲。
3. 將所有材料和調味料拌勻，上碟即可。

涼拌鮮魷海蜇

材料

鮮魷魚480克，海蜇240克，炸花生200克，皮蛋3隻，青瓜3條，葱段2湯匙

調味料

蒜茸1湯匙，鹽½茶匙，陳醋、糖各1湯匙，麻油少許

做法

1. 魷魚和海蜇分別洗淨，切絲，汆水，放凍開水中浸泡5分鐘，瀝乾。
2. 皮蛋去殼，切塊；青瓜去皮，切塊。
3. 將所有材料和調味料拌勻，上碟即可。

芥末拌蟹肉菠菜

材料
熟蟹肉320克，菠菜、銀芽各200克

調味料
紅辣椒1隻，芥末1湯匙，糖、生抽各½湯匙，上湯300毫升，鹽½茶匙

做法
1. 蟹肉撕成絲；菠菜洗淨，切段。
2. 銀芽洗淨；紅辣椒洗淨，切絲。
3. 菠菜、銀芽汆水至熟，放凍開水中浸泡5分鐘，瀝乾，與蟹肉一起拌勻。
4. 將所有調味料拌勻，淋在菜上拌勻即可。

蝦米海帶絲

材料
海帶200克（浸發），五香豆腐乾2塊，蝦米1湯匙（浸軟）

調味料
鹽、糖各½茶匙，生抽、麻油、薑茸各1湯匙

做法
1. 海帶洗淨，汆水，瀝乾，蒸熟，盛起，待涼後切絲，上碟。
2. 五香豆腐乾洗淨，切幼絲，汆水，放凍開水中浸泡5分鐘，瀝乾，放在海帶絲上，撒上蝦米。
3. 將所有調味料拌勻，淋在海帶上拌勻即可。

海帶三絲

材料
海帶320克（浸發），紅蘿蔔120克，葱絲2湯匙，芫荽1條

調味料
蒜茸、醋各½湯匙，鹽½茶匙，麻油少許

做法
1. 海帶洗淨，瀝乾，切長絲。
2. 紅蘿蔔洗淨，切絲；芫荽洗淨，切段。
3. 將所有材料和調味料拌勻，上碟即可。

香辣海帶絲

材料
海帶480克（浸發），青瓜、銀芽各160克

調味料
鹽1茶匙，辣椒油1湯匙，醋½湯匙，葱絲、薑絲各1湯匙

做法
1. 海帶洗淨，瀝乾，切幼絲，汆水，瀝乾。
2. 青瓜洗淨，瀝乾，切幼絲；銀芽洗淨，瀝乾。
3. 將所有材料和調味料拌勻，上碟即可。

涼
拌

爽脆海螺片

材料
海螺240克，蘿蔔120克，木耳20克（浸發）

調味料
薑茸、生抽、醋各½湯匙，米酒1茶匙，麻油少許

做法
1. 海螺洗淨，切薄片，汆水，放凍開水中浸泡5分鐘，瀝乾。
2. 蘿蔔洗淨，切片；木耳洗淨，切塊。
3. 將調味料與材料拌勻即可。

涼拌九孔鮑魚

材料
九孔鮑魚8隻，番茄1個，洋葱茸、芫荽碎、薑茸各1湯匙，冰塊30克

調味料
檸檬汁½湯匙，糖、茄汁各1茶匙

做法
1. 九孔鮑魚洗淨，汆水至熟，浸泡於冰水中約3分鐘，上碟。
2. 番茄洗淨，切粒。
3. 將番茄粒、洋葱茸、芫荽碎、薑茸和所有調味料拌勻，淋在九孔鮑魚上即可。

冰心蠔仁

材料
蠔320克，番薯粉120克

調味料
芥末醬1湯匙

做法
1. 蠔洗淨，瀝乾。
2. 蠔滾上番薯粉後，放入鑊中燙熟，浸泡於冰水中約3分鐘，上碟，以芥末醬伴食即可。

麻辣乾絲

材料
白豆腐乾2塊，西芹120克，紅辣椒2隻

調味料
辣椒油3湯匙，花椒粉½茶匙，辣味鹽適量

做法
1. 豆腐乾切幼絲，用水沖淨，瀝乾；西芹、紅辣椒分別洗淨，切絲。
2. 燒滾水，將豆乾絲和西芹絲加入滾水中略焯，瀝乾。
3. 將所有材料和調味料拌勻，上碟即可。

皮蛋豆腐

材料
南豆腐400克，皮蛋2隻，葱粒1湯匙，鹽少許

調味料（拌勻）
鹽、辣椒油各¼茶匙，麻油少許

做法
1. 南豆腐用水沖淨，汆水，瀝乾，撒上鹽，切大片。
2. 皮蛋去殼，洗淨，切小粒。
3. 豆腐片上碟，鋪上皮蛋粒，再撒上葱粒，加調味料即可。

冷豆腐

材料
絹豆腐1盒，紅綠海草少許，柴魚絲10克，海苔絲10克

調味料
葱粒、薑粒、冷豆腐生抽各1湯匙

做法
1. 紅綠海草洗淨，瀝乾。
2. 豆腐沖淨，切塊，浸泡於冰水中約3分鐘，放於碗中，上放紅綠海草，加入冷豆腐生抽，將柴魚絲、海苔絲、葱粒、薑粒放上即可。

鹹蛋黃拌豆腐

材料
南豆腐250克，鹹蛋黃2隻

調味料
葱茸1湯匙，鹽¼茶匙，麻油少許

做法
1. 鹹蛋黃蒸熟，切碎。
2. 南豆腐汆水，切小粒，撒上鹽拌勻。
3. 將所有材料拌勻，加入麻油即可。

菜心拌豆腐絲

材料

　　菜心160克，豆腐200克

調味料

　　醋1茶匙，鹽¼茶匙，麻油少許

做法

1. 菜心洗淨，汆水，切絲；豆腐汆水，切絲，瀝乾。
2. 將所有材料和調味料拌勻，上碟即可。

芹香豆腐乾

材料

　　五香豆腐乾2件，冬菇4朵（浸軟），紅蘿蔔、西芹和唐芹各80克，炒香白芝麻1茶匙

調味料

　　生抽2茶匙，鹽和糖各½茶匙，麻油1茶匙

做法

1. 五香豆腐乾沖淨，切幼絲。
2. 冬菇洗淨，去帶，隔水蒸5分鐘，待涼後切幼絲。
3. 紅蘿蔔、西芹和唐芹沖淨，切幼絲，放熱水內汆水，過冷河；豆腐乾絲，汆水，瀝乾。
4. 全部材料放大碗內，與調味料拌勻，放雪櫃中冷藏½小時，灑上炒香芝麻即成。

香葱拌豆腐

材料

　　絹豆腐4塊，葱粒2湯匙

調味料

　　鹽¼茶匙，麻油1湯匙

做法

1. 絹豆腐切粒，汆水，瀝乾，待涼。
2. 把鹽撒在豆腐上，放上葱粒，淋上麻油拌勻即成。

腐竹三絲

材料

　　腐竹200克，嫩青瓜、銀芽各80克

調味料

　　鹽¼茶匙，糖、辣椒油、白醋、麻油各½茶匙

做法

1. 腐竹用清水浸泡約2小時，汆水至熟，浸泡於凍開水中約3分鐘，瀝乾，切絲，上碟。
2. 嫩青瓜洗淨，切幼絲；銀芽汆水，浸泡於凍開水中，瀝乾。
3. 把青瓜絲、銀芽放在腐竹絲上，加入調味料拌勻即可。

涼

拌

什錦腐竹

材料
腐竹50克，紅蘿蔔1條，西蘭花½個，青瓜1條，油½茶匙

調味料
鹽¼茶匙，糖、麻油各½茶匙

做法

1. 腐竹用溫水泡軟，切段。
2. 紅蘿蔔、青瓜洗淨，切片；西蘭花洗淨，切小朵。
3. 燒滾水，加油、鹽，分別放入腐竹段、紅蘿蔔片、西蘭花汆水至熟，浸泡於凍開水中約3分鐘，瀝乾。
4. 加入調味料拌勻，拌入青瓜片即可。

豆腐大菜糕

材料
布包豆腐2塊，大菜40克，冰糖適量，提子乾1湯匙，花生80克，炒香芝麻2湯匙，水2杯

做法

1. 花生炒香，壓碎，與炒香芝麻拌勻。
2. 大菜洗淨，浸20分鐘，加水、冰糖煮溶，待涼。
3. 豆腐洗淨，飛水，去掉硬皮，加入大菜糖水½杯，放入攪拌機中打成漿狀，倒入其餘的大菜糖水內拌勻，隔去渣，拌入提子乾。
4. 倒入預先弄濕的模型內，放入雪櫃冷藏約2小時，反扣碟上，灑上花生碎和芝麻，即可。

雪菜大豆拌鮮竹

材料
鮮腐竹240克，雪菜梗2棵，黃豆80克，薑1片，紅辣椒絲適量

調味料
糖¼茶匙，鹽¼茶匙，生抽1茶匙，胡椒粉、麻油各適量，生粉1茶匙，上湯1杯

做法

1. 鮮腐竹切段，飛水，瀝乾，再放進煮滾熱的上湯中浸至入味。
2. 雪菜梗洗淨，切幼粒，泡水½小時，壓乾，加適量糖和麻油拌勻。
3. 黃豆浸水約2小時，用滾水煮20分鐘，瀝乾。
4. 鑊燒熱，爆香薑片，棄去，倒入雪菜粒略炒，再加入黃豆炒勻，拌入調味料和鮮腐竹，炒至收汁，撒上紅辣椒絲，即可上碟。

銀芽拌蛋皮絲

材　　料：雞蛋3隻，銀芽200克

調味料：生抽1茶匙，鹽、麻油各½茶匙

做　　法：1. 銀芽洗淨，飛水，瀝乾，上碟。

2. 雞蛋打勻，下熱油鑊中攤成蛋皮，待涼，切幼絲，放在銀芽上，加入調味料拌勻，即可。

美味指數　烹飪難度　營養搭配

椒油銀芽

材料
銀芽320克，葱絲、薑絲、芫茜碎各1湯匙

調味料
鹽½茶匙，辣椒油½湯匙，醋1茶匙

做法
1. 銀芽洗淨，飛水，瀝乾。
2. 將所有材料和調味料拌勻，上碟即可。

青椒拌乾絲

材料
青椒3隻，五香豆腐乾3塊

調味料
麻油1茶匙，糖、鹽各½茶匙

做法
1. 青椒洗淨，去籽，切幼絲。
2. 五香豆腐乾洗淨切幼絲，飛水，瀝乾，
   與調味料及青椒絲拌勻，上碟即可。

菠菜豆腐皮

材料
菠菜400克，腐皮1張，炒香芝麻少許

調味料
麻油、生抽各少許

做法
1. 腐皮洗淨，用滾水燙過，切絲，上碟；
   菠菜洗淨，飛水，切段，放入凍開水中
   浸泡3分鐘，瀝乾，放在腐皮絲上。
2. 將炒香芝麻撒在腐皮絲上，與調味料拌
   勻即可。

川北涼粉

材料
涼粉500克，芫茜碎、葱粒各1湯匙，炒香
芝麻少許

調味料
蒜茸1茶匙，薑茸1茶匙，辣椒油2茶匙，香
醋3茶匙，鹽、麻油各1/茶匙，生抽2茶匙

做法
1. 涼粉切長段，放在深碟中，撒下葱粒、
   芫茜碎和芝麻。
2. 拌勻調味料，淋在涼粉上即可。

涼拌

涼拌蝦米萵筍

材料

萵筍400克，蝦米1湯匙（浸軟）

調味料

薑絲、蒜片、芥末各1湯匙，鹽½茶匙，醋、麻油、辣椒油各1茶匙

做法

1. 萵筍削去老皮，切幼絲，加少許鹽醃一會，沖淨，飛水，瀝乾。
2. 萵筍絲放在碟上，放上蝦米，拌勻調味料淋上即可。

涼拌萵筍

材料

萵筍800克，鹽1茶匙，凍開水4杯，炒香白芝麻1茶匙

調味料

鹽¾茶匙，麻油2湯匙，香醋1茶匙

做法

1. 萵筍刨去厚皮，沖淨，瀝乾，切長絲，放淡鹽凍開水中浸10分鐘，飛水，瀝乾。
2. 拌勻調味料，淋在萵筍絲上，灑下炒香白芝麻即可。

酸甜萵筍

材料

嫩萵筍500克，番茄2個

調味料

蒜茸1茶匙，糖1茶匙，鹽½茶匙，檸檬汁70毫升，水50毫升

做法

1. 萵筍去葉、削皮、去筋，洗淨，切粒，飛水。
2. 番茄洗淨，去皮，切塊。
3. 拌勻調味料，淋在萵筍和番茄上，放入雪櫃冷藏即可。

涼拌雙脆

材料

蘿蔔300克，海蜇皮400克，紅椒絲1湯匙，炒香芝麻適量

糖醋料

洋醋、水各1杯，鹽½茶匙，糖¼茶匙

調味料

魚露2湯匙，糖1茶匙，麻油1湯匙

做法

1. 蘿蔔切絲，用少許鹽拌勻片刻，沖淨，瀝乾；煮滾糖醋料，待凍後將蘿蔔絲加入醃1小時。
2. 海蜇洗淨，切幼絲，放滾水中焯熟，過冷河後浸在冷水中，瀝乾，加入調味醃1小時。
3. 蘿蔔絲從糖醋中取出，瀝乾，與海蜇同放碟上，加入紅椒絲拌勻，撒下芝麻即成。

燙芥蘭菜

材料

芥蘭300克，蒜茸、紅辣椒茸各1湯匙

調味料

生抽2湯匙，麻油1湯匙，糖½茶匙

做法

1. 芥蘭洗淨，切段。
2. 鑊中燒滾水，放入芥蘭燙熟，盛起，瀝乾，上碟，加入蒜茸、紅辣椒茸和調味料拌勻即可。

雙筍拌茼蒿

材料

茼蒿500克，粟米筍50克，竹筍50克，炒香芝麻少許

調味料

薑絲1茶匙，生抽1茶匙，鹽¼茶匙，麻油各少許

做法

1. 茼蒿洗乾淨，切段，汆水，用凍開水過涼，瀝乾。
2. 竹筍去皮，切絲；粟米筍切絲，汆水，瀝乾。
3. 將所有材料和調味料拌勻，上碟即可。

涼拌西蘭花

材料

西蘭花1000克

調味料

鹽、辣椒油各1湯匙，葱粒、薑茸各1茶匙

做法

1. 西蘭花洗淨，切小朵，汆水，瀝乾。
2. 將所有材料和調味料拌勻，上碟即可。

涼拌蓮藕

材料

嫩蓮藕360克

調味料

醋1湯匙，糖2湯匙，鹽½茶匙

做法

1. 嫩蓮藕洗淨，刮去皮，直切成四瓣，再切薄片，汆水，瀝乾。
2. 蓮藕片放在碟上，加調味料拌勻即成。

白雲藕片佛手瓜

材料

蓮藕160克，佛手瓜160克

糖醋料

白醋1杯，糖½杯，鹽½茶匙，紅椒絲1茶匙

做法

1. 糖醋料放大碗內，拌至糖完全溶化。
2. 蓮藕和佛手瓜去皮，洗淨，切薄片，分別汆水1分鐘，洗淨，瀝乾。
3. 蓮藕和佛手瓜加糖醋料拌勻，放雪櫃中醃泡1天即可。

涼拌

涼拌金菇

材料

金菇350克，葱粒1湯匙

調味料

麻油1湯匙，鹽¼茶匙，胡椒粉少許

做法

1. 金菇切去根部，洗淨，汆水，瀝乾，上碟。
2. 燒熱鑊，倒入麻油，加入葱粒炒香，淋在金菇上，加入鹽、胡椒粉拌勻即可。

涼拌山野菜

材料

野山蕨菜160克，金菇160克，紅蘿蔔80克，熟竹筍25克

調味料

芥末1湯匙，鹽¼茶匙，糖¼茶匙

做法

1. 野山蕨菜、紅蘿蔔、竹筍洗淨，切粗絲，汆水，瀝乾，上碟。
2. 全部材料和調味料拌勻即成。

斤兩換算（約數）：1斤＝600克　15兩＝570克　14兩＝530克　13兩＝490克　12兩＝450克　11兩＝420克　10兩＝380克　9兩＝340克

涼拌竹筍青瓜

材料
　　小青瓜100克，熟竹筍80克，木耳20克（浸發），紅椒絲2湯匙

調味料
　　薑茸、蒜茸、醋各1湯匙，豆瓣醬1茶匙，鹽、糖各¼茶匙，麻油少許

做法
　　1. 竹筍、紅椒洗淨，切片；小青瓜洗淨，用刀拍鬆，切段。
　　2. 木耳洗淨，撕成小朵，汆水至熟。
　　3. 將所有材料和調味料拌勻醃約20分鐘，上碟即可。

涼拌青瓜車厘茄

材料
　　青瓜1條，車厘茄10個，冰塊適量

調味料
　　芥末1湯匙，生抽½茶匙

做法
　　1. 青瓜洗淨，切幼絲，用冰水泡透。
　　2. 車厘茄去蒂，洗淨，切半。
　　3. 將所有材料和調味料拌勻，上碟即可。

涼拌白果涼瓜

材料
　　涼瓜250克，白果40克

調味料
　　鹽½茶匙，生粉½茶匙，水1湯匙

做法
　　1. 白果洗淨，去殼，放入鑊中加水煮約20分鐘。
　　2. 涼瓜洗淨，去瓤，用冷水沖洗，泡浸一會，切粒。
　　3. 燒熱油鑊，放入白果、涼瓜拌炒約5分鐘，加入鹽炒勻，勾芡，待涼即可。

涼拌木耳雪耳

材料
　　木耳400克（浸發），雪耳20克（浸發）

調味料
　　鹽½茶匙，醋1茶匙，麻油少許

做法
　　1. 木耳去蒂，洗淨，汆水，待涼，切絲；雪耳洗淨，去芯，撕成小朵，汆水。
　　2. 將所有材料和調味料拌勻，上碟即可。

涼

拌

酸辣白菜

材料

嫩白菜300克，紅辣椒乾2隻

調味料

白醋1湯匙，麻油1茶匙，糖、鹽各¼茶匙，薑茸1茶匙

做法

1. 白菜洗淨，切片，汆水至熟，瀝乾待涼，上碟。
2. 紅辣椒乾浸軟，去蒂、籽，切幼絲。
3. 白菜片用鹽醃約20分鐘，隔去汁液，加糖、白醋拌勻，撒上薑茸。
4. 燒熱油鑊，倒入麻油，放入紅辣椒乾絲炒香，倒在白菜上拌勻即可。

芥末西芹

材料

西芹320克

調味料

芥末1湯匙，滾水1湯匙，鹽、糖各¼茶匙

做法

1. 西芹撕去老筋，去葉，洗淨，切段，汆水後，切幼條。
2. 拌勻調味料，淋在西芹條上即可。

翠芹拌核桃肉

材料

西芹300克，核桃肉50克

調味料

鹽¼茶匙，麻油1茶匙

做法

1. 西芹撕去老筋，去葉，洗淨，切幼絲，汆水，過冷河，瀝乾，放在碟上，加調味料拌勻。
2. 核桃肉用熱水浸泡，剝去外衣，汆水5分鐘，瀝乾，放在西芹上，拌勻即成。

清香木瓜絲

材料

青木瓜½個，油炸花生（去衣）30克

調味料

魚露½湯匙，糖½茶匙，檸檬汁½湯匙，九層塔茸、紅辣椒茸各½湯匙

做法

1. 青木瓜去皮，切絲。
2. 拌勻調味料，淋在青木瓜絲上即可。

涼拌

斤兩換算（約數）：1斤＝600克　15兩＝570克　14兩＝530克　13兩＝490克　12兩＝450克　11兩＝420克　10兩＝380克　9兩＝340克

涼拌雪耳

材料
雪耳120克（浸發），小青瓜1條

調味料
鹽1湯匙，蒜片½湯匙，紅辣椒茸½茶匙，糖½茶匙，醋½湯匙，麻油1茶匙

做法
1. 雪耳去芯，切細條，汆水，瀝乾。
2. 小青瓜切幼條，加鹽醃5分鐘，用凍開水沖掉鹽分。
3. 將所有材料和調味料拌勻，上碟即可。

香脆薯仔絲

材料
薯仔350克，紅椒絲、芫荽碎各1湯匙

調味料
鹽½茶匙，辣椒油1茶匙，糖¼茶匙

做法
1. 薯仔去皮，浸泡在加了少許醋的水中15分鐘，切幼絲，用清水漂洗乾淨。
2. 燒熱油鑊，倒入薯仔絲、紅椒絲炸至金黃色，瀝油，上碟，加入芫荽碎，再加入調味料拌勻即可。

蒜茸茄子

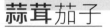

材料
茄子300克，蒜茸1湯匙

調味料
麻油1茶匙，鹽1茶匙，糖¼茶匙

做法
1. 茄子去蒂、削皮，切大片，蒸脸，取出待涼。
2. 將所有材料和調味料拌勻，上碟即可。

四川泡菜

材料
蘿蔔240克，紅蘿蔔240克

調味料
鹽、糖、白酒各¼茶匙，八角3粒，老薑2片，花椒少許，凍開水500毫升，野山椒80克

做法
1. 蘿蔔和紅蘿蔔洗淨，瀝乾，切條。
2. 拌勻調味料，放入玻璃樽中，再把蘿蔔條放進去，蓋好，放置3天即可。

涼

拌

涼拌銀魚秋葵

材　　料：秋葵240克，蒜茸1湯匙，銀魚40克
調味料：生抽2湯匙，糖½茶匙，醋、麻油各1湯匙
做　　法：1. 秋葵洗淨，去蒂；銀魚泡水洗淨，分別汆水，浸入冷水中，待涼盛起。
　　　　　2. 將所有材料和調味料拌勻，上碟即可。

美味指數　　烹飪難度　　營養搭配

紅蘿蔔蝦仁涼拌粉絲

材料
> 粉絲240克，蝦米20克（浸軟），白菜心100克，紅蘿蔔絲30克，芫荽碎、蒜茸各1湯匙

調味料
> 鹽1/4茶匙，糖1/2茶匙，醋、麻油、辣椒油各1茶匙

做法
> 1. 粉絲浸軟，放入滾水中煮熟，瀝乾。
> 2. 將所有材料和調味料拌匀，上碟即可。

麻醬拌豆角

材料
> 豆角200克

調味料
> 芝麻醬2湯匙，鹽1/2茶匙，花椒油1茶匙，薑茸1/2湯匙

做法
> 1. 豆角撕去老筋，洗淨，汆水至熟，用冷水浸泡，瀝乾，放在碟上。
> 2. 將所調味料拌匀，淋在豆角上即可。

梅子涼拌淮山

材料
> 鮮淮山250克，西梅10克，話梅10克，酸梅20克，水4湯匙

調味料
> 糖1/2茶匙，鹽1/4茶匙

做法
> 1. 鮮淮山洗淨，去皮，切長條，放入滾水中煮熟，過冷河，放在碟上。
> 2. 西梅、話梅、酸梅去核，切茸。
> 3. 燒滾水，加入西梅、話梅、酸梅茸，加入調味料煮至濃稠，待涼後淋在淮山上即可。

涼拌淮山

材料
> 淮山150克，西生菜、紅蘿蔔各80克

調味料
> 鹽、胡椒粉各1茶匙

做法
> 1. 淮山、紅蘿蔔均洗淨，去皮，切絲；西生菜洗淨，放在碟上。
> 2. 燒熱油鑊，放入淮山和紅蘿蔔炸至金黃色，盛起，放入碗中，待涼後加鹽、胡椒粉拌匀，淋在生菜上即可。

涼

拌

麻醬菠菜

材料
菠菜600克

調味料
芝麻醬3湯匙，葱茸、薑茸、蒜茸各½湯匙，鹽¼茶匙，醋、麻油各1茶匙

做法
1. 菠菜摘去老葉，切去根部，洗淨，放滾水中煮熟，浸凍開水中過冷河，擠去水分，排放碟上。
2. 拌勻調味料，淋在菠菜上即成。

五彩菠菜

材料
菠菜200克，雞蛋2隻，火腿50克，冬筍½條，木耳50克（浸發）

調味料
薑茸½湯匙，麻油、鹽各¼茶匙

做法
1. 菠菜摘去老葉，切去根部，洗淨，汆水，盛起，放入凍開水中浸涼，瀝乾，切段，放在碟上。
2. 冬筍煮熟，切粒；火腿切粒；木耳洗淨，放入滾水中汆熟，撕成小塊。
3. 雞蛋打勻，加鹽拌勻，隔水蒸成水蛋，取出切粒，與火腿粒、冬筍粒、木耳放入碗中，加調味料拌勻，倒在菠菜上即成。

蝦米拌菠菜

材料
菠菜240克，蝦米20克（浸軟），葱粒1湯匙

調味料
鹽¼茶匙，糖½茶匙

做法
1. 菠菜摘去老葉，切去根部，洗淨，汆水，盛起，放入凍開水中浸涼，瀝乾，切長段。
2. 燒熱油鑊，炒香葱粒，放入蝦米炒香，淋在菠菜上，加入調味料拌勻即可。

斤兩換算（約數）：1斤＝600克　15兩＝570克　14兩＝530克　13兩＝490克　12兩＝450克　11兩＝420克　10兩＝380克　9兩＝340克

索引